新版　象徴哲学大系　II

秘密の博物誌

マンリー・P・ホール著
大沼忠弘・山田耕士・吉村正和訳

人文書院

クロトナのピュタゴラス

（本文９頁参照）

エウクレイデスの第四十七定理

（本文 33 頁参照）

密儀の手（十八世紀初期の水彩画より。作者不詳）

（本文 61 頁参照）

ソロモン王とシェッド族の王

（本文81頁参照）

大宇宙と小宇宙（レヴィの『ソロモンの大象徴』に基づく）

（本文 103 頁参照）

魚人オアンネス

（本文 125 頁参照）

薔薇十字の宝石

（本文 147 頁参照）

イグドラシルの木

（本文 167 頁参照）

哲学者の石

（本文 187 頁参照）

メフィストフェレスの招喚

（本文 209 頁参照）

四大の精を呼び出す魔法使い

（本文 233 頁参照）

偉大な作業の達成

（本文 257 頁参照）

あらゆる時代の秘密教義

フリーメーソン・ヘルメス・カバラ・

薔薇十字の
象徴哲学小百科事典

あらゆる時代の
儀式・寓話・密儀に隠された
秘密教義の集大成

マンリー・P・ホール著

哲学探求協会

THE SECRET TEACHINGS OF ALL AGES

AN ENCYCLOPEDIC OUTLINE OF

Masonic, Hermetic, Qabbalistic and Rosicrucian

Symbolical Philosophy

Being an Interpretation of the Secret Teachings concealed within

The Rituals, Allegories and Mysteries of all Ages

By MANLY P. HALL

THE PHILOSOPHICAL RESEARCH SOCIETY,INC

象徴哲学大系　II　秘密の博物誌　目次

全巻総目次

象徴哲学大系　II　秘密の博物誌

JAKnapp 26

前頁――クロトナのピュタゴラス

ピュタゴラスはその哲学的演繹体系の深さにかけてプラトンを凌いでいるが、その教義に含まれている超越的要素のため、従来、唯物論的な近代科学から物笑いの種にされてきた。世界はあまりにも軽軽しくこの最初の「哲学者」の業績を無視している。だが数学・音楽・天文学の基本的な公理体系の大半は彼から始まっているのである。二十世紀のギリシア哲学の研究家は、ピュタゴラスという名を聞くとすぐ、彼のむこうずねが金であったとか、豆を食べてはいけないと誓ったとかいった子どもだましの話題を思い浮かべるような教育を受けている。またピュタゴラスがカーテンの陰から講義を述べたとか、比喩や謎で説教をしたとか、その学問的な知識を長年のあいだ自己研鑽を積んで秘伝を受けた弟子にのみ授けたといった非難がピュタゴラスに向けられてきた。しかし生半可に彼を批評する人は一体、ピュタゴラスがどうしてその厖大な深遠な学識を獲得したかについて考察したことがあるのだろうか。ギリシア、エジプト、ペルシア、インドの「密儀」は例外なく入信者を拘束して固く秘密を誓わせている。このような秘密結社の義務を受け入れた以上、ピュタゴラスとしても、その方法を踏襲する以外に面目のたつ道はなかったのである。イアンブリコスはピュタゴラス派のうち最も有名な哲学者として二一八人の男性と一七人の女性を挙げている。とすればピュタゴラスがかなり多くの人々――おそらく彼の知識を理解し、その恩恵を受けることができる人々すべて――に彼の秘密を打ち明けたということは明白である。ピュタゴラスの教理哲学的教義は、存在の謎を解明し得る思想体系のひとつと受け取ってよいのではなかろうか。

ピュタゴラスの生涯と哲学

ピュタゴラスの父ムネサルコスが商用でデルフォイの町に滞在していたとき、彼と妻のパルテニスはシリアへの帰国の旅が「運命」の女神の御心にかなうかどうかをデルフォイの神託に尋ねようと決心した。ピュトーネス(アポロンの巫女)が神託がふき出てくる大地の裂け目に置かれた黄金の三脚台の上に坐ったとき、彼女は夫妻の尋ねた問題に答えず、ムネサルコスにむかって彼の妻はすでに身籠もっており、やがて男の子を生むはずだ、その子は必ず美と知恵にかけて万人に抜きん出た存在となり、その全生涯を通して人類の幸福に多大な貢献をするであろうと告げた。ムネサルコスはこの予言に深く感動し、妻の名前をピュティアの巫女にちなんでピュタシスと改名した。その子がフェニキアのシドンで生まれたとき、神託どおり男の子であった。ムネサルコスとピュタシスはその子にピュタゴラスという名を付けたが、彼が神託の予言通りに生まれてきたと信じていたからである。

ピュタゴラスの誕生に関しては多くの奇異な伝説が伝えられている。彼はただの人間ではなく、神々のひとりであり、地上に現われて人類に教えを垂れるために人間の形をとっているのだと考える者もいた。ピュタゴラスには、古代の多くの賢者および救済者の御多聞にもれず処女懐胎説がある。ゴッドフリー・ヒギンズは『アナカリュプシス』のなかでこう書いている。「ピュタゴラスの生涯とイエスの生涯に共通する最も顕著な状況は、二人がほとんど同じ国土に生まれていることである。すなわちピュタゴラスはシドンに、イエスはベツレヘムに生まれているが、これらはともにシリアのなかにある。ピュタゴラスの父はイエスの父と同じように予言によって妻が息子を生み、やがて人類の救世主となるであろうと告げられている。ピュタゴラスもイエスもともに母が故郷に帰る旅の途上で生まれている。ヨセフとその妻は住民登録のためにベツレヘムに向かう途中であった。ピュタゴラスの父は居住地であるサモスから商売上の必要からシドンに旅行していた。ピュタゴラスの母ピュタイス（ピュタシス）はアポロンの幻影ないしアポロン神または太陽神の霊と関係を持った（もちろんこの霊は聖なる霊であったにちがいない。ここでも『聖霊』であったのである）。後にその霊が夫に現われて妊娠中決して妻と関係してはいけないと告げる。この話はヨセフとマリアに関わる伝説と全く同じである。これらの特異な境遇からピュタゴラスはイエスと同じように神の子として知られ、民衆から『神の息吹』を受けた者と信じられていた。」この最も有名な哲学者が生まれたのは紀元前六〇〇年から五九〇年のある時期である。彼の寿命はほとんど一〇〇年におよぶと考えられている。

ピュタゴラスの教えを見れば、彼が東洋と西洋の秘教の教義にくまなく通暁していたことが分かる。彼はユダヤ人のあいだに混じって旅行し、ラビたちからイスラエルの立法者モーゼの秘密の伝承を伝授された。後世のエッセネ派は主としてピュタゴラス的な象徴を解釈する目的で設立されたものである。ピュタゴラスはエジプト、バビロニア、カルデアの密儀の伝授を受けた。ゾロアスターの弟子であると信じている人もあるが、この名を持った彼の師が今パーシー教徒が崇拝している「神人」であったかどうかは疑わしい。彼の旅行についてはさまざまな説があるが、彼が多くの国々を尋ね、いろいろな師のもとで学んだことに関してはどの史家も一致している。

「彼はギリシアの哲学者たちから学ぶことができる一切のものを獲得した後、そしておそらくはエレウシス密儀の参入者となった後に、エジプトに行き、多くの障害と拒絶を乗り越えてついにテーバイの神官の手により『イシス密儀』の密儀伝授を受けるのに成功した。それからこの不退転の『求道者』はフェニキアとシリアに赴き、そこで『アドニスの密儀』を授かった。それからエウフラテスの谷を越え、長年のあいだそこに滞在して、まだバビロニアの近辺に住んでいたカルデア人の秘密の知識をすっかり身につけるに到った。最後に彼は最大のまた最も特筆すべき冒険旅行を行ない、メディアとペルシアを通ってヒンドゥスタンに到り、そこで数年間滞在してエレファンタとエローラの博学なバラモン僧より教えを受け、秘儀を授かった」（フランク・C・ヒギンズ――第三十二階級――『古代フリーメーソン史』を見よ）。同じ著者はピュタゴラスの名前はバラモン文献のなかで「ヤヴァンチャリア」すなわち「イオニアの導師」という名で保存されているという事実を付け加えている。

ピュタゴラスは初めて自分を哲学者と呼んだ人であると言われている。事実哲学者という言葉が世に存在するのは彼のおかげなのである。それ以前、賢者は自らを智者すなわち知っている者と呼んでいた。ピュタゴラスはもっと謙虚であった。彼は哲学者という言葉を作り、それを真理を発見しようと努めている人と定義した。

幾多の遍歴旅行から帰ってきた後、ピュタゴラスは南イタリアのドーリア人の植民地クロトナに、ひとつの学校、というよりはむしろ大学というべきものを設立した。クロトナに着いた当初、彼は世人から疑いの目で見られていたが、たちまちのうちに周りの植民地で重要な地位に就いている人々が、重大な問題について彼の忠告を求めるようになった。彼は身のまわりに真剣に道を求める弟子たちの小さな集団をつくり、これまで自分に啓示された秘密の知識を彼らに教え、同時にオカルト的数学、音楽、天文学の基本的原理を伝授した。この三者を彼はあらゆる芸術と学問の三位一体的な基礎と考えていたのである。

六〇歳になった頃、ピュタゴラスは弟子のひとりと結婚し、この結びつきから七人の子どもを得た。その妻はすばらしく有能な婦人で、彼の生きているあいだ、彼を励ましただけでなく、彼が暗殺にあった後、教団を引き継いで布教に努めた。

天才の場合によくあるように、歯に衣をきせない言動により、ピュタゴラスは政治的にも個人的にも多くの敵を作った。密儀伝授を求めてやってくる人々のなかで、ピュタゴラスが伝授を拒んだためにピュタゴラスその人とその哲学を根こそぎ絶やしてやろうと決心する者がいた。この腹を立てた男は、あることないことを中傷して一般の人々の心を誘導し、この哲学者に敵対させた。出し抜けに一団の殺人者がこの偉大な師とその弟子たちが住んでいるいくつかの家屋に襲いかかり、建物を焼き払ってピュタゴラスを殺した。

この哲学者の死については諸説紛々としている。ある者は弟子に殺されたのだと言い、またある説によると少数の信奉者とともにクロトナから逃げる途中、彼は罠にかかってその一団が宿泊所と定めておいた小さな家のなかで生きながら焼き殺されたという。もうひとつの説はこうである。罠にかかって燃える建物のなかに閉じ込められたと知ったとき、弟子たちは炎のなかに身を投げ出して自分たちの体で橋を作り、ピュタゴラスを逃がそうとした。だが、彼は人類のために奉仕し啓発しようとしてきた努力が明らかに実を結ばなかったことを悲しんで、その後まもなく心を打ちひしがれて亡くなった。

生き残った弟子たちは彼の教えを広めようと努めたが、四方八方から迫害されたため、今日この哲学者の偉大さを証明するものはごく僅かしか残っていない。ピュタゴラスの弟子たちは決して彼の名前で呼びかけたり、その名を引き合いに出したりはしなかった。常に師とか*かの人*と呼んでいたと言われている。このことは多分ピュタゴラスという名が、特殊な文字の配列からはじき出されるある種の数を持っており、非常に神聖な意味が隠されていると信じられていた事実のためであろう。『言葉』誌はT・R・プレイターの論文を載せているが、それによるとピュタゴラスは、自分の名前の文字のなかに隠されたある種の呪文によって志願者に密儀伝授を行なったという。こう考えればピュタゴラスという名がなぜかくも恭しく崇拝されていたか納得がいくであろう。

ピュタゴラスの死後、彼の教団は徐々に解体していったが、その教えによって至福を経験した人々は、生前その人自身に捧げていたと同じような崇拝を続けて、この偉大な哲学者を偲んでいた。時がたつにつれてピュタゴラスは人間というより神と見なされるようになった。諸国に散った弟子たちはその師の卓越した天才に対する驚嘆をともにしたことから固く結束していた。エドアール・シューレはその著『ピュタゴラスとデルフォイ密儀』のなかで、ピュタゴラス教団の信徒を結びつけていた固い

最初の哲学者ピュタゴラス（『神託史』より）
若い頃ピュタゴラスはペレキュデスとヘルモダマスの弟子であった。十代の頃すでに哲学的思考の明晰さにかけて世に抜きん出ていた。背の高さは六フィートを超え，その肉体はアポロンのごとく完璧であった。ピュタゴラスは威厳と活力の権化であり，彼が現われると，すべての人が畏れと悸きを感じた。年を取るにつれて彼の体力はますます増大し，百歳に近づいてもなお壮年の真盛りにあった。この偉大な魂は周りの者に圧倒的な影響を及ぼしていたので，ピュタゴラスから一言でもほめられようものなら，弟子たちは有頂天になった。一方ある弟子は師からその行為についてちょっととがめられただけで自殺してしまった。ピュタゴラスはこの悲劇を深く悼んで，その後二度と人に向かって無愛想な話し方をしなかった。

結束を示すものとして、次のような事例をあげている。

「ある信徒が旅行中病気にかかり、金の持ちあわせもなくなってしまったが、ある宿屋の亭主が彼を親切に介抱してやった。息をひきとる前に彼はいくつかの謎めいた印（おそらくはペンタグラム）を宿屋の扉に描いて主人にこう言った。『御安心ください。やがて兄弟のひとりが私の借金を払ってくれますよ。』一年ほどたってある旅人がこの宿屋の前を通りすぎるとき、この印を見て亭主にこう言った。『私はピュタゴラス教団の者です。私の兄弟のひとりがここで死んでいるはずです。おいくらになりますか。彼の勘定を払わせてください。』」

フランク・C・ヒギンズはおよそ次のような形でピュタゴラス派の信条を的確に要約している。

「ピュタゴラスの教えはフリーメーソンの会員にとって最も超越的な重要性を持っている。なぜならそれは当時のあらゆる文明世界の指導的な哲学者たちとピュタゴラスが交わったことの必然的な結実であり、あらゆる哲学者たちが一致し、すべての不一致点の雑草を刈り取った教えを表わしているからである。こうしてピュタゴラスが純粋な一神教を守ろうとして確立した立場は、『神』の唯一性こそあらゆる古代の秘儀伝授における最高の秘密であるという伝承がまったく正しいことを十分明確に表わしている。哲学としてのピュタゴラス派は、ある意味で一連の密儀参入の儀式であった。彼は弟子たちにいくつかの位階を通過させ、高い段階に到達するまでは決して個人的接触を許さなかった。伝記作家に従えば、その位階は三段階であった。第一段階は『マテマティコス』（学修者）であり、ここで彼の弟子たちは数学と幾何学に熟達することを求められた。この二学科は当時、そしてフリーメーソンの主旨が正しく徹底されれば、今でもあらゆるほかの知識の土台となる基礎であった。第二段階は『テオレティコス』（観照者）であり、ここではこの厳密な学問の現象的な応用を扱う。最後が『エレクトゥス』（光輝者）であり、この称号は完全な啓示の光のなかに進み、その光に同化しうる志願者に対して与えられた。ピュタゴラス教団の弟子は、『エクソテリコイ』つまり顕教面での弟子と、『エソテリコイ』つまり三つの段階を通過した後に秘密の知識の伝授を受けた者の二つに分かれている。沈黙と秘密墨守と無条件の信徒がこの偉大な教団の三大原則であった」(『古代フリーメーソン史』を見よ)。

ピュタゴラスの根本原理

幾何学と音楽と天文学は「神」と人間と「自然」を理性的に理解するための必須科目と考えられていた。この三科に完全に通暁していない弟子はピュタゴラスに近づくことができなかった。多くの人々が彼の教団に入門を求めてきた。志願者はひとりひとりこの三つの問題を課され、無知が暴露された者は即座に入門を拒否された。

ピュタゴラスは決して過激主義者ではなかった。彼は極端よりはむしろあらゆる事柄に中庸たることを教えた。というのは美徳の過剰はそれ自身悪徳であると信じていたからである。彼の好んで使った言葉に次のようなものがある。「われわれが最大限の努力を傾けて避けなければならないこと、そして火や刀、その他あらゆる手段を用いて切り離さなければならないことがある。肉体から病気を、魂から無知を、胃袋から美食を、国家から内乱を、家族から不和を、そしてあらゆるものから過剰を。」ピュタゴラスはまた無政府状態に匹敵する罪はないとも信じていた。

あらゆる人間は自分が何を欲しているか知っている。だが自分が何を必要としているかを知っている人は少ない。ピュタゴラスは弟子たちに、祈るときは自分のために祈るなと戒めた。神に何かを求めるときは自分のためになるものを求めてはならない。なぜなら、誰ひとり何が自分にとってよいかを知っている者はいないからである。それゆえ、たとえ獲得できたとしてもやがては自分の害になるようなものを求めることは決して望ましいことではない。

ピュタゴラスの「神」はモナドつまり「全一者」であった。彼は「神」を宇宙のあらゆる部分に浸透している「最高の精神」——万物の「原因」、万物の「叡智」、万物に内在する「力」と規定した。彼はさらに「神」の運動は円環的であり、「神」の肉体は光の実体から成り立ち、「神」の本性は真理の実体からなると宣言した。

ピュタゴラスは、肉食が理性的能力を曇らせると明言している。彼はそれをとがめたり、自分自身まったく差し控えたわけではなかったが、裁判官に対して、審議前の肉食は控えるように戒めている。審議を受ける者が最も正しく落度のない判決を受けるためである。ピュタゴラスは一定期間、瞑想と祈りのために「神」の神殿に籠もろうとするときには（彼はしばしばそうしたのであるが）、特製の食物と飲物を持っていった。その食物は等量の芥子《けし》の種と胡麻の種、水分を完全に絞り取った海草の皮、水仙の花、ゼニアオイの葉、大麦の練り粉とエンドウ豆を材料とし、これらを混ぜ合わせて、つなぎに蜂蜜を加えたものであった。飲物としては、胡瓜の種と、種を除いた干し葡萄、コエンドロの花、ゼニアオイと滑莧《すべりひゆ》の種、チーズの粉、穀物の荒粉、クリームをいっしょに混ぜて、蜂蜜で甘みをつけたものを摂った。ピュタゴラスはこれをヘラクレスがリビア砂漠を渡り歩いたときに食べた食事であり、この英雄が穀物の女神ケレスから直接教わった処方に従っていると説明した。

ピュタゴラス派のあいだでよく使われた治療法は、湿布薬の助けを借りることであった。信徒たちはまた無数の植物の魔法的特性に通じていた。ピュタゴラスは海草の医療効果を高く評価しており、このテーマで一巻の書物を書いたと言われている。しかし今ではこのような作品は知られていない。ピュタゴラスは音楽が偉大な治癒力を持っていることを発見し、さまざまな病気にあった特殊な調和音を用意した。彼が色彩療法を試み、ある程度成功していたことは明らかである。彼独自の治療法のひとつは、ホメロスの『オデュセイア』や『イリアス』のある詩句が医療的価値を持っていることを彼が発見したことから作り出された。これらの詩句を彼はある種の病気にかかっている人々に読んできかせたのである。彼はあらゆる種類の外科手術に反対し、麻酔剤を用いることも拒絶した。彼は人間の肉体の形を変えることを許そうとしなかった。そのような所業は、彼の考えるところでは、肉体という神々の住居に対する冒瀆であった。

ピュタゴラスはあらゆる親縁関係のうち友情こそ最も真実、最も完全な美徳だと教えた。彼の説によれば、「自然」のなかにはあらゆるものに対する友情がある。神々の人間に対する友情、ある教えの他の教えに対する友情、魂の肉体に対する友情、理性的部分の非理性的部分に対する友情、哲学のその理論に対する友情、人間のお互いに対する友情、国民の相互の友情、そして見知らぬ人どうしのあいだにも、ある男と彼の妻、子ども、召使いのあいだにも友情が存在する。あらゆる結びつきは友情なくしては束縛でしかない。その結びつきを保つ力はないのである。ピュタゴラスは、親縁関係が本質的には肉体的なものというよりはむしろ精神的なものであり、心の通い合った他人は自分と人生観を異にした血縁よりはずっと密接であると信じていた。ピュタゴラスは知識を精神作用の蓄積から生じる果実と定義した。彼は、知識はいろいろな方法で手に入るが、主として観察を通して獲得し得ると信じていた。知恵とは万物の原理ないし原因を理解することであった。この知恵を確実に手に入れるには唯一の方法しかない。それは叡智の目を高みに向け、不可視の存在が可視的なものを通して表に現われていることを直観的に認識し、それによって叡智そのものを事物の形態ではなく、むしろその精神と関わらせることができるようになることである。知恵が認識し得る最高の原理はモナドである。これがピュタゴラス派の唱える永遠のアトムに他ならない。

ピュタゴラスは人間と宇宙が神のイメージでできていると教えた。両方とも同じイメージによって作られているから、一方を理解すれば他方の認識も得られるはずであった。さらに彼は「大いなる人間」(宇宙)と人間（小さな宇宙）のあいだに恒常的相関関係が存在すると教えた。

ピュタゴラスの信じるところでは、あらゆる天体は生き物であり、さまざまの惑星と恒星は目に見える人間の形が目に見えない霊的な有機体（これこそ真の意識的な自己なのだが）を入れる容器でしかないのとまったく同じように、その天体のなかに知性と霊とを包み込んでいる。ピュタゴラスは惑星をすばらしい神々と見なし、賞讃と崇拝に値するものと考えていた。これらの神々はしかし「一なる最初の原因」の臣下であり、神々はすべてこの「一なる最初の原因」のなかに一時的に存在するにすぎないと考えた。それは人間が不滅の宇宙の真只中に存在しているのと同じである。

有名なピュタゴラス派のϒは選択力を意味し、「密儀」のなかでは「分かれ道」の象徴に使われていた。中央の幹から二つの枝が左右に分かれている。右の枝は天上の知恵と呼ばれ、左の枝は地上の知恵と名付けられている。入門志願者は若者の姿に扮し、このϒの中央の幹が象徴する「人生の道」を歩み、「道」が二つに分かれている地点に到着する。そのとき新参者は左手の道を行って自分の低次の本性のいうままになって、必然的に破滅をきたす馬鹿げた無思慮な道を進むか、それとも右手の道をとって、廉直、精進、誠実を通して最終的に天上界でふたたび神々と合一するかのいずれかを選ばなければならない。

おそらくピュタゴラスはこのϒの観念をエジプト人から学んだのだろう。彼らはある入門儀礼のなかに次のような場面を設定している。志願者が進むと二人の女性が彼を待ち受けている。一方は神殿の白い衣で表を隠し、新参者を修行の場にむりやり入れさせようとする。もう一方の女性は世俗的な宝を象徴する宝石で身を飾り、両手に葡萄（世俗的光明の象徴）をのせたお盆を持っており、放蕩の室に誘い込もうとする。この象徴は未だにタロット・カードのなかに保存され、「分かれの道」と呼ばれている。二叉の枝は多くの民族のなかで人生の象徴として使われた。砂漠のなかで水のあることを示すためには二叉の枝が刺し込まれる。

ピュタゴラスが広めた転生説に関してはさまざまな意見がある。ある説によると生前動物のような行為を行なった者はふたたび地上に帰るとき、彼らが摸倣しようとした野獣の形になると教えた。そこで臆病な人間は兎や鹿の形になってもどり、残虐な人間は狼その他の凶暴な動物の形になる。そして狡猾な人間は狐の形をとる。しかしこのような考え方はピュタゴラス派の全般的理念に一致しない。おそらく文字通りの意味というよりは寓話的例証として教えられたのだろう。人間は低次の欲望や破壊的衝動に支配されてしまうと野獣のようになるという考えを表わすために唱えられたのだろう。多分転生という言葉はもっと頻繁に使われる輪廻という意味で理解されるべきであろう。これはピュタゴラスがインドやエジプトで直接的ないし間接的に接触した教えであったにちがいない。

ピュタゴラスが霊的本性が人間の形をとって次々に何度も繰返し現われるという教えを受け入れていた事実は、レヴィの『魔法の歴史』の脚注のなかに見られる。「彼はかつて輪廻と呼ばれていた教えの重要な提唱者であった。これは魂が次々といろいろな肉体のなかに転生するという説である。彼自身かつて(a)ヘルメスの子アイタリデスであり、(b)トロイ戦争でメネラオスの手にかかって殺されたパントスの子エウホルポスであり、(c)イオニアのクラゾメナイの予言者ヘルモティモスであり、(d)卑しき漁師であり、最後に(e)サモスの哲学者であった。」

ピュタゴラスはまたどのような生物もそれぞれ彼が封印と呼ぶものを持っていると教えた。それは「神」から与えられたもので、それぞれの種の肉体的形態はこの封印が物質の蠟の上に押しつけられた形に他ならない。それゆえ肉体はどれも神から与えられた荘厳な形を刻印されている。ピュタゴラスは人間は窮極的にある状態に到達しようとしていると信じていた。そこで人間は自分の本性と機能全体を霊的なエーテル体のなかに解放させようとしているのである。このエーテル体とは常に人間の肉体的な形にそって存在しており、第八番目の天球「アンティクトン」に相当する。ここから人間はさらに不死なる神々の領域へと上昇しようとするのである。人間は本来神聖な生得権をもってこの領域に属しているのである。

ピュタゴラスは自然の一切が三つの部分に分割し得るから、あらゆる問題を図式的に三角形として考察しなければ真の賢者たり得ないと教えた。彼は「まず三角形をつくれ、そうすれば問題の三分の二は解決したも同然である」とか、さらに「万物は三から成っている」という。この観点から、ピュタゴラスは宇宙を三つの部分に分け、それぞれを至高世界、上位世界、下位世界と呼んだ。最高の「至高世界」は精妙な互いに浸透し得る霊的本性で万物にくまなく行き渡っている。それゆえそこは「最高神」そのものの真の領域であり、あらゆる意味において、あらゆるところに存在し、あらゆる活動の原因であり、あらゆる力を持ち、あらゆることを知っている「神」なのである。その下にある二つの世界はこの至高なる領域の本性の内部に存在する。

「上位世界」は神々の住いである。それはまた原型つまり封印の存在する場所でもある。その本性はどのような形でも決して地上的な物質を取り入れることはない。むしろその影を深み（「下位世界」）へと投げかけ、人間はその影を通してのみその本性を認識し得るのである。第三の「下位世界」は物質をまとった生き物の住いであり、生き物はそこで物質とともにまた物質に対して働きかけている。それゆえこの領域は死すべき神々、「デーミウルゴスたち」、人々に寄りそう天使たち、また大地の本性を持った鬼神たち、最後に人間界、動物界、植物界、鉱物界の住み処である。これらのものは一時的には地上に存在するが、理性と哲学によって「下位世界」から上昇することが可能である。

数の1と2をピュタゴラス派は数と考えない。それは二つの超地上的な世界を表わしているからである。したがってピュタゴラス派の数は3、三角形と、4、正方形から始まる。3と4に1と2を加えると10になるが、これが万物を表わす偉大な数、宇宙の原型である。三つの世界は「受容器」と呼ばれている。第一世界は原理的なものの受容器であり、第二は叡智的なものの世界であり、第三の最も低い世界は量的なものの受容の世界である。

「ピュタゴラスと彼に続くギリシアの思想家は正多面体を最も重要な形態とみなしていた。完全に均整な正多面体であるには、多面体がその頂点のひとつひとつで接する面の数が同じでなければならず、その面が正多角形つまり辺と角がすべて等しい図形でなければならない。ピュタゴラスはこのような立体が五つしかないことを発見した人と考えてよいだろう。……」

「さて、ギリシア人は世界（物質的宇宙）を四大元素、地、風、火、水から構成されていると信じていたので、必然的に各元素の原子の形は正多面体の形をしているという結論に達した。他の原子は立方体である。立方体は

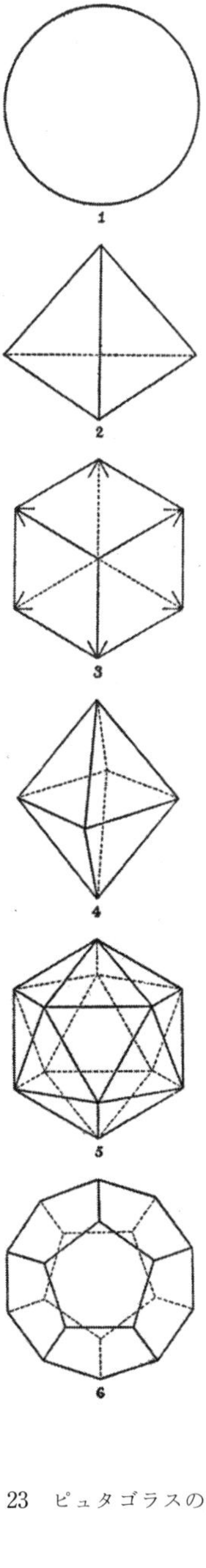

正多面体――この図では、古代人の五つの正多面体に球①が加えられている。球はあらゆる創造された形のなかでもっとも完璧なものである。五つのピュタゴラス立体とは四つの正三角形をもった正四面体②、六つの正方形の面をもった立方体③、八つの正三角形の面をもった正八面体④、二十の正三角形の面をもった正二十面体⑤、十二の正五角形の面をもった正十二面体⑥である。

数と形の関係
ピュタゴラスの教えによれば，点は数1の力，直線は数2の力，平面は数3の力，立体は数4の力を象徴する。

最も安定性を保っている正多面体だからである。火の原子は正四面体であった。正四面体は最も単純であり、最も軽い正多面体だからである。水の原子はまさにその反対の理由で正二十面体である。また風の原子は火と水の中間的存在だから正八面体である。正十二面体は古代の数学者にとって最も神秘的な立体であった。正五角形を正確に書くためにはピュタゴラスの定理をたくみに用いた比較的複雑な手続が必要である。そのことからプラトンは『この図形（正十二面体）を使って神は宇宙の設計図をひいたのだ』という結論を打ち出している」（H・スタンリー・レッドグローヴ『古代の信仰』）。

レッドグローヴは古代「密儀」の第五元素について一言も言っていないが、それこそ正多面体と元素の対応関係を完全にするものなのである。この第五元素つまりエーテルを古代インド人はアカーシャと呼んでいる。それは近代科学が仮定しているエーテルに密接に関わりを持っており、あらゆる他の元素に行き渡っている浸透的実体であり、他の元素に共通する融剤であり、共通な要素である。正十二面体はまた宇宙に顕現する十二の神々とつながりを持ち、また人間の脳の十二の回転部とも密接なつながりを持っている。

ピュタゴラスは当時の他の人と同じように、占い（多分、数占い）を行なったが、彼の用いた方法に関して正確な知識は伝わっていない。彼は未来の出来事を予言する道具として奇妙な輪を持っていたと信じられている。彼は水占いをエジプト人から学んだ。彼は真鍮が予言的な力を持っていると信じていた。すべてのものが完全に静まったときでも、真鍮の椀のなかではいつも何かがやがや音をたてているからである。彼はあるとき川の精に向かって祈りを捧げた。すると水のなかから「ピュタゴラス、ありがとう」という声がした。彼は鬼神たちを水のなかに入らせて、水面を震わせることもできたと言われている。さざ波のたちぐあいからあることを予言したのである。

ある日、ある泉から水を飲んだ後、ピュタゴラスの「師」のひとりが、水の精がたった今翌日大地震が起きると予言したと言った。この予言はまさに的中した。ピュタゴラスが人間ばかりではなく動物にも催眠をかける能力を持っていたことは大いにあり得ることである。彼はある鳥に飛ぶ方向を変えさせたり、ある熊に村を襲うのをやめさせたり、牛に精神的な影響力を行使して食物を変えさせたりした。彼は第二の視覚にも恵まれ、遠くの出来事を見たり、まだ実現していない事件を正確に予言したりすることができた。

ピュタゴラスの象徴的格言

イアンブリコスはピュタゴラスの象徴的格言を三十九集め、それに解釈を施している。それをかつてトーマス・テイラーはギリシア語から翻訳した。格言的な言葉はクロトナのピュタゴラスの学園では好んで使われた教育方法のひとつであった。その格言のうち最も代表的なものを十ばかり集録して、その隠れた意味について簡単に注釈を加えておく。

I　公道から離れ、誰も行かない小道を行け。このことわざは、知恵を求める者はそれを孤独のなかで探求しなければならないという意味に理解するべきだろう。

Ⅱ　神々にしたがって何よりもまず汝の舌を支配せよ。この格言は、言葉というものは人間を表現させるというよりはむしろ誤解されるということ、言うべきことに疑わしいことがあったらいつも沈黙を守らなければならないということを警告しているのである。

Ⅲ　風が吹いたらその音に敬意を払え。ピュタゴラスはここで、神の命令は四大元素の声のなかにきこえるということ、および「自然」の万物は和音、律動、秩序や順序を通して神の属性を表わしているのだということを弟子たちに諭しているのである。

Ⅳ　重荷を上げている男を助けよ。重荷を降ろしている男を助けてはならない。修行者は勤勉な者を助け、責任を回避しようとしている者を助けてはならないと戒められているのである。怠惰を助長することは大きな罪だからである。

Ⅴ　ピュタゴラスに関することを光なくして語ってはいけない。ここで世間は神の密儀や学問の秘密を霊的、叡智的な啓示抜きに解釈してはならないと警告されているのである。

Ⅵ　いったん家を出たら戻ってはならない。悪霊がついてしまうからである。ピュタゴラスがここで弟子たちに戒めていることは、ひとたび真実の探求を始め密儀の一部を学んだ後、やる気をなくしてふたたび以前の悪徳と無知の生活に帰ろうとする者は、非常に大きな苦しみに遭うことになるということである。「神」についてわずかばかりのことを学んだだけですべてを学ぶ前にやめてしまうよりはまったく無知でいるほうがよい。

Ⅶ　鶏を飼え。だが犠牲にしてはならない。鶏は太陽と月に捧げられた聖鳥だからである。この格言には二つの偉大な教訓が隠されている。第一は生き物を犠牲として神に捧げる風習に対する警告である。生命は神聖であり、たとえ「神」への供物であっても殺生してはならない。第二はここで鶏として引き合いに出されている人間の体は太陽（「神」）と月（「自然」）に捧げられた聖なるものであり、人間の最も貴重な表現媒体として大切に守らなければならないということである。ピュタゴラスはまた弟子たちに自殺を禁じた。

Ⅷ　燕を家のなかに入れてはならない。このことは真実の探求者に自信のない思想を心のなかに入れてはならないこと、怠け者と交わってはならないということを警告している。身のまわりはつねに理性的な大望を持った思想家や良心的な努力家に囲まれているようにしなければならない。

Ⅸ　むやみに誰かに向かって右手を与えるな。このことは弟子が自分の意見を押えまだ評価できないような人々に知恵や知識（右手）を提供してはならないことを言っている。ここで手とは無知ゆえに没落している人々を引き上げる「真実」を表わしている。だが多くの再生していない人々は知恵を望んでいないので、親切心から差し出したその手を振り払うだろう。無知なる大衆を救済する力を持つのは時間だけである。

Ⅹ　床から起きるとき、シーツを巻き上げて体の跡を消せ。ピュタゴラスは無知という睡眠から叡知の覚醒状態に目覚めた弟子たちに以前の霊的暗黒状態の記憶を一切抹殺せよと命じた。賢者は通過するにあたって何ひとつ形を残さない。愚者がそれを見て偶像を作る鋳型として利用することになるからである。

ピュタゴラス語録として最も有名なものはピュタゴラス自身の作と言われる『黄金詩篇』である。だがその真偽問題については多少の疑問がある。『黄金詩篇』はクロトナのというよりもっと一般的にイタリア学派として知られている学統の根本的な教育教義をなす全哲学体系が簡潔に要約されている。この詩篇は神を愛し、偉大な英雄を讃え、鬼神や四大の精を敬うように読者に勧告することから始まる。それから人間に日常生活について細心に、また真面目に考えなければならぬと戒め、地上的な財宝を蓄積するよりは心や魂の宝を尊重するようにと教えている。詩篇はまた、もし人間が低次の物質的本性を克服して自制心を身につけることができれば、最終的には神々の面前に伺候し、神々と一体化してその不死なる性を分かちあうことができるだろうと約束している。（プラトンがクロトナでの破滅を免れたピュタゴラスの原稿を買うために多額の代金を払ったことを記しておくことも意味があるだろう。『神託史』、ジェネヴァ、一六七五年。）

ピュタゴラスの天文学

ピュタゴラスによれば、宇宙における各天体の位置はその天体の本質的な品位によって決定されるという。当時大地が太陽系の中心を占め、太陽と月を含む各惑星が地球のまわりを巡り、大地そのものは平らで正方形であるという考え方が一般的であった。この見方に反して非難をものともせず、ピュタゴラスは四大元素のうち火が最も重要であること、中心とはその天体の最も重要な部分であること、竈の女神ヴェスタの火が各家庭の中心にあるように、宇宙の中心には天界をくまなく照らす燃えたつ光の球があると宣言した。この中心の球を彼はゼウスの塔、一者の球、大いなる一者、ヴェスタの祭壇と名付けた。神聖数10はあらゆる部分の合計と万物の完全性を表わす。それゆえピュタゴラスは当然のように宇宙を十個の天球に分け、十の同心円によって象徴した。この同心円は中心の「神火」の球から始まり、七つの惑星と地球とアンティクトンと呼ばれる決して目に見えない神秘的な天体が続く。

アンティクトンの性格についてはさまざまな意見がある。アレキサンドリアのクレメンスは、それが諸天球の総体を表わすと信じていたし、またある者は月のことであるという意見を持っていた。それは古代人の神秘的な第八天であったと考えるほうがより確実だと思われる。これは地球と同じ軌道を回転する暗黒惑星であって、常に地球の正反対の場所に位置しているので、地球からは太陽に妨げられて見ることができない星である。これこそ占星学者が長いあいだ考察してきた神秘的な惑星「リリット」ではないだろうか。

アイザック・マイヤーはこう述べている。「ピュタゴラス派の見解によれば、星はそれぞれひとつの世界であって、それ自身のエーテル圏を持ち、かなりぶ厚く星を囲んでいる」(『カバラ』を見よ)。ピュタゴラスの弟子たちは「金星」をことさら崇拝した。それは影を落とすことができるほど輝いている唯一の惑星だからである。明けの明星として「金星」は日の出前に見ることができるし、宵の明星としては日の入りのすぐ前に明るく輝いている。このような特質のために古代人は「金星」にいろいろな名前をつけた。日没後の空に明るく輝くのでヴェスパーと呼ばれる。また日の出の前に昇るので偽りの光、朝の星、「ルシフェル」(光をもたらすもの)という名も持っている。太陽に対してこのような関係を持っているため、この惑星は「ウェヌス」、「アスタルテ」、「アフロディテ」、「イシス」、「神々の母」とも言われている。おそらく一年のある季節に、ある緯度によっては金星が満ち欠けしている事実は望遠鏡の助けがなくても観測することができただろう。このことは古代の女神に関してよく見受けられる三日月型についてうまく説明してくれる。月の満ち欠けと考えると話が合わなくなるのである。ピュタゴラスは天文学に関して正確

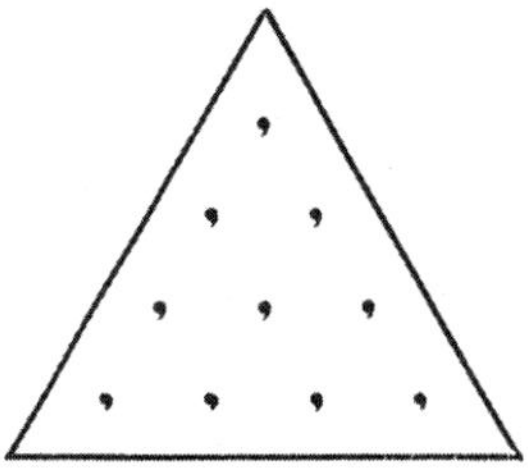

テトラクテュス

スミュルナのテオンは，ピュタゴラスのテトラクテュスと呼ばれる十個の点が最も重要な象徴であったことを明らかにしている。なぜならこの図形は洞察力のある人にとって宇宙の神秘を表わしているからである。ピュタゴラス派の人々は次のような言葉でお互いを縛ったという。「われらが魂に尽きることのない自然の源泉にして根拠たるテトラクテュスを恵みし人にかけて誓う。」

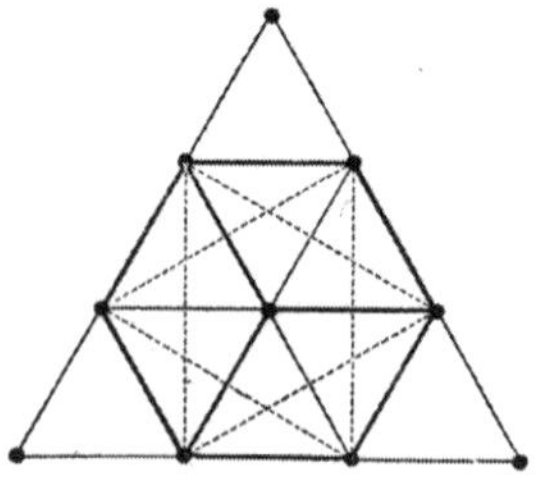

立体と星型
テトラクテュスの十個の点を結ぶと九つの三角形ができる。その六つのなかには立体の形が含まれている。この六つの三角形の相互を適当に結べば六芒星形と中心点が表われる。立体とこの星型を構成するには七つの点を使うだけでよい。カバラ的に言うと，使われていない限の三つの点は三重の不可視の原因世界を表わし，一方立体と星型を含む七つの点は「エロヒム」つまり天地創造の七日間の精霊たちを表わす。「サバト」つまり七日目はその中心点である。

な知識を持っていたが、それをエジプトの神殿で手に入れたことは間違いない。エジプトの神官はその知識が世俗世界にもれる以前に、何千年にもわたって天体間の関係を理解していた。神殿のなかで獲得した知識によって彼はさまざまな主張を行なったが、それを検証するには二千年の歳月が必要である。この事実はなぜプラトンとアリストテレスが古代「密儀」の深さに対してかくも恭しく尊崇の念を抱いていたかを説明してくれる。比較的科学的知識のない時代に、何ら近代的器具の助けをかりず神官哲学者は天体の運動の真の根本原理を発見していたのである。

幾何学的立体に関するピュタゴラスの教義をプラトンが解釈して興味深く応用したことは、『カノン』のなかに述べられている。「古代の哲学者はほとんどすべて宇宙に関して調和音の理論を適応し、この古い哲学的思考が死に絶えるまで使われていた。ケプラーは（一五九六年）宇宙が五つの正多面体で構成されているというプラトンの教義を証明するために、次のような法則を提唱した。『地球はひとつの円であり、これが一切の基準となる。そのまわりに正十二面体を描くと、それに外接する円が火星である。火星のまわりに正四面体を描けばこれに外接する天球が木星となる。木星のまわりに立方体を描くと、それに外接する天球が土星である。一方地球のなかに正二十面体を描くと、それに内接する円が金星となる。金星のなかに正八面体を描くと、それに内接する円が水星となるはずである』（『神秘的宇宙史』、一五九六年）。この法則を宇宙の比率に関する現実的な記述としてそのまま受け取ることはできない。十六世紀の初頭にコペルニクスが公刊した比率と実際にはほとんど合わないからである。だがケプラーはこの公式を非常に誇りにし、これはサクソニーの選挙綱領以上に価値があるのだと言った。二人の有名な権威者もこの法則を讃えている。それはティコとガリレオだが、彼らは明らかにそれを理解していた。ケプラー自身はこの貴重な法則をどのように解釈すべきかひとつもヒントを与えなかった。」

プラトンの天文学は、天体の物質的な構成や配列に関心を寄せているわけではない。むしろ恒星や惑星を何よりもまず「天界の」叡知の焦点と考えていたのである。物理的な天文学は「影」の学にすぎない。哲学的天文学こそ「真実在」の学なのである。

前頁――エウクレイデスの第四十七定理

哲学的数学の真の鍵は有名なピュタゴラスの第四十七定理にある。これはエウクレイデスに帰せられているけれども誤りである。第四十七定理は次のようになっている。「直角三角形において、斜辺を一辺とする正方形は他の二辺を一辺とする二つの正方形の和に等しい。」この問題についてプルタルコスはこう書いている。「ところで大自然はもっと完全かつ神聖なものであり、ひとつは霊的叡知、二つは物質、三つは両者の結合から生まれたもので、ギリシア人はこれを『宇宙《コスモス》』と呼んでいる。この言葉は美と秩序を表わすと同時に宇宙そのものをも意味する。プラトン（『ティマイオス』五〇C―D）は霊的叡智を『イデア』、『原型』、『父』と呼ぼうとした。物質は『母』、『乳母』、『創造の座にして場』、この両者から生まれたものこそ『子』または『生成』である。エジプト人は数ある三角形のうち特に最も美しい三角形と万有の本性が同じものだと考えていたといってよい。同じようにプラトンも『国家篇』（五四六B）でこの三角形を婚礼の図形を作るのに用いた形跡がある。この三角形とは直角で垂辺が三、底辺が四、斜辺が五の比率から成るもので、斜辺の平方は他の二辺の平方の和に等しい。垂辺は男性、底辺は女性、斜辺は両者の子に比定することができる……。したがって垂辺は『オシリス』すなわち第一原理、底辺は『イシス』すなわち受容的要素、斜辺は『ホルス』すなわち完成された被造物に比定すべきである。というのは、三は奇数と偶数から成る最初の数であり、四は二という偶数の平方に等しく、五は三と二の和から成り、あるところは父に、あるところは母に似ているからである」（『イシスとオシリス』五六節）。

この同じ主題をめぐって、キルヒャーの記すところによれば、「最も単純な線分と図形から物質的世界の全ての秘密が浮かび上がってくる。円の三要素（中心、半径、円周）が聖三位一体を示しているように、聖三位一体の創造の御業が、先に述べた二等辺三角形の三要素に現われている。円はそれ自体から何も生み出さない。それはすでに完結しており、無限の辺を持つ正多角形として成り立っている。円はあらゆる多角形のうち最大のものであり、それゆえ円は孤高なる三位一体である。しかし三角形はあらゆる生成の初めであり、すでに見てきたように他の全ての多角形や立体の祖先である。次に生じるのが大地と天空の象徴としての二等辺三角形である。その次に直角三角形が生まれ、これは生成する自然界の神秘全体を表わしている。この三角形は先に述べたように、等しくない三辺から成る直角三角形であり、ひとつの直角と二つの鋭角を持っている。直角は自然法則の恒常的不変的な働きを意味し、他の二角のうち大きな角は増大する運動を、小さな角は減少の度合を表わしている……。各辺はそれぞれ三、四、五の比率になっているが、三と四と五の和つまり十二は十二面体の本質をなす。それゆえある数が他の数のうちに潜在的に含まれているように、線は線のうちに、図形は図形のうちに、全てのものは全てのもののうちに含まれているのである。こうして『これ』は『ここ』のうちに表現されているのだが、賢者以外はこれに誰も気づかない」（『エジプトのオイディプス』）。キルヒャーはさらに、地上のあらゆる物体や全宇宙の生成が直角三角形から発するということを付け加えている。

第四十七定理の問題はフリーメーソンにとって重要な象徴的図形であり、建築術と密接な関係を持っているために「棟梁の定理」とも呼ばれている。大ピラミッドを建造する際に用いられた複雑な数学的問題は今では分からなくなってしまったこの定理の応用に基づいていたと信じられている。第四十七定理は人間の三大要素、霊と肉体と魂の関係を解く鍵である。この類比において、三は霊を、四は肉体を、五は魂を意味する。錬金術師によれば、第四十七定理は賢者の石の創成に必要な塩と硫黄と水銀の正しい割合を表わしている。またエルサレムのフリーメーソン本部における三人の太師と第四十七定理に含まれる三つの正方形のあいだにも密接な対応関係がある。

ピュタゴラスの数学

数が持っている秘密の意味については、古来おびただしい思弁が行なわれている。これまで数々の貴重な発見があったけれども、この数の学に関する重大な鍵はピュタゴラスの死と同時に失われてしまったと言っておく方が安全であろう。およそ二千五百年のあいだ、世界中の哲学者がピュタゴラスの謎を解こうと努めてきたが、誰ひとりそれに成功していない。これだけははっきりしている。ピュタゴラスの教説に関するあらゆる文献を抹殺する試みが幾度となく行なわれたにもかかわらず、幾つかの断片は生き残り、彼の哲学の比較的簡単な部分を解く糸口になっている。だが、もっと大きな秘密の教えはそもそも書物に記されはしなかった。それは極く少数の弟子に口伝によって受け継がれたのである。当然彼らはその秘密を世俗に漏らそうとはしない。その結果、死が彼らの口を閉じると同時に、秘教もまた死に絶えてしまった。

現在、世界各地に古代の「密儀」の伝統を継ぐ秘密の宗派が多少なりとも存続している。ここに原初的な数論の定式が保存されていることは確かであるが、過去五百年間に、これらの団体から発行された厖大な文献からはそれをうかがうことはできない。たしかにこれらの文献はしばしばピュタゴラスを論じてはいる。だが彼の複雑な理論体系については、ピュタゴラス以降のギリシアの思想家たちが伝えている以上の完全な知識を提供している痕跡はない。ピュタゴラス派の人々は師より多弁だったが、ほとんど書物を著わさなかった。また師に比べれば何も知らないに等しく、その無知を一連の秘密めかした暗示と思わせ振りでごまかしていた。古代の著作家の文献にはあちこちに謎めいた章句が見られるが、彼らはそれを合理的に解釈しようとは思わなかった。次の例はプルタルコスから引用したものである。

「確かにピュタゴラス派はこれ以上先に進んでおり、数や幾何学図形を尊崇して、それに神々の名前と尊号をつけていた。例えば彼らは正三角形をゼウスの額から生まれた『アテナ』とか『トリトゲネイア』(三から生まれしもの)とか呼んだ。これは三つの角から引いた垂線によって三つに等分できるからである。また『一』という数を『アポロン』と名づけた。多の否定性と一の単純性ゆえである。『二』は『闘争』と『暴勇』、『三』は『正義』である。というのは、不正を行なうことと受けることは欠乏と過度から生じ、正義はその等しさゆえに両者の中間点にあるからである。同様に『テトラクテュス』または『聖なる四元《クワテルニオン》』つまり三十六は周知のように最も厳粛な誓いの言葉であり、『宇宙《コスモス》』と呼ばれていた。最初の四つの偶数と四つの奇数を加えるとこの数になるからである」(『イシスとオシリス』七五節)。

この作品の前の方で、プルタルコスは次のように記している。「三角形は『ハデス』、『ディオニュソス』、『アレス』の本性を表わす力を持っている。正方形の性格は『レア』、『アフロディテ』、『デメテル』、『ヘスティア』、『ヘラ』を、正十二角形は『ゼウス』、正五十六角形は、エウドクソスの教えているように『テュフォン』の性質を表わした図形である」(同三〇節)。プルタルコスはこれによって象徴的図形の内的意味を説明したと称しているわけではない。しかしピュタゴラスが幾何学図形と神々のあいだに確定した関係は、この偉大な賢者がエジプトの神殿で見てきた神像から結論したものだということは信じていた。

フリーメーソンの偉大な象徴解釈家アルバート・パイクは多くの論点で信頼すべき資料を確保できなかったことを認めている。彼の『象徴体系』で、第三十二階級および第三十三階級の者に対して、「私はどうして七が『アテナ』とか『立方体』とか『ポセイドン』と呼ばれるのか理解できない」とこぼし、続けてこう付け加えている。「ピュタゴラス派がいろいろな数に名づけた名称は明らかにそれ自体謎めいており、象徴的である。プルタルコスの時代にはすでに、これらの名前の裏に隠されていた意味が失われていたことは疑いを容れない。ピュタゴラスは彼の象徴群をヴェールの彼方に隠すことに見事に成功したのだ。口伝がなければ、初めからこのヴェールの向うに入ってゆくことはできないのである。」

この不確実性にはこの問題を追及する真摯な研究家が誰でも悩まされており、そこから結論として、ピュタゴラスの数理哲学体系に関して利用しうる知識は不確実な断片的なものだから、それに基づいて何か断定的なことを言うのは決して賢明ではないということが分かる。以下に述べる資料も、ピュタゴラスの弟子や後世彼の哲学に触れた人々が伝承してきた散在的な記録から、二、三の際立った特徴を蒐集した努力の跡を示すにすぎない。

言葉が持つ数の力を求める方法

言葉は数値を持っている。それを割り出すにはまず言葉をもとの言語に戻さなければならない。この方法で有効に分析できるのはギリシア語とヘブライ語から派生した言葉だけである。全ての言葉は最も古い、完全な形で、綴る必要がある。それゆえ旧約聖書における言葉と名前は古代ヘブライ文字に、新約聖書の言葉はギリシア文字に還元しなければならない。この原則を明らかにするには二つの例をあげればよいだろう。

ユダヤ人のデーミウルゴスすなわち創造主は英語ではイェホヴァ（Jehovah）と呼ばれているが、このイェホヴァという名の数値を求めるには、この名をヘブライ文字に直さなければならない。これはיהוהとなり、右から左に向かって読む。ヘブライ文字のהはヘー（He）、וはヴァウ（Vau）、הはヘー（He）、יはヨッド（Yod）であり、英語と同じように左から右に並べるときにはヨッド・ヘー・ヴァウ・ヘー（Yod-He-Vau-He）と読む。

1	2	3	4	5	6	7	8
Aleph	ࠀ	א	1	Α α	*	Alpha	A
Beth	ࠁ	ב	2	Β β	*	Beta	B
Gimel	ࠂ	ג	3	Γ γ	*	Gamma	G
Daleth	ࠃ	ד	4	Δ δ	*	Delta	D
He	ࠄ	ה	5	Ε ε	*	Epsilon	E
Vau	ࠅ	ו	6	F	*	Digamma	Fv
Zain	ࠆ	ז	7	Ζ ζ		Zeta	
Heth	ࠇ	ח	8	Η η		Eta	
Teth	ࠈ	ט	9	Θ ϑ θ		Theta	
Jod	ࠉ	י	10	Ι ι	*	Iota	I
Caph	ࠊ	כ	20	Κ κ	*	Kappa	C
Lamed	ࠋ	ל	30	Λ λ	*	Lambda	L
Mem	ࠌ	מ	40	Μ μ	*	Mu	M
Nun	ࠍ	נ	50	Ν ν	*	Nu	N
Samech	ࠎ	ס	60	Ξ ξ		Xi	
Oin	ࠏ	ע	70	Ο ο	*	Omicron	O
Pe	ࠐ	פ	80	Π π	*	Pi	P
Tzadi	ࠑ	צ	90	ϛ		Episemon bau	
Koph	ࠒ	ק	100			ἐπίσημον βαῦ	
			100	Ρ ρ	*	Rho	R
Resh	ࠓ	ר	200				
			200	Σ σ	*	Sigma	S
Shin	ࠔ	ש	300				
			300	Τ τ	*	Tau	T
Tau	ࠕ	ת	400				
			400	Υ υ	*	Upsilon	U
			500	Φ φ		Phi	
			600	Χ χ		Chi	
			700	Ψ ψ		Psi	
			800	Ω ω		Omega	
			900	ϡ		Sanpi	

ギリシア，ヘブライ，サマリア文字の数値表
（ヒギンズの『ケルトのドルイド教』より）

1．ヘブライ文字の名称　2．サマリア文字
3．ヘブライ，カルデア文字　4．文字の数値
5．ギリシアの大文字と小文字
6．*のついている文字は，フェニキアからカドムスがギリシアに持ち込んだもの　7．ギリシア文字の名称
8．ギリシア，ヘブライ，サマリア文字に最も近いローマ字

註　ヘブライのTauは語尾に使われるとき400の数値を持つ。同様にCaphは500，Memは600，Nunは700，Peは800，Tzadiは200である。Alphaに点を打つか，Alephに棒を引くと1000の数値を持つ。

ここに挙げておいた文字の換算表を参照すれば、この聖なる名前の四文字が次のような数の意味を持っていることが分かるだろう。ヨッドは十に等しく、ヘーは五、ヴァウは六、ヘーは五である。したがって十と五と六と五を加えた二十六がイェホヴァと同義語となる。もし英語の文字を使えば全く違った値が出てくることは明らかだろう。

第二の例は神秘的なグノーシス派の全一神アブラクサスである。この名前はギリシア文字の欄を使って算出する。アブラクサスはギリシア語では **Ἀβραξας** と書く。**Ἀ** は一、**β** は二、**ρ** は百、**α** は一、**ξ** は六十、**α** は一、**ς** は二百だから、その総和は三百六十五となり、一年の日数に一致する。この数はアブラクサスの神秘性を解く鍵である。この数は三百六十五の「アイオーン」つまり「一日の霊」を象徴しており、その全てを一身に体現した神がアブラクサスなのである。アブラクサスは五つの聖獣を象徴し、一年を円で表わすと実際には三百六十度だから、これを五つに分け、その季節の神性を発揮する聖獣に当てはめると、それぞれはこの三百六十の五分の一、すなわち七十二になる。この数はユダヤの旧約聖書とそのカバラ体系のなかでは最も神聖な数のひとつである。これと同じ方法を用いて、ギリシア人やユダヤ人の神や女神の名前からその数値を割り出すことができる。

十の位以上の数は一から十までの根源的な数のひとつに還元しうる。とすれば、神々の名前を数値的同義語に翻訳して割り出した数はすべて、最初の一から十までの数のいずれかにその神性の根拠を持っていることになる。この方法ではアラビア数字風に並べた数字ひとつひとつを加えることになっているので、666 は 6＋6＋6＝18 となり、次に 18 は 1＋8＝9 になる。『黙示録』によれば 144,000 は救済されることを表わしている。この数は 1＋4＋4＋0＋0＋0 であり、その和は九である。このようにしてバビロンの幽囚とそこから救済された人間の数は、九という象徴数を持っている人類そのものに帰着する。この方法が有効に使えるのはギリシア文字とヘブライ文字だけで、ともに文字が同時に数字をも表わすからである。

ピュタゴラスの数理哲学体系が昨今流行の姓名判断をうまく説明しうるかどうかは保証できない。これは名前の発音を変えることによって性格や経済状態を改善しようと、姓や名を変更する方法である。

英語を使って行なう計算法も流行している。ただしその正確さについては法廷論争の種にもなっている。これは比較的新しい方法で、ヘブライのカバラ体系やギリシアの手法とはまったく関係がない。ある人は、これこそピュタゴラスの方法だと称しているが、確かな証拠で支えられているわけではない。それどころか、このような主張が通らない理由は沢山ある。ピュタゴラスが十を計算の基礎に使ったことはそれ自体ほとんど確実なことである。だがこの新しい方法は不完全数の九を使っている。さらにギリシア文字とヘブライ文字はあまり密接に英語のアルファベットと対応していないので、ある言語の数の順序を他の言語のそれに適用することは許されない。もっとこの体系による実地検証が行なわれれば、その有効性が証明されるかも知れないが、その根拠が古代にあるわけではないのである。ちなみに文字と数字の割り当ては次のようになっている。

1	2	3	4	5	6	7	8	9
A	B	C	D	E	F	G	H	I
J	K	L	M	N	O	P	Q	R
S	T	U	V	W	X	Y	Z	

右欄の数字の左に位置する文字は、その数値を持っている。それゆえMAN（人間）という言葉はMは四、A

は一、Nは五であるから総和は十になる。各数の意味を検出するには後述のピュタゴラス体系と同じものを使う。

ピュタゴラスの数理論概説

（次に述べるピュタゴラスの数学についての大略はトーマス・テイラーの『観照的数論』の最初の数章を要約したものである。この著作は現存するピュタゴラスの数学的断片を集大成した、最も稀有かつ重要な業績である。）

ピュタゴラス派は数論こそ数学の母であると断言している。このことは、幾何学、音楽、天文学が数論に基づき、しかも数論はこの三つの学に基づいてはいないという事実から証明される。それゆえ幾何学を取り除いても数論は残るが、数論を取り除くと幾何学も成り立たなくなってしまう。同様に音楽は数論に基づいているが、音楽を除去しても数論はその表現法のひとつが失われるだけである。ピュタゴラス派は数論は天文学にも先行していると論証している。天文学は幾何学と音楽に基づいているからである。天体の大きさ、形、運動は、幾何学によって決定され、またその調和と律動は音楽によって決定される。天文学を取り除いても、幾何学と音楽は決して損われないが、幾何学と音楽を除いたら天文学は破滅する。それゆえ幾何学と音楽が天文学に優先することは確かである。しかし数論は全てに優先する。つまり第一の根源的学なのである。

ピュタゴラスは弟子に、数学は次の二大分野に分けられると教えた。ひとつは「量」であり、ある事物の構成要素に関係する。二つは「大きさ」であり、ある事物の相対的な大小または嵩《かさ》をいう。

「大きさ」は二つの領域に分かれる。静止的大きさと可動的大きさで、静止している大きさの方が根源的である。「量」も二つに分けることができる。つまりそれ自体で存在する量と他のものとの相関によって決定される量である。前者は後者より先行している。ピュタゴラスは数の学問をそれ自体で存在する量の知識と規定し、音楽を他のものに関係する量の学問に割り当てている。同様に幾何学は静止的大きさ、球体幾何学（天文学的意味に使う）を可動的大きさの学と規定している。量も大きさも精神という円のなかに限定されている。原子論は大きさとは数の結果として生まれることを実証したが、量とは極微の単位から成るからである。無学なものはこれを単一の単純な実体から成ると取り違えているが。

ピュタゴラス派の文献は現存するかぎりでは断片的になっているので、これらの術語の厳密な定義に達することは難しい。しかしこれ以上この主題を論じるには、その前に「数」、「モナド」（一者）、「一」といった言葉に多少の光を投げかける必要がある。

モナドとはⓐ――あらゆるものを内に含む「一者」を意味する。ピュタゴラス派はモナドを「高貴な数、神々と人間の太祖」と呼んでいる。モナドはまたⓑ――すべての数の組合せの総和を意味する。これをひとつの統一体として考えるのである。こうすれば宇宙はひとつのモナドと考えられる。しかし宇宙内の個々の部分（例えば惑星や四大元素）もひとつひとつのモナドであり、その内でそのモナドを構成している個々の部分に関係している。だが同時にこのモナド群はその総体によって形成されるより大きなモナド、つまり宇宙の部分なのである。モナドはⓒ――ある木の種に比べることもできる。種は成長すると多くの枝（数）をのばす。換言すれば、数とモナドの関係はその木の枝々とその木の種の関係に等しい。この神秘的なピュタゴラス派のモナド研究から、ライプニッツは壮大な世界単子論を展開した。この説は古代の「密儀」の教えと完全に一致している。事実ライプニッツ自身ある秘密結社から秘儀伝授を受けているのである。ピュタゴラス派ではモナドをⓓ――「一」と同義であるとも考えていた。

「数」とはあらゆる数値とその組合せに適用される言葉である（ピュタゴラス派のある学派では「数」という言葉を厳密に解釈して、一と二を除外している）。ピュタゴラスは数をモナドに含まれた種子的理性の拡散と活力であると定義している。ヒパソスの後学は、数とはデーミウルゴスが宇宙の創造に当って用いた範例《パラディグマ》であると断言した。

プラトン派は「一」を「多の最高位」と規定した。一とモナドが異なっている点は、「モナド」という言葉がひとつの統一体として考えられた各部分の総和を意味するために使われるのに対して、「一」とはその統合体のそれぞれを指すところにある。

数には、奇数と偶数の二種類がある。統一体または一は決して分割できないものだから奇数は等分に分割できない。例えば九は9＝4＋1＋4で、中央の一は分割不可能である。したがって奇数を二つの部分に分割すると、その一方は必ず奇数になり、他方はつねに偶数になる。例えば九は、5＋4, 3＋6, 7＋2, 8＋1となる。ピュタゴラス派は奇数――その原型はモナドである――を確定数、男性数と考えた。しかし統一体または一については、彼らのあいだは必ずしも一致していない。一を偶数（消極数）に加えると奇数（積極数）になることから、一とは積極数だという人もいるし、一方、一を奇数に加えると偶数になるから、それゆえ一とは男性を女性化する数であると論じる人もいる。このことから統一体または一は両性具有の数であり、男性と女性双方の属性を持っていると考えられた。したがって一とは奇数にして偶数なのである。これを根拠にピュタゴラス派は一を「偶数的奇数」と呼んでいる。ピュタゴラス教団の慣わしでは高級の神々には奇数の供物を、女神や地下の精霊には偶数の犠牲を捧げた。

偶数はどれも二つに等分できるし、この二つの部分は必ず偶数と偶数か、奇数と奇数になる。例えば十は等分に割ると五と五、つまり両方とも奇数になる。同じ原理は十を不等に分けたときも妥当する。例えば六と四ではともに偶数、七と三ではともに奇数、八と二はともに偶数、九と一はともに奇数である。こうして偶数はどのように二分しても必ずともに奇数か、ともに偶数になる。そこでピュタゴラス派は偶数――その原型は二である――を不定数、女性数と考えた。

奇数はある数学的工夫――「エラトステネスのふるい」と呼ばれている――によって三種類に分割される。「素数」、「合成数」、「素-合成数」である。

「素数」とは自分と一以外に約数を持たない数である。三、五、七、十一、十三、十七、十九、二十三、二十九、三十一、三十七、四十一、四十七と無限に続く。例えば七は七と一でしか割れない。七に一を乗じると七になり、一に七を乗じても七になる。

「合成数」とは自分と一だけではなく、その他にも幾つかの約数を持っている数である。九、十五、二十一、二十五、三十三、三十九、四十五、五十一、五十七、これも無限にある。例えば二十一はそれ自身と一で割れるばかりではなく、三でも七でも割り切れる。

「素-合成数」とは九と二十五のように、それ自身は他の数でも割り切れるけれども、共通の約数を持たない一対の数をいう。例えば九は三で割れ、二十五は五で割れるが、いずれも相手の約数では割り切れない。共通の約数がないのである。このような一対の数は個々には約数を持っているので「合成」と呼ばれ、共通した約数がないところから「素」と名づけられる。ここからその性質を表わすのに「素-合成数」という言葉が造られたのである。

偶数は「偶-偶」数と「偶-奇」数、「奇-奇」数の三種に分かれる。

「偶-偶」数とは一から出発して、それぞれを二倍した数で、一、二、四、八、十六、三十二、六十四、百二十八、二百五十六、五百十二、千二十四……がそれである。完全な「偶-偶」数を発見するには、ある数を二で割り、その結果をまた二で割っていって最後が一になればよい。六十四の二分の一は三十二、三十二の二分の一は十六、十六の二分の一は八、八の二分の一は四、四の二分の一は二、二の二分の一は一。一をこえて進むことはできない。

「偶-偶」数は独特の性格を持っている。さきに挙げた数例で、最後の数以外の全ての数を加えると必ず最後の数から一を引いた数に等しくなる。例えば第一と第二の数（1+2）は第三の数から一を引いたもの（4−1）に等しく、第一、第二、第三、第四の数の和は第五の数から一を引いたものに等しくなる（1+2+4+8=16−1）。

「偶-偶」数の数列では最初の数に最後の数を掛けると最後の数になり、第二の数と最後から二番目の数を掛けると最後の数になる。これは奇数個の数列ではひとつの数が残るまで続く。その数を自乗すると最後の数になる。また偶数個の数列では二つの数が残るまで続き、その二つを掛けるとやはり最後の数になる。例えば一、二、四、八、十六は奇数個の数列だが、最初の数（一）と最後の数（十六）を掛けると最後の数（十六）に等しく、第二の数（二）と最後から二番目の数（八）を互いに掛け合わせると最後の数（十六）になる。奇数個の数列だと中央にひとつの数（四）が残るが、その自乗も最後の数（十六）に等しい。

「偶-奇」数とは一回二で割るとそれ以上は二で割れなくなる数である。これを作るには奇数を順に並べて、それぞれに二を掛ければよい。この方法により、一、三、五、七、九、十一から「偶-奇」数の二、六、十、

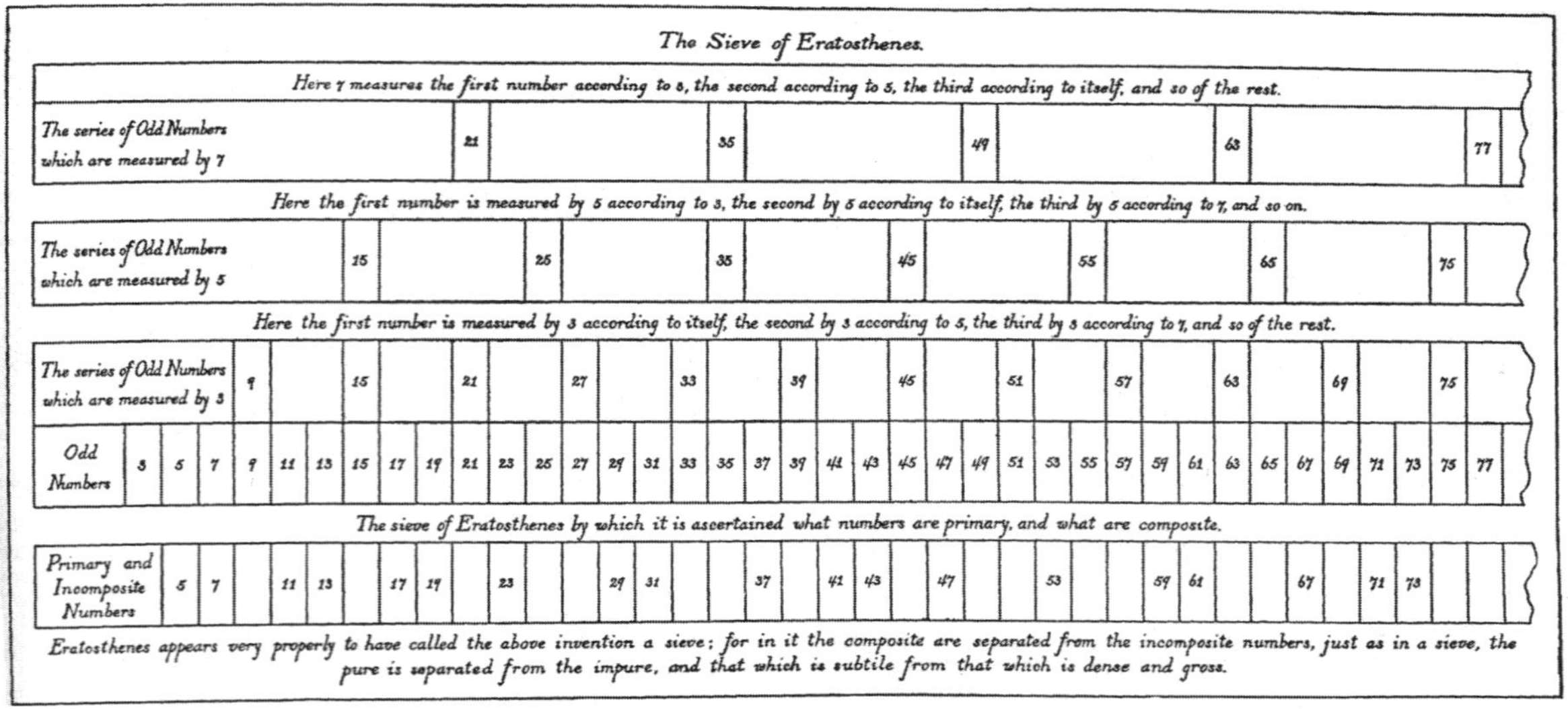

The Sieve of Eratosthenes.
Here 7 measures the first number according to 3, the second according to 5, the third according to itself, and so of the rest.
The series of Odd Numbers which are measured by 7
21 35 49 63 77
Here the first number is measured by 5 according to 3, the second by 5 according to itself, the third by 5 according to 7, and so on.
The series of Odd Numbers which are measured by 5
15 25 35 45 55 65 75
Here the first number is measured by 3 according to itself, the second by 3 according to 5, the third by 3 according to 7, and so of the rest.
The series of Odd Numbers which are measured by 3
9 15 21 27 33 39 45 51 57 63 69 75
Odd Numbers
3 5 7 9 11 13 15 17 19 21 23 25 27 29 31 33 35 37 39 41 43 45 47 49 51 53 55 57 59 61 63 65 67 69 71 73 75 77
The sieve of Eratosthenes by which it is ascertained what numbers are primary, and what are composite.
Primary and Incomposite Numbers
5 7 11 13 17 19 23 29 31 37 41 43 47 53 59 61 67 71 73
Eratosthenes appears very properly to have called the above invention a sieve; for in it the composite are separated from the incomposite numbers, just as in a sieve, the pure is separated from the impure, and that which is subtile from that which is dense and gross.

エラトステネスのふるい（トーマス・テイラーの『観照的数論』より再構成したもの）

この「ふるい」は紀元前230年頃，エラトステネスが発明した数学的工夫である。奇数のうち合成数と素数をふるい分けることを目的とする。その使い方は理屈さえのみこめば極く簡単である。まず最初あらゆる奇数を自然数の順に，下から二番目の表のように並べる。これで「奇数表」ができる。こうすると3から始まる三つ目毎の数は3で，5から始まる五つ目毎の数は5で，7から始まる七つ目毎の数は7で，9から始まる九つ目毎の数は9で，11から始まる十一番目毎の数は11で割り切れることが一目瞭然であろう。こうして無限に続けるのである。この方法により，ピュタゴラス派が「非合成数」つまり「素数」と呼ぶ数，それ自身と1以外に約数を持たない数をふるい分けることができる。一番下の欄にある数が「素数」であり，「根源的素数」と呼ばれている。『数学の歴史』のなかで，デイヴィッド・ユージン・スミスはこう述べている。エラトステネスはアレキサンドリアの偉大な数学者であり，崇拝者から「第二のプラトン」と呼ばれていた。エラトステネスはアテナイで教育を受け，この「ふるい」のみならず，非常に巧みな方法で地球の周囲と直径を計算したことで有名である。彼の推定した地球の直径は現代科学者が認めている極間直径に比べて僅か50マイル少ないだけである。エラトステネスのこの業績は，他の業績とあわせて紀元前三世紀にギリシア人は，地球が球体であることを知っていただけではなく，驚くべき正確さでその実際の大きさ，太陽と月からの距離を推定することができたことの動かぬ証拠になっている。もうひとりの偉大なギリシアの天文学者にして数学者であるサモスのアリスタルコスは，紀元前250年頃に生きていた人であるが，哲学的演繹と少数の簡単な科学的省察用具を使って，地球が太陽のまわりを回転しているという説を提唱した。コペルニクスは実際自分がその事実を発見したのだと信じていたが，彼は1700年前にアリスタルコスが行なった発見を改めて述べたにすぎない。

十四、十八、二十二が作れる。「偶-奇」数はみな一回だけは二で割れる。例えば二割る二は一だが、これ以上は二分できない。六割る二は三だがこれ以上は進めないのである。

「偶-奇」数にはもうひとつの面白い性質がある。もし約数が奇数であると商は必ず偶数になり、約数が偶数だと商はつねに奇数である。例えば十八は二（偶数の約数）で割ると九（奇数）となり、三（奇数の約数）で割ると六（偶数）になる。

「偶-奇」数が次の性質を持っていることにも注目すべきだろう。どの数も、その両側にある数の和の二分の一である。例えば十は六と十四の和の半分、十八は十四と二十二の和の半分、六は二と十の和の半分である。

「奇-奇」数、つまり非「偶-偶」数は「偶-偶」数と「偶-奇」数との中間的性質を持っている。「偶-偶」数とは異なり、二で割っていっても一には達しない。また「偶-奇」数と違って二回以上二で割ることができる。「奇-奇」数を作るには、二以外の「偶-偶」数に一以外の奇数を掛ければよい。一以外の奇数とは三、五、七、九、十一……である。二以外の「偶-偶」数とは四、八、十六、三十二、六十四……である。この最初の奇数（三）に最初の「偶-偶」数（四）を掛けると十二になる。これが最初の「奇-奇」数である。四に五、七、九、十一……をかけていけば、「奇-奇」数が見つかるだろう。その他の「奇-奇」数は三、五、七、九、十一……に今度は他の「偶-偶」数（八、十六、三十二、六十四）を掛ければ出てくる。「奇-奇」数を二で割って行くと、

12÷2＝6, 6÷2＝3となるが、これ以上は割れない。ピュタゴラス派は一を分割しないからである。

全ての数はもうひとつの分類法で三つに分けることができる。「超完全数」、「不足数」、「完全数」である。

「超完全数」ないし「過多数」とは約数の総和がそれ自身より大きくなる数である。例えば二十四は、24÷2＝12, 24÷4＝6, 24÷3＝8, 24÷6＝4, 24÷8＝3, 24÷12＝2, 24÷24＝1, となり、それぞれの約数の総和（12＋6＋8＋4＋3＋2＋1）は三十六となり、もとの数二十四より大きくなる。

「不足数」とは逆に約数の総和がそれ自身より小さくなる数である。例えば十四は、14÷2＝7, 14÷7＝2, 14÷14＝1で、それぞれの約数の総和（7＋2＋1）は十となり、もとの数十四より小さい。

「完全数」とは約数の総和がそれ自身と等しくなる数である。例えば二十八は、28÷2＝14, 28÷4＝7, 28÷7＝4, 28÷14＝2, 28÷28＝1となり、それぞれの約数の総和（14＋7＋4＋2＋1）は二十八つまりもとの数に等しい。

完全数は極めて稀である。一から十までのあいだにはひとつしかない。六である。十から百までもひとつ、つまり二十八、百から千までもひとつ、すなわち四百九十六、千から一万までもひとつ、八千百二十八である。この完全数を見つけるには次のような手順による。「偶-偶」数（一、二、四、八、十六、三十二……）の最初の数を第二の数に加え、もしその結果が素数なら、それに「偶-偶」数のうちその数を作った数列の最後の数を掛ける。その積が最初の完全数である。例えば、「偶-偶」数の第一と第二の数は一と二、その和は三つまり素数である。この三に、「偶-偶」数のうちこの三を作った数列つまり一、二の最後の数（二）を掛けると、その積は六になる。これが最初の完全数である。もし「偶-偶」数を加えていって、その結果が素数とならない場合は、その次の数を加えて素数になるまで続けなければならない。二番目の完全数は次のようにして見つける。「偶-偶」数の一と二と四の和は七、これは素数である。この七に四（この七を作った数列の最後の数）を掛けると二十八、これが第二の完全数である。この計算法は無限に続けることができる。

完全数に二を掛けると過多数になり、二で割ると不足数になる。

ピュタゴラス派は数の学から彼らの哲学を展開した。次に『観照的数論』から引用するが、これはその応用例として典型的なものである。

「完全数はそれゆえ過度と不足の中庸にある美徳を表わす美しい象徴であるが、ある古代人が考えていたように最高の数ではない。ある悪に対立するのは他の悪であるが、両者ともにひとつの善にも対立している。しかし善は決して善と敵対しない。ただし二つの悪にはひとつとなって同時に敵対する。例えば臆病と暴勇は対立し、ともに真の勇気の欠如という点は共通しているが、臆病も暴勇も勇敢とは反対のものである。また悪知恵と愚鈍は対立し、ともに叡知を欠いている点で共通しているが、両方とも思慮とは反対のものである。さらに放漫は貪婪に対立し、ともに度量の欠如として共通しているが、ともに度量とは反対のものである。こうしてその他の美徳や悪徳に同じことが適用できるとすれば、徳一般に関して完全数が美徳と大きな類似性を持っていることは明らかだろう。しかしその他の観点からも完全数は美徳と似ているのである。つまりそれは稀にしか発見できず、その数は僅かであり、極めて厳正な秩序のなかにしか生まれない。逆に過多数と不足数は無際限に見つけることができるし、秩序立った数列に配列されず、一定の目的をもって生まれてはいない。それゆえ過多数と不足数は、無数にあり、秩序がなく、無規定である点で悪徳とよく似ているのである。」

十　数表

(次に述べるピュタゴラス的な数の概要は、ニコマコス、スミュルナのテオン、プロクロス、ポルフュリオス、プルタルコス、アレキサンドリアのクレメンス、アリストテレス、その他の古代作家の文献を補足説明したものである。)

「モナド」――「一」はつねに同じ状態にとどまっているので、そう呼ばれている。これは多から離れて存在している。モナドの性質は次のようなものである。それは精神である。精神は静止し、あらゆる事物を超越しているからである。それは両性具有である。それは男性的であると同時に女性的、つまり奇数であると同時に偶数だからである。一に奇数を加えれば偶数に、偶数を加えれば奇数になる。それは「神」である。それは万物の初め、かつ終りでありながら、しかもそれ自身は初めも終りもないからである。それは善である。「神」の本性は善だからである。それは物質の受容者である。それは真の物質的数つまり「二」を生む母だからである。

ピュタゴラス派によれば、モナドは「混沌」、「暗冥」、「深淵」、「タルタロス」、「ステュクス」、「奈落」、「忘却」、「アトラス」、「軸」、「モルフォ」(アフロディテの異名)、「塔」または「ゼウスの玉座」である。それは宇宙の中心にあり、惑星自体の円運動を支配する偉大な力であるからである。モナドはまた、宇宙におけるあらゆる思念の源泉であるゆえに、根源的理性とも呼ばれる。モナドにつけられた他の名前は、太陽との関係で「アポロン」、人類に光をもたらす「プロメテウス」であり、火のなかに住む「ピュライオス」、それなしにはいかなる数も存在しないから「母胎」、第一存在としての「実体」、「真実の根拠」、「調和」の構成者である。これら全てはモナドが原初的一者であることに帰因する。

モナドは大と小とのあいだでは「等」であり、積極性と消極性のあいだでは「中庸」であり、量のなかでは「中間」であり、時間では「今」である。永遠は過去でも未来でもないからである。モナドは「ゼウス」とも呼ばれている。神々の「父」であり長《おさ》だからである。「ヘスティア」つまり家の竈である。宇宙の中央に位置し、そこにとどまって、円における中心のごとく決して側には外れないからである。「形」である。モナドは規定し、包摂し、限定づけるからである。「愛」、「和合」、「敬虔」である。分割不可能だからである。モナドにつけられた象徴的な名前はその他にも「船」、「戦車」、「プロテウス」（あらゆる形態をとることのできる神）、「ムネモシュネ」（記憶）、「ポリュオニュモス」（多くの名を持つもの）などがある。

「ドゥアド」――「二」を象徴する名には次のようなものがある。これは分割可能であるからひとつというより二つのものである。二つのものがあれば、それぞれは互いに対立する。「守護霊」、「悪」、「暗黒」、「不等」、「不安定」、「可動」、「無謀」、「果敢」、「闘争」、「物質」、「相違」、多と一とのあいだでは、「不均等」、「欠陥」、「不定形」、「無規定」、「未決定」、「調和」、「寛容」、「根」、「豊富な観念の泉の足場」、「頂上」、「ファネス」（輝くもの）、「世論」、「虚偽」、「変更」、「異差」、「刺激」、「死」、「運動」、「生成」、「変化」、「分割」、「長さ」、「増大」、「合成」、「共有」、「不幸」、「栄養」、「負担」、「結婚」、「魂」、「学問」。

W・ウィン・ウェストコットはその著『数』のなかでドゥアドについてこういっている。「二は『暴勇』と呼ばれている。『聖なる一』から初めて分離する数だからである。またカルデアの神託のいうように『神の育みし沈黙の深淵』から発するからである。」

モナドが「父」であるのと同様、ドゥアドは「母」である。それゆえドゥアドは女神「イシス」、「レア」（ゼウスの母）、「フリュギア」、「リディア」、「ディデュメネ」（キュベレ）、「ケレス」、「エラト」（ムーサの一神）、月が欠けると二つの先端を持つことから、「アルテミス」、「ディクテュンナ」、「アフロディテ」、「ディオネ」、「キュテレア」、ゼウスの妻にして姉妹であることから「ヘラ」、ヘルメスの母「マイア」である。

モナドが「知恵」の象徴であるのに対して、ドゥアドは「無知」の象徴である。二のなかには分離の意味があり、それは無知の初めだからである。しかしドゥアドは「知恵の母」でもある。無知は――その本性から――つねに知恵を生むからである。

ピュタゴラス派はモナドを尊崇してドゥアドを忌避した。それは対極性の象徴だからである。ドゥアドの力によって、天との対極に深みが生まれた。深みは天の鏡であり、幻影の象徴となる。「下のもの」は上のものの反映にすぎないからである。下のものは「マヤ」、「幻」、「海」、「大いなる空《くう》」、その象徴物として「ペルシアのマギ」たちは鏡を持ち歩いた。ドゥアドから「論争」と「闘争」が生まれ、モナドをドゥアドのあいだに持ち込むことによって均衡が再び確立するまで続く。これを行なうのは「救世主」である。この「神」は自らある数の形をとって、人類の原罪のため二人の盗賊のあいだで十字架にかけられた。

「トリアド」――「三」は本当の奇数の最初の数である（モナドは必ずしも数ではないと考えられている）。それは結びついたものの「最初の均衡」であり、このことからピュタゴラスは「アポロンは鼎から神託を授け給う」といい、神酒は三度そそぐべきだと教えている。トリアドの性質を理解する鍵となる言葉は「友情」、「平和」、「正義」、「思慮」、「敬虔」、「適度」、「美徳」である。トリアドの原理を具えている神は次のごとし。「クロノス」（時間の支配者）、「ラトナ」、「コルヌコピアエ」、「オフィオン」（大蛇）、「テティス」、「ヘカテ」、「ポリュユムニア」(ムーサの一神)、「ハデス」、「トリトン」(海神)、「トリトゲネイア」、「アケロオス」(河神)、「テュケ」(運命)、「エリニュエス」(復讐)、「カリテス」(優美)。この数は知恵と呼ばれている。人間は現在を運営し、未来を予見し、過去の経験から恩恵をうけるからである。三は知恵と理解の原因である。トリアドは知識――特に音楽と幾何学と天文学――の数である。また天上の神々、地上の精霊の学を司る。ピュタゴラスはこの数の三乗が月の循環を支配する力を持つと教えている。

トリアドの聖物または象徴は三角形である。これは三がモナドとドゥアドから成っている事実から由来する。モナドは「天の父」、ドゥアドは「地の母」の象徴である。トリアドはこの両者から作られているので、両性具有で、「神」が自分自身から世界を生み出すことを象徴している。「神」の創造性はつねに三角形で象徴される。それゆえモナドからドゥアドに移って初めて子孫の親となることができる。ドゥアドは「メル」(アトランティスの始原神)の子宮であり、世界はそのなかで胎まれ、いまだ胎児の形で存在するからである。

「テトラド」――「四」はピュタゴラス派によれば始祖的な数であり、「万物の根」、「自然の源泉」、「最も完全な数」である。テトラドはすべて叡智的であり、緊密な秩序を保ち、「世界炎上」の過程が通りすぎるとき世界を丸くかこむ。ピュタゴラス派はなぜテトラドを「神」と表現したかはピュタゴラスに帰せられている聖なる教えのなかで、「神」は「あらゆる数の数」と呼ばれていることから説明されている。なぜなら「デカド」つまり「十」は一と二と三と四から成るためである。四はこの最初の四つの数を代表する象徴だから「神」の象徴なのである。さらにテトラドは一週間の中日である。一と七の中間に四が位置するからである。テトラドはまた最初の幾何学的立体(四面体)である。

ピュタゴラスは人間の魂はテトラドから構成されていると主張する。魂の四機能とは知、情、意、感である。

テトラドはあらゆる存在、四大、数、四時に結びつき、テトラクテュスに基づかなければ、どんなものも名づけることはできない。それは万物の「原因」、「製作者」、叡智的「神」、天上界と地上界の善きものの「創造者」である。プルタルコスの解釈によると、このテトラクテュスは、一名「世界《コスモス》」とも呼ばれており、その数は三十六である。これは最初の四つの奇数と四つの偶数を加えた数である。すなわち、

1＋3＋5＋7＝16,

2＋4＋6＋8＝20,

16＋20＝36

テトラドを表わす鍵言葉は「急激」、「剛毅」、「雄渾」、「二人母」である。また「自然の鍵を握るもの」ともいわれる。宇宙全体はこれなしではありえないからである。「調和」、「最初の深み」とも呼ばれる。テトラドの性質を持っている神々の名は、「ヘラクレス」、「ヘルメス」、「ヘパイストス」、「ディオニュソス」、「ウラニア」（ムーサの一神）。

トリアドは原色と主要な惑星を意味し、テトラドは中間色と小さな惑星を代表する。フリーメーソンが使う前掛けには三角形と四角形が描かれているけれども、最初の三角形から七つの精霊が出てくる。

「ペンタド」――「五」はある偶数と奇数（二と三）の結合体である。ギリシア人のあいだでは五芒星形（ペンタグラム）が光、健康、活力の護符として使われていた。五は「第五元素」つまりエーテルを象徴する。これは低次の四大元素の攪乱から自由だからである。これが「均衡」とも呼ばれるのは完全数十を二つに等分するからである。

ペンタドは「自然」の象徴である。なぜなら、麦の一粒が種から出発し、「自然」の全過程を経て、自分自身

の成長の最終形態として再び種にもどるように、五は自乗するとそれ自身に帰るからである。他の数は自乗しても他の数になるが、五と六だけは自乗すると二十五と三十六、すなわち一の位で再びもとの数になる。

ペンタドは天上天下のあらゆる事物を表現する。ときには「密儀」の司祭ヒエロファンテスに擬せられる。五は霊的エーテルと結びついており、それによって神秘的自己開発が達成されるからである。ペンタドの鍵言葉は「有和」、「変換」、「結婚」、「不死」、「慈悲」、「摂理」、「響き」である。ペンタドの性質を持つ神々のなかには、「パラス」（アテナ）、「ネメシス」（応報）、「ブバスティア」（バスト）、「アフロディテ」、「アンドロギュネ」、「キュテレア」、およびゼウスの使神たちがある。

テトラド（四大）にモナドを加えるとペンタドに等しい。そこでピュタゴラス派は地・水・風・火の四大にはエーテルと呼ばれる実体が浸透しており、これが活力と生命の基になるのだと教えた。彼らが活力、健康、浸透の象徴として五芒星形つまりペンタグラムを選んだのはそのためである。

哲学者たちは地大を「龍」の象徴のもとに隠すことを慣わしとしている。古代の英雄が龍に突進して、龍を殺戮したと語られている例は多い。彼らは「剣」（モナド）で龍の体（テトラド）を刺したのである。この結果、ペンタドが生まれ、霊的自然の物質的自然に対する勝利を象徴することになった。四大は『旧約聖書』ではエデンの園から流れ出る四つの河で象徴されている。この四大元素を支配しているのがエゼキエル書の「ケルビム」（智天使）である。

「ヘクサド」――「六」をピュタゴラス派はアレキサンドリアのクレメンスと同様、予言者と古代の密儀にしたがって「世界の創造」を表わしていると考えた。六を、あらゆる部分を兼ねそなえた「完成物」とピュタゴラス派は呼んでいる。この数は特にオルフェウスに捧げられた。「テュケ」（運命）、「ラケシス」（寿命）、ムーサの

「タリア」にも奉納されている。六は「形のなかの形」、「宇宙の分節」、「魂の造り手」とも呼ばれている。

ギリシア人のあいだでは「調和」と「魂」は本質的に似たものであると考えられていた。あらゆる魂は調和なのである。ヘクサドも「結婚」の象徴である。男性と女性を意味する二つの三角形を互いに組み合わせると六芒星形、ヘクサグラムができる。ヘクサドに帰せられた鍵言葉のなかには六が持続を測るところから「時間」、健康とは均衡に他ならないから「万能薬」、「釣合い数」、「世界」などがある。「世界」は六と同じように対立するもの同士の調和から成ると思われているからである。また「完全無欠」ともいわれる。六の約数の総和は全体に等しい（1＋2＋3＝6）、つまり六は完全数だからである。「くめども尽きぬもの」、不死の要素を持っているからである。

「ヘプタド」――「七」をピュタゴラス派は「尊崇に値するもの」と呼んだ。七は「宗教」を表わす数と考えられている。人間は七つの天界の精霊（惑星）に支配され、人間が子孫をつくる際に、これらが重大な役割を果しているからである。七は「生命の数」ともいわれている。伝承によれば七カ月の胎児生活を送った未熟児は育つが、八カ月の新生児は死にやすいという。七を「母なき処女」つまり「アテナ」と呼ぶ人もいる。七は母から生まれたのではなく、王冠から、または「父」つまりモナドの額から生まれたからである。七の鍵言葉には、「幸運」、「機会」、「保管」、「統御」、「支配」、「正義」、「夢」、「声」、「音」、「すべての事物を目的まで導くもの」などがある。ヘプタドに配当された神々は「アイギス」（神盾）、「オシリス」、「アレス」、「クレオ」（ムーサの一神）。

多くの古代民族は七を聖なる数として崇めた。ユダヤ人の神「エロヒム」の数は七であるとされている。この神々は「曙の霊」であり、一般には惑星を支配する「大天使」として知られている。七つの「大天使」は太陽を三様に支配する三つの精霊とともに「十」つまりピュタゴラス派の「デカド」を構成する。ピュタゴラス派の神秘的なテトラクテュス、上から順に、一つ、二つ、三つ、四つと四段の点を打った図形は創造の諸段階の象徴である。「自然」におけるあらゆる事物はデカドつまり「十」を通って再生するというピュタゴラスの偉大な真理は、フリーメーソンにおける特殊な握手法のなかにかすかに保存されている。この握手はお互いの五本の指をからませて、十本の指をある形に組み合わせて行なう。

「三」（霊、心、魂）が「四」（世界）に降りてくると「七」つまり人間の神秘的本性となる。人間は三重の精神的な本体と四重の肉体的形態を持っているのである。これらは立方体で象徴される。つまり六つの面とそのなかに隠れた七番目の神秘的中心によって象徴するのである。六つの面は東・西・南・北、上下、前後、左右、上方、下方などの方角を持っている。この六面は地・水・風・火・霊・物質を表わし、これらの真只中に「一」がある。これは人間の最高の数で、立方体のこの中心から各点に線を引くと六つのピラミッドができあがる。このことから重大なオカルト的格言が生まれる。「中心は方角、次元、距離の父である。」

ヘプタドは「法則」の数である。それは「宇宙法則を作るもの」つまり「座天使」の前の七つの精霊たちの数だからである。

「オグドアド」――「八」は聖なる数である。八は最初の立方数（2×2×2）であり、立方体は八つの角を持ち、八だけが十以下の「偶-偶」数だからである。（1－2－4－8－4－2－1）、つまり八を二で割ると四、四を二で割ると二、二を二で割ると一になり、ここで再びモナドを定立する。オグドアドの鍵言葉のなかには「愛」、「忠告」、「思慮」、「法則」、「便宜」などがある。その性質を持った神々には、「レア」、「キュベレ」、「カドマイア」、「ディンデュメネ」、「オルキア」、「ポセイドン」、「テミス」、およびムーサの「エウテルペ」などがある。

オグドアドはギリシアの「エレウシスの密儀」およびカペイロイと関わり深い神秘的な数で「小さな神聖」数と呼ばれている。このことはヘルメスの杖カドケウスにまつわりついた二匹の蛇から来るとも、天体の渦動から来るともいわれている。おそらく月の交点にも由来する。

「エンネアド」——「九」は奇数の平方（3×3）として最初の数である。九は「失敗」とか「不足」に関係する。なぜなら完全数の十に一つだけ足りないからである。これは「人間」の数ともいわれるが、人間は九ヵ月の胎児生活を送るからである。九の鍵言葉のなかには「大洋」、「地平線」などがある。古代人にとってこれらは際限のないものの象徴であった。エンネアドは「無限」を表わす数である。極限数の十以外に九を超える数はないからである。また「境界」、限界とも呼ばれている。一の位のあらゆる数をそれ自身のうちに集めているためである。それは「大気圏」といわれる。地球をとりまく大気のように、あらゆる数をとりまいているからである。九の性格を多少なりとも具えている神々は「プロメテウス」、「ヘパイストス」、ゼウスの姉妹にして妻の「ヘラ」、「パイアン」、「アグライア」、「トリトゲネイア」、「クレテス」（クレタ島の古い神々）、「ペルセフォネ」、「ヒュペリオン」、「テルプシコレ」（ムーサの一神）である。

九は「悪」の数と見なされている。6を逆さにすると9になるからである。「エレウシスの密儀」によれば、意識が誕生するときに通り抜けてきた天球の数も九である。精子と形が似ていることから、九は胚珠的生命と関係があるとされている。

「デカド」——「十」はピュタゴラス派によると最大の数である。テトラクテュス（十個の点から成る）の数であるだけでなく、あらゆる数と和音の比を含んでいるからである。ピュタゴラスは、あらゆる民族は十に向かって数え、十に達すると再びモナドにもどるから十は数の本性をなすと言った。デカドは「天」とも「世界」とも呼ばれる。前者は後者を含んでいるからである。完成の数であるから、ピュタゴラス派は十を「年齢」、「力」、「信仰」、「必然」、「記憶力」と結びつけている。また「くめども尽きぬもの」とも呼ばれる。十は「神」のごとく疲れを知らないからである。ピュタゴラス派は天体を十種類に分けた。またデカドはあらゆる数を完成させ、その内に奇数と偶数を含み、動かつ不動、善かつ悪であるとも述べている。十の力を持っている神々は「アトラス」（その肩にあらゆる数を背負っている）、「ウラニア」、「ムネモシュネ」、「太陽」、「ファネス」（輝くもの）、「一なる神」などである。

十進法体系はおそらく指で数えていた時代にまで遡ることができよう。最も単純な計算器は指であるし、これは今でも未開人のあいだで使われている。

前頁——密儀の手（十八世紀初期の水彩画より。作者不詳）

この図版のもとの絵は、「密儀」に入る者に差し出された哲学者の手と名づけられている。「偉大な術」の弟子が初めてこの手を見るとき、それは閉じられており、そこに含まれた神秘が明かされるまえに、彼はそれを開く方法を見つけねばならない。錬金術において手は、生薬を用意するための公式を意味する。魚は水銀であり、魚が泳いでいる炎に縁どりされた海は硫黄である。指には「神の代理者」の象徴があり、「偉大な作業」はそれを結合することによって達成される。未知の作者はこの図について、「賢者は、比喩を使わないで『術』を教えることはしないという誓いをこの手によって立てている」と述べている。カバラ主義者にとってこの図は、四つの世界（象徴を持つ指）における「唯一の力」（王冠をつけた親指）の活動を意味する。錬金術とカバラの意味の他に、この図は「マスター・メーソン」の手を象徴しており、この手によって彼は「神の家の殉教した建築者」を「蘇らせる」のである。

哲学的には鍵は「密儀」そのものを示しており、その助けなくして人間は自らの存在の多くの部屋を開けることはできない。角燈は人間の知識であるが、それは人間の作った容器に捕えられた「世界の火」の火花であるからである。それは下位世界に住む者の光であり、その助けを借りて彼らは「真理」の足跡をたどろうとする。「世界の光」と名づけられる太陽は創造の冷光であり、それを通じて人間は、形と数によって表わされるすべての創造物の神秘を学ぶ。星は、宇宙と天上の真理を明らかにする「世界の光」である。王冠は、未知の隠された「絶対的な光」であり、その力はこの「永遠の光輝」の火花にすぎない小さな光を通じて輝く。かくして、「神性」の右手すなわち活動的原理が明らかにされ、「神性」の作り出すすべてのものは、「彼の手のくぼみ」のなかに含まれている。

象徴体系における人間の肉体

すべての象徴のなかで最も古く、最も深遠で、最も普遍的なものは、人間の肉体である。ギリシア人、ペルシア人、エジプト人、インド人は、人間の三一の性質を哲学的に分析することが、倫理的宗教的な訓練の不可欠な部分であると考えた。すべての民族の「密儀」は、宇宙の法則、元素、力は人体の構成に凝縮されており、人間の外部に存在するすべてのものは、人間の内部にその類似物を持つと教えた。宇宙はその広大さにおいて測りがたく、その深さにおいて想像しがたいものであり、人間の判断の及ぶところではない。神々自身でさえ、その源泉である近づきがたい栄光を部分的にしか理解していない。一時的に神の熱狂に満たされたとき、人間はしばらくのあいだ自身の個性の限界を越えて、すべての創造物を包む天上の光輝を部分的に見るかもしれない。しかしその最大の覚醒時においてさえ、人間はその理性的な魂の実体に、天上の活動の多様な表れを刻印することはできない。」

理性的な能力の理解できないものを知的に処理しようとする試みが空しいことを認めて、初期の哲学者たちはその注意を、理解できない「神性」から人間自身へと向けた。人間の本性の狭い境界のなかに、彼らは外的世界のすべての神秘が表われていることを知った。これを実践することで自然に、「神」は「巨大な人間」であり、また逆に人間は小さな神であるとする秘密の神学体系が作られた。この類似を延長して、宇宙は人間と考えられ、また逆に人間は小さな宇宙と考えられた。大なる宇宙はマクロコスモス（「巨大な世界」あるいは「肉体」）と呼ばれ、その機能を支配する「神の生命」あるいは霊的本体はマクロプロソフォスと呼ばれた。人間の肉体すなわち個人の宇宙はミクロコスモスと呼ばれ、その機能を支配する「神の生命」あるいは霊的本体はミクロプロソフォスと呼ばれた。異教の「密儀」は主として、入門者にマクロコスモスとミクロコスモスすなわち「神」と人間のあいだの真の関係を教えることに関心を持っていた。したがってミクロコスモスの人間とマクロコスモスの人間の器官と機能の類似を解く鍵は、初期の密儀参入者の最も貴重な所有物となっていた。

『ヴェールを脱いだイシス』においてH・P・ブラヴァツキーは、人間についての異教的な概念を次のように要約している。「人間は小さな世界、大宇宙のなかの小宇宙である。彼は胎児のように、大宇宙の母胎のなかで三つの霊によって吊り下げられている。彼の地上的な肉体がその親である大地と常に調和しているあいだ、彼の星の魂は、星のアニマ・ムンディと和合して生きる。それが彼のなかにあるように、彼はそのなかにある。世界に充満する元素は、全空間を満たし、果てのない無限の空間そのものであるからである。第三の霊（神的な霊）について、それは極小の光線すなわち『最高の原因』（『世界の霊的光』）から直接生じる無数の放射物以外の何であろうか。これは有機的および無機的な本性すなわち霊と肉体の三位一体であり、一のなかの三である。プロクロスはそれについて次のように述べている。『第一のモナドは「永遠の神」であり、第二は永遠、第三は宇宙の模範すなわち原型である。』この三つは『知性の三つ組』を構成する。」

偶像崇拝が宗教に入りこむずっと以前に、初期の祭司たちは人間の像を神殿の聖域に置かせていた。この人物像は、「神の力」の複雑な現れを象徴していた。かくして古代の祭司たちは人間を教科書として受け入れ、人間を研究することにより、彼もまたその一部である天上の組織の、偉大で難解な神秘を理解することを学んだ。古代の祭壇の上に立つこの神秘的な像は、人体模型のように作られており、「密儀」の道場にある象徴的な手のように、神聖文字が彫られていたり描かれていたりした。器官、骨、筋肉、神経そして他の部分の相対的な位置を示すため、像が開かれることがあったかもしれない。長い探求の期間を経ると、人体模型は複雑な神聖文字や象徴的な模様でいっぱいになった。すべての部分が秘密の意味を持っていた。その寸法は、それによって宇宙のすべてを測ることができる基本単位を形成した。それは、聖者や祭司の所有するすべての知識の、栄光に満ちた混成の象徴であった。

それから偶像崇拝の時代が来た。「密儀」は内部から崩れた。秘密は失われ、だれも祭壇の上に立つ像の正体を知らなかった。その像が「普遍的な力」の栄光の聖像であることだけが記憶されていた。ついにそれは、その姿に似せて人間が作られた「存在」すなわち神として見なされるようになった。この人体模型が初めに作成されたその目的を知らないために、祭司たちはこの像を崇拝し、ついにはその霊的な知性の欠如のため神殿が内部から崩れ、像はその意味を忘れた文明とともに崩れた。

人間は現実に神の姿に基づいて作られるとする最初の神学者たちの仮定から出発して、過去の時代の密儀参入者たちは、人間の肉体を基礎として壮大な神学体系を作った。今日の宗教界は、生物学がその教義と信条の源泉であるという事実にまったくといっていいほど気づいていない。現代の神学者によって、「神」からの直接の啓示であると信じられている多くの法典や法則は、実際には長いあいだ複雑な人体の構成とその無限の驚異を忍耐強く研究した成果なのである。

世界のほとんどすべての聖典には、解剖学的な類似が認められる。このことは、創造神話において最も明瞭である。胎生学や産科術に詳しい人ならだれでも容易に、アダムとイヴとエデンの園、「エレウシスの密儀」の九段階、ヴィシュヌの受肉についてのバラモンの伝説に関する寓意の基礎を認めるであろう。「世界卵」の話、ギヌンガガップ（世界の種子が蒔かれた空間の暗い裂け目）のスカンディナヴィア神話、父親の生殖力の象徴として魚を使用すること――これらすべてが神学的な考察の真の起源を示している。古代の哲学者は、人間自身が生命の謎を解く鍵であると理解した。人間は「神の計画」の生ける映像であるからである。未来において人はまた、「人間の正しい研究対象は人間である」という古い言葉の厳粛な意味をより十分に理解するであろう。

「神」と人間はともに二重の構造を持ち、その上位の部分は目に見えず、下位の部分は目に見える。両者にはまた、目に見える本性と見えない本性が出会う場所である中間世界がある。「神」の霊的本性がその客観的な世界の外形（現実には結晶化したイデア）を支配するように、人間の霊的本性は、その目に見える物質的な個性の、目に見えない原因であり支配力である。かくして神が客観世界と持つ同じ関係を、人間の霊はその物質的肉体に対して持っている。「密儀」は、霊すなわち生命が形体に先立ち、先立つものはそれより後に来るすべてのものを含むと教えた。霊は形体に先立つので、形体は霊の領域に含まれる。人間の霊が肉体の内部にあるというのもまた、広く行なわれている言い方であり信念である。しかし哲学と神学の結論によるとこの信念は誤りである。霊はまずある範囲を囲み、次にその内部に現われるからである。哲学的に言えば形体は霊の一部であるので、霊の内部にあるが、霊は形体の総体以上のものである。人間の物質的本性がそれゆえ霊の総体の内部にあるように、すべての星の体系を含む「世界の自然」は、万物に浸透する「神」の精髄すなわち「世界の霊」の内部にある。

古代の知恵についての別の概念によると、霊的であれ物質的であれ、すべての物体は三つの中心を持っている。

ギリシア人はこれを、上の中心、中の中心、下の中心と呼んだ。ある曖昧さがここには明確に認められる。抽象的で精神的な真理を十分に図式化したり象徴化することは不可能である。形而上的な関係のひとつの局面を図式的に示すことは、他の局面と事実上の矛盾を引き起こすためである。上にあるものは一般に、その威厳と力で優れていると考えられているが、実際には中心にあるものが、上や下にあると言われているものより優れており先行するのである。それゆえ、上にあると考えられている第一のものは実際には中心にあり、上か下にあるとされる他の二つは実際には下にあると言われなければならない。この点は、読者が次のように考えればより単純化される。上とは源泉への接近度を示し、下は源泉からの離反度を示している。この場合源泉は事実上の中心に位置し、相対的な距離は、中心から円周に向かう半径上のさまざまな点である。哲学や神学に関する問題において、上は中心に、下は円周に向かうものと考えられている。中心は霊であり、円周は物質である。それゆえ上は、霊の上昇階梯にそって霊に向かうことであり、下は、物質の上昇階梯にそって物質に向かうことである。後者の概念は円錐の頂点によってある

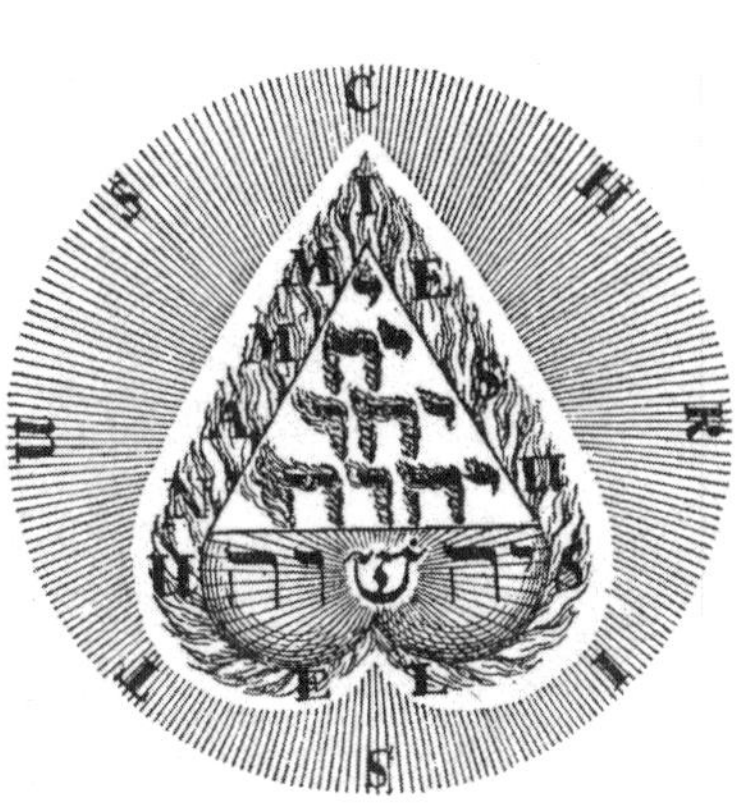

人間の心臓のなかのテトラグラマトン
（ベーメの『弁明の書』より）

四文字から成る神の名テトラグラマトンはここで，倒立した人間の心臓のなかのテトラクテュスとして配置されている。その下では，イェホヴァという名が，光を発するヘブライ文字シンを挿入することによりヨシュアという形に変形して示してある。図は全体として，人間の心臓のなかにある神の座とその階層組織を示している。『弁明の書』の第一巻でヤコブ・ベーメは，その象徴的意味について次のように述べている。「我々人間は，神に向かう一冊の書物を共有する。各人は，この貴重な神の名である書物を自己の内部に持つ。その文字は彼の愛の炎であり，神はそれをイエスという貴重な名において彼の心臓から我々のなかに示す。あなたがたの心臓と霊のなかにあるこれらの文字を読みなさい。そうすればあなたがたは十分な書物を持つことになる。神の子どもたちのすべての著作は，あなたがたをその一冊の書物に導く。そのなかにはすべての知識の宝があるからである。……この書物はあなたがたのなかにあるキリストである。」

程度表現される。上から見つかった場合その頂点は、円錐の底面によって作られる円周の中心点と見える。

これら三つの普遍的な中心すなわち上、下そして両者を結ぶものは、三つの太陽、ひとつの太陽の三つの局面、光輝の中心を示す。これらはまた、物質的な宇宙のように造物主的な構成を持つ人間の肉体の、三つの大きな中心に類似物を持つ。トーマス・テイラーは、「これら（太陽）のうち第一のものは、調べてみるとそのみなもとで太陽を養う光に類似し、第二のものは、太陽から直接生じる光に類似し、第三のものは、この光によって他の自然物に伝えられる光輝に類似する」と述べている。

上の（つまり霊的な）中心は他の二つの中央にあるので、物質的な肉体におけるその類似物は、人間の肉体のなかで最も霊的で神秘的な器官である心臓である。第二の中心（つまり上と下の世界の中間にあるもの）は、脳という最大の物質的な威厳の位置に上げられている。第三の（つまり下の）中心は、生殖器という物質的な威厳は最小であるが物質的な重要性においては最大の位置に追放されている。かくして心臓は、象徴的に生命の中心であり、脳は、理性的な知性によって生命と形体を結ぶ連結点であり、生殖器（つまり下位の創造者）は、物質的な有機体を生み出す力の源泉である。個人の理想や熱望は主として、この三つの力の中心のうちいずれが表現の範囲と活動において優位を占めるかによって決まる。物質主義者においては、下の中心が最も強く、主知論者においては、上の中心が最も強い。しかし密儀参入者においては、中間の中心が、両極端を霊の光輝に浸すことにより、精神と肉体の両者を健全に支配する。

光が、その源泉である生命の証拠となるように、精神は霊の証拠となり、さらに下の領域における活動は知性の証拠となる。かくして精神は心臓の証拠となり、次には生殖器が精神の証拠となる。したがって霊的本性は心臓によって最も普通に象徴され、知力は開いた片目によって象徴される。開いた片目は、松果腺あるいはキュクロプスの目を示し、異教の「密儀」の二つの顔を持つヤヌスである。生殖器は、花、杖、杯あるいは手によって象徴される。

すべての「密儀」は心臓が霊的意識の中心であることを認めているが、しばしばそれらは故意にこの概念を無視し、心臓を情緒的な本性の象徴という一般的な意味で使用した。この配置によると、生殖器は物質的な肉体、心臓は情緒的な肉体、脳は精神的な肉体を示す。脳は上の世界を示しているが、密儀参入者が下位の段階を通過すると、彼らは脳が心臓の最奥部に住む霊的な炎の代理であると教えられた。秘教思想の研究者はまもなく、古代人がしばしば「密儀」の真の意味を隠すためにいろいろな目隠しに頼ったことを知る。脳を心臓と代えることも、この目隠しのひとつである。

古代「密儀」の三つの位階はほとんど例外なく、人間と「世界」の肉体の三つの大きな中心を示す部屋で与えられた。可能であれば神殿自体が、人間の肉体の形で作られた。志願者は両足のあいだから入り、脳に対応する地点で最高の位階を受けた。かくして最初の位階は物質的な神秘であり、その象徴は生殖器であった。志願者は、具象的な思考の種々な位階を通じて昇進した。第二の位階は心臓に対応する部屋で与えられたが、精神の連結点である中間の力を示していた。ここで志願者は抽象的な思考の神秘に導かれ、精神が見通しうる最高の高さまで引き上げられた。彼は次に第三の部屋に入る。それは脳に対応しており、神殿で最高の位置にあったが、心臓に対応することから最高の威厳を持っていた。心臓の神秘が与えられたのは脳の部屋においてであった。参入者はここで初めて、「人はその心で考えることに従って、そのように存在する」という不滅の言葉の意味を真に理解する。脳には七つの心臓があるように、心臓には七つの脳があるが、これは現代においてほとんど論じられることのない超自然の問題である。

『プラトン神学について』の第一巻で、プロクロスはこの問題にふれ、次のように述べている。「ソクラテスは『アルキビアデス（I）』で、自己自身に入る魂はすべての他の事物と神そのものを見るだろうと、正しく述べている。自己自身の合一と全生命の中心に近づくため、魂は自分に含まれる多様な力をわきに置いて、存在の最高の望楼に上る。最も聖なる密儀と同様に、神秘家はまず神の前に投げ出された多形の化物と出会うが、冷静に神殿に入り、神秘の儀式に守られて、彼らは胸（心）のなかで神の啓示を真に受け入れる。彼らは、いわば衣服を脱いで神の性質を帯びることになる。同じ様式が全体の考察においてもとられるように思われる。魂は、自分より後に来るものを見るとき、存在の影と映像を見ているが、自己自身に立ち返るとき、自らの精髄と自身に含まれる理性を展開するからである。魂は最初、いわば自己自身を見るだけであるが、自己自身の知識をより深く洞察するとき、魂はその内部に知性と個別の存在の両方を見つける。しかし魂がさらにその内部へ、いわば魂の内陣へと進むと、それは目を閉じたままで（下位の精神の助けを借りないで）神々に類するものと存在の統一体を知覚する。万物は霊的な意味で我々の内部にあり、我々が内に持つ万物の力と映像を刺激することにより、我々は自然に万物を知ることができるからである。」

古代の密儀参入者は弟子たちに、映像は実在ではなく、主観的なイデアを客体化したものにすぎないと警告した。神々の映像は崇拝の対象として考案されたのではなく、目に見えない力と原理の象徴あるいは記念と見なされるべきものであった。同じように人間の肉体は個人ではなく、個人の家にすぎないと考えられなければならない。それは神殿が「神の家」であるのと同様である。粗雑さと堕落の状態にあっては、人間の肉体は神の原理の墓場あるいは牢獄である。しかし目覚めと再生の状態においては、人間の肉体は「神の家」あるいは「聖所」であり、それは神の創造的な力によって作られたのである。「人格は、『存在』の本性から一本の糸によって吊り下

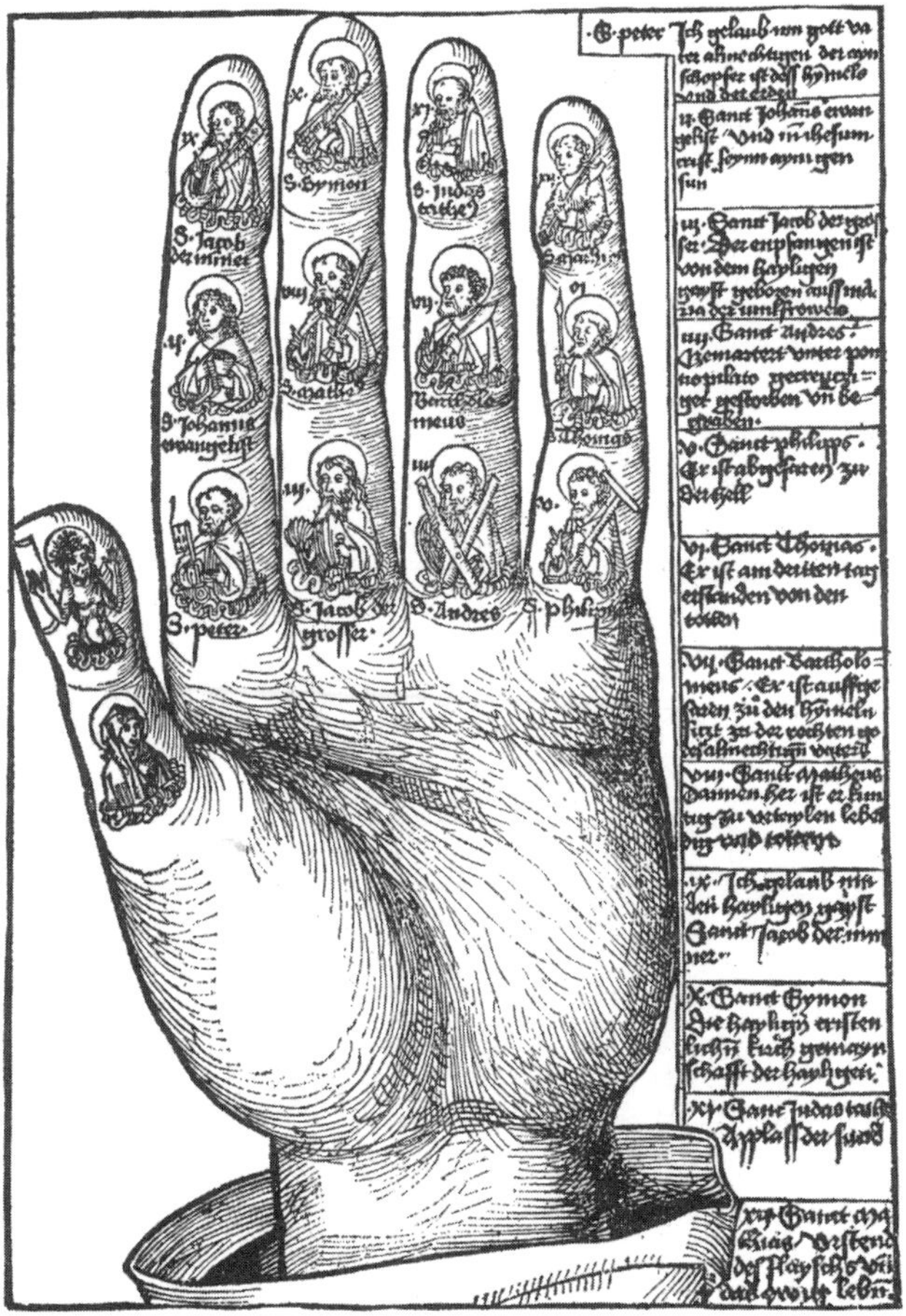

イエス・キリスト、処女マリア、十二人の使徒の肖像で飾られた手（古版画より。カール・オスカー・ボルグの好意による。）

十二の指骨には使徒たちの肖像が見え，それぞれが適切な象徴を持っている。殉教した者の場合，その象徴は死の道具を意味する。かくして聖アンデレの象徴は十字架，聖トマスは槍あるいは建築師の定規，聖小ヤコブは棒，聖ピリポは十字架，聖バルトロマイは大きな刃物あるいは剣，聖マタイは剣あるいは槍（時々財布），聖シモンは棒あるいは鋸，聖マッテヤは斧，聖ユダは矛である。殉教と関係のない使徒とその象徴は次のとおりである。聖ペテロは交叉する金銀二つの鍵，聖大ヤコブは巡礼の杖と帆立貝の殻，聖ヨハネは毒が蛇の形をして奇跡的に消え去る杯である（『キリスト教象徴主義の手引』を見よ）。親指の第二指骨にあるキリストの像は，創造の三位一体の第一者をこの位置に割り当てるという異教の体系に従ってはいない。父なる神が第二指骨，子なる神が第一指骨を占めるべきであり，親指の基底部は聖霊としての神に割り当てられている。また哲学的な配置によると，処女は月に対して神聖な親指の基底部を占めるべきである。

げられている」と秘密の作品は述べている。人間は本質的に永遠で不滅の原理である。彼の肉体だけが生と死の循環の過程で死滅するのである。不死なるものは実在であり、死すべきものは非実在である。地上生活の期間にあって実在は非実在に住んでいるが、死によって一時的に、啓示によって永遠にそれから解放される。

異教徒は一般に多神論者と考えられているが、それは彼らが複数の「神」を崇拝しているからではなく、むしろ彼らがひとりの「神」の属性を人格化し、「唯一神」が全体として表わすものの一部を示す多くの二義的な神を創造しているためである。古代宗教のさまざまな万神殿はそれゆえ、実際には「神」の目録化され人格化された属性を示している。この点においてそれは、ヘブライのカバラ主義者の階層組織に対応する。古代のすべての神と女神はその結果、人間の肉体にその対応物を持っており、同様にこれらの神々の固有の媒体として割り当てられた元素、惑星、星座についても同じことが言える。肉体の四つの中心は元素、七つの重要な器官は惑星、十二の主要な部分は黄道帯、人間の神的な性質の目に見えぬ部分は超自然的な神々に割り当てられ、隠れた神は骨髄を通じて現われるとされた。

多くの人にとって、自分が事実上の世界であり、その物質的な肉体が、それを通じて進化する生命の無限の波が目に見えない潜在能力を開花させる、目に見える本性であると考えることは困難である。しかし人間の物質的な肉体を通じて、鉱物、植物、動物界が進化するばかりでなく、目に見えない霊的生命の未知の分化が進められるのである。細胞が人間の構造における無限小の単位であるように、人間は宇宙の構造における無限小の単位である。このような関係の知識と評価に基づく神学は、まさに真理であると同様に正当なものである。

人間の物質的な肉体は五つの目立った重要な器官、すなわち両足、両手、そしてそれらを支配する頭を持っているので、五という数は人間の象徴として受け入れられてきた。ピラミッドはその四隅によって両手両足を象徴し、その頂点によって頭を象徴する。したがってそれは、ひとつの理性的な力が非理性的な四隅を支配することを示している。両手両足は四つの元素を示すために使われ、両足は地と水、両手は火と空気である。その場合脳は、他の四つを支配する聖なる第五元素すなわちエーテルである。もし両足を閉じ両手を伸ばせば人間は、上の枝として理性的な知性を持つ十字架を象徴する。

手の指と足指もまた特殊な意味を持っている。足指は物質的な法則に基づく「十戒」、手の指は霊的な法則に基づく「十戒」を示している。それぞれの手の四本の指は四元素、それぞれの指の三つの指骨は元素の分割を示している。その結果それぞれの手には合わせて十二の部分があって、黄道十二宮に対応しており、親指の二つの指骨と基底部は、三重の「神性」を意味する。第一の指骨は創造の局面、第二は保存の局面、基底部は生成と崩壊の局面に対応する。両手を合わせると、二十四人の「長老」と「創造の六日間」となる。

象徴体系において肉体は、垂直に半分に分割され、右半分は光、左半分は闇と考えられる。光と闇の真の意味を知らないものによって、光の部分は霊的、闇の部分は物質的と呼ばれた。光は客観性の象徴であり、闇は主観性の象徴である。光は生命の現れであり、そのゆえに生命より後のものである。光に先立つものは闇であり、そのなかで光は一時的に存在するだけであるが、闇は永遠に存在する。生命は光に先行するため、その唯一の象徴は闇であり、闇は抽象的で未分化の「存在」の真の性質を永遠に隠す帳と考えられている。

古代において人々は、右手で戦い、左手で盾を持って生命の中心を防御した。それゆえ肉体の右半分は攻撃的であり、左半分は防御的であると考えられた。この理由によって、肉体の右側は男性的、左側は女性的であるとも考えられた。幾人かの権威者は、現在人々のあいだで右ききが優勢を占めているのは、左手を防御の目的のために抑制するという習慣によるという意見を持っている。さらに「存在」の源泉が光に先行する本来の闇にあるように、人間の霊性はその存在の暗い部分にある。心臓は左側に位置しているからである。

闇を誤って悪に結びつけることから生まれた奇妙な誤解のひとつに、幾つかの初期の民族が建設的な仕事のためには右手を使い、神の目に不浄で不適とされる目的のためにのみ左手を使うということがある。同じ理由によって、黒魔術はしばしば左の道として言及され、天は右に地獄は左にあると言われた。哲学者のなかには、二種類の書き方があると述べるものさえいた。ひとつは左から右へと書く一般的な方法であり、他のひとつは右から左へと書くもので、秘教的と考えられていた。一般的な書き方は心臓から遠ざかるように書かれ、秘教的な書き方は、古代ヘブライ語のように心臓に向かって書かれた。

秘密の教義によると、肉体のすべての部分は脳に凝縮されており、さらに脳にあるすべてのものは心臓に凝縮されている。象徴体系において、人間の頭はしばしば知性

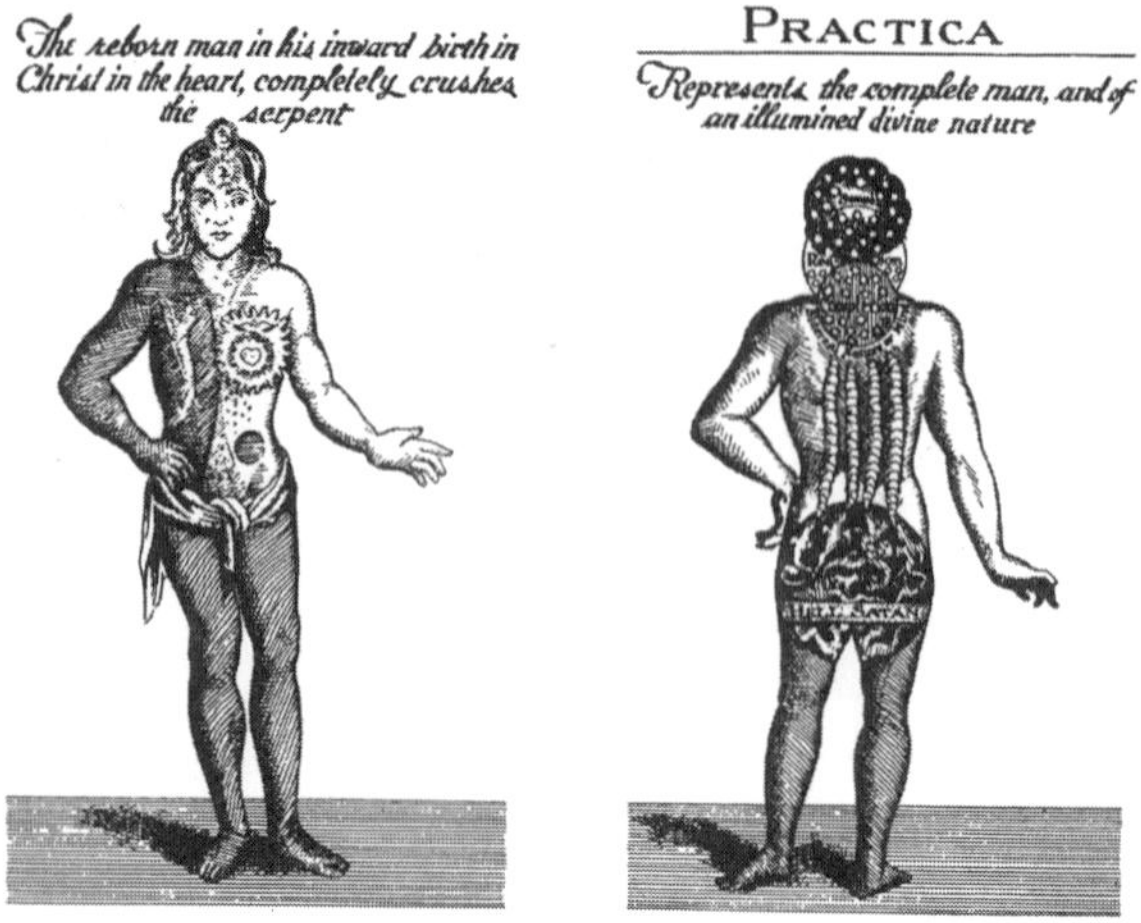
The reborn man in his inward birth in Christ in the heart, completely crushes the serpent
PRACTICA
Represents the complete man, and of an illumined divine nature

すように描かれている。」左から二番目の像は第二表と呼ばれ，「古く，堕落し，崩壊した人間が，再生によって新しくなることに何の考慮も払わない状態」を明らかにしている。しかし第三の像はウィリアム・ローの第一表に対応してはいない。第一表はたぶん転落以前の人間の状態を示しているが，ギヒテルの図版は，人間の第三の（すなわち再生した）位相に関係するものである。かくしてウィリアム・ローは図とその象徴の目的を次のように述べている。「これら三つの表は，異なる三つの位相にある人間を示すように描かれている。第一は転落以前であり，純粋，支配，栄光の位相，第二は転落後であり，けがれと破滅の位相，第三は転落後のよみがえり，あるいは再生の道であり，聖別化と最後の完成に向かう位相である。」東洋思想を学ぶ者は直ちに，像の象徴にインド人のチャクラすなわち霊的力の中心を認めるだろう。そのさまざまな動きと局面によって，弟子の内的な神的本性の状態が明かされる。

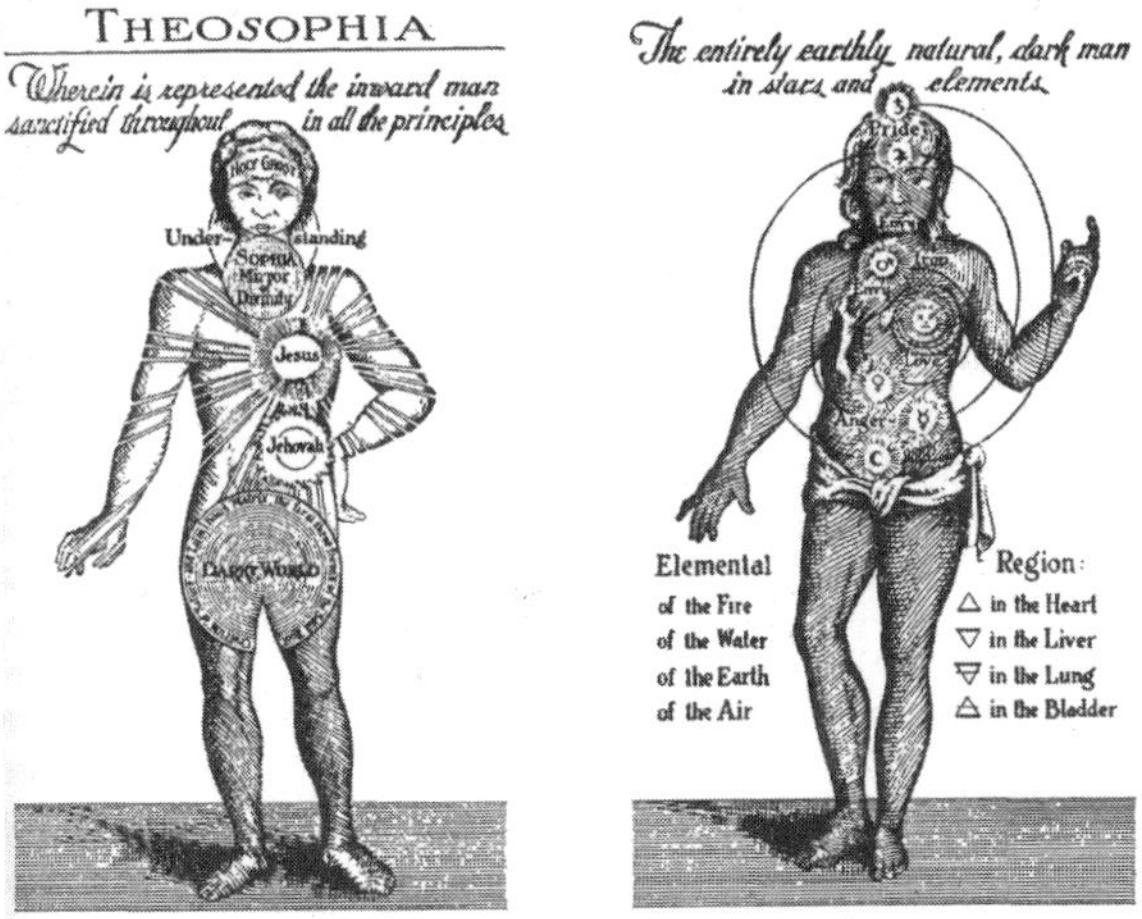

内的人間の三重の生命（ギヒテルの『実践神智学』より）
ヤコブ・ベーメの弟子のなかで最も異彩を放つヨハン・ゲオルグ・ギヒテルは，深遠な哲学者であり神秘家であった。彼はひそかに上の図を，少数の献身的な友人や学徒たちに配布した。彼は師の著作を，多くの図版入りで再版した。彼によると上の図は，神的な（すなわち内的な）人間の解剖を示しており，その人間的，地獄的，神的な位相における状態を図式的に述べている。ウィリアム・ローの編集によるベーメの作品集にある図版は，明らかにギヒテルの図に基づいており，すべての本質的な部分でそれに従っている。ギヒテルはこの像について詳しい説明をしておらず，図の解釈の唯一の鍵は，ここでドイツ語から英訳されたもとの図版の文字だけである。両端の二つの像は，同じ図の前面と後面を示しており，第三表と呼ばれる。それらは，「人間の三つの本質的な部分である霊，魂，肉体に関して，全体としての人間の再生した場合における状態を示↗

と自己認識を示すために用いられる。人間の肉体全体は、大地の進化が生んだ最も完全な産物であり、それは感知できる最高の状態である「神性」を示すために用いられた。「神性」を表現するために画家は、しばしば通過できない雲から現われる手だけを描いている。雲は、人間の限界によって人間から隠されている「不可知の神性」を意味する。手は「神」の活動を意味しているが、それは下位の感覚に知覚できる「神」の唯一の部分である。

顔は自然の三位一体から成る。目は理解する霊的な力、鼻孔は保存し活性化する力、口と耳は下位世界の物質的造物主の力を示している。第一の領域は永遠に存在し、創造的である。第二の領域は創造的な息の神秘に関係し、第三の領域は創造的な言葉に関係する。「神の言葉」によって物質的宇宙は形成され、「言葉」を話すことによって生まれた七つの創造的力（すなわち母音）は、七つのエロヒム（すなわち「神」）となった。下位世界はこの七つのエロヒムの力と助力によって組織された。時おり「神性」は、目、耳、鼻、口によって象徴される。目は神的な意識、耳は神的な関心、鼻は神的な生命力、口は神的な命令を意味する。

古代人は、霊性が人間を正しく理性的にするのではなく、むしろ正義と理性が人間を霊的にするのだと信じた。「密儀」の教えるところによると、霊的な啓示は下位の本性を有能さと純粋さのある規準にまで引き上げることによってのみ得られる。それゆえ「密儀」が確立されたのは、忠実にそれに従えば人間の意識がその構成と存在の真の目的を知りうる点まで引き上げられる。ある定められた規則に従って人間の本性を開花させるという目的のためであった。人間の多様な構成が最も速く完全に再生されて霊的な啓示をうる方法についての知識が、古代の秘教的な秘密の教義を構成していた。明らかに物質的な器官と中心は、実際には霊的な中心の帳あるいは鞘である。これが一体何であるか。そしてどのようにそれが開花されるのかは、精神の未熟な者には決して明かされなかった。ある体系の完全な運用を一度理解すると、人は自分が作り出す結果を操作し支配する資格のないまま一定の目的を達成することを、哲学者たちはよく知っていたからである。この理由のため長い試練の期間が課せ

人間のなかの神木——後面
（ローによるヤコブ・ベーメの『像』より）
人間の前面を示す図が再生の位相における人間の神的な原理を示すように，同じ人物の後面は魂の下位すなわち「夜」の状態を明らかにしている。星の精神の領域から一本の線が上昇し，理性の領域を通って感覚の領域に入っている。星の精神と感覚の領域は，その性質が夜の状態であることを示すために多くの星で満たされている。理性の領域において上位のものと下位のものは和解する。人間の理性は霊的な人間のなかの啓示を受けた知性に対応している。

られ、いかにして神のようになるかについての知識は、優れた人だけが所有するものとなったのである。しかしその知識が失われないようにするため、それは寓意と神話に隠された。それは世俗的な者には無意味であったが、哲学的神学の基礎である個人の救済の理論を知る者には自明のものであった。キリスト教自体もその例として挙げることができるかもしれない。新約聖書全体は実際に、人間の再生の秘密の過程を巧みに隠した説明である。歴史的な男女と長いあいだ考えられてきた人物は、無知と死の束縛から意識的に解放する仕事を始めたとき、人間の肉体に起こる過程を人格化したものに他ならない。

神々が着けていたと想像される衣服と装飾品もまた鍵である。「密儀」において衣服は形式と同義であると考えられていたからである。人間の霊性あるいは物質性の等級は、身に着けた衣服の性質、美しさ、価値によって示された。人間の物質的な肉体は、その霊性の外衣と見なされ、その結果彼の超物質的な力が発達すればするほど彼の外皮も栄光に満ちたものとなった。もちろん衣服はもともと保護のためよりむしろ装飾のために着られた

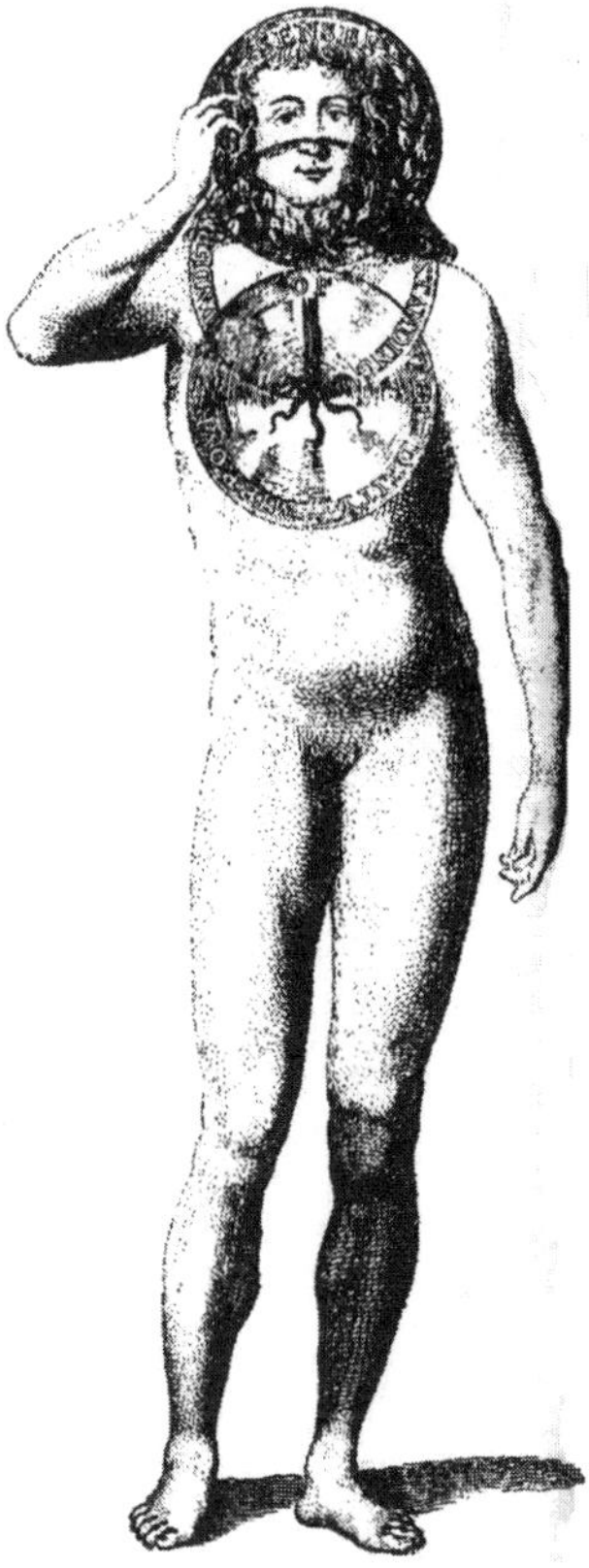

人間のなかの神木——前面
（ローによるヤコブ・ベーメの『像』より）
心臓に根をはる木が神性の鏡から上昇し，知性の領域を通って，感覚の領域でその枝を伸ばしている。この木の根と幹は人間の神的本性を示し，霊性と呼ばれる。木の枝は神的な構成の分離した各部であり，個性になぞらえられる。葉はその短命な性質のために，性格に対応する。それは神的な源泉の永遠性を決して持つことはない。

ものであり、それは今なお多くの未開民族において行なわれている。「密儀」の教えるところでは、人間の唯一の永続的な装飾品は美徳と優れた特質であり、彼は自分自身が達成したものを装飾品として身に着けるのである。かくして白い服は清浄、赤い服は犠牲と愛、青い服は利他主義と完全性を象徴する。肉体は霊の外衣であるので、精神的道徳的な欠陥は肉体の欠陥として描かれる。

人間の肉体が宇宙を測る物差と考えて、哲学者たちは万物が形ではなく構成において人間の肉体に似ていると述べた。たとえばギリシア人はデルフォイが地球のへそであると述べたが、それは物質的な惑星が球の形にねじられた巨大な人間と見なされたからである。地球は生命を持たない物とするキリスト教世界の信念とは反対に、異教徒たちは地球のみならずすべての星が、個々の知性を持つ個別的な生物と考えた。彼らは「自然」のさまざまな界を個々の実在物と見なしさえした。たとえば動物界は、その界を構成するすべての生物の混成体というひとつの存在と見なされた。この原型的な獣は、すべての動物の性質を寄せ集めて具体化したものであり、人類が原型的なアダムの構成のなかに存在するように、すべての動物世界がその本性のなかに存在する。

同じように民族、国民、種族、宗教、国家、共同体、都市は混成の実在物と見られ、それぞれが異なる数の個体から構成されていた。すべての共同体は、そこに住む者の個々の属性の総体である個性を持つ。すべての宗教は、その本体が階層と多くの個別的な信者から成る個人である。宗教の組織はその物質的な肉体を示し、個々の構成員はこの有機体を構成する細胞を示している。したがって宗教、民族、共同体は個人のように、シェイクスピアの七つの時代を通過するが、それは人間の生活が万物の永続性を評価する規準であるためである。

秘密の教義によると人間は、その体を徐々に純粋化することによって感受性を高め、次第に物質の限界を克服して、死のもつれから自己自身を解放する。人間がその物質的進化を完了するとき、後に残された物質性という空虚な殻は、他の生命の波動によってその解放のための踏台として使われることになる。人間の進化の方向は、つねにその本質的「自己」に向けられている。それゆえ物質主義の最も深いところにあって人間は、「自己自身」から最も遠いところにある。「密儀」の教えによると、必ずしも人間のすべての霊性が物質のなかに受肉するわけではない。人間の霊は図式的に、頂点が下を向く正三角形として示される。霊性の三分の一であるが、残りの部分の威厳と比較すると三分の一以下であるこの下の点が、しばらくのあいだ物質存在の幻影へと下降するのである。物質の外皮を決して着ることのないものはヘルメス的なアントロポス（「超人」）であり、ギリシア人のキュクロプスあるいは守護ダイモン、ヤコブ・ベーメの天使、エマーソンの「大霊」に類似している。『統一性』と『大霊』とは、そのなかにあってすべての人間の特殊なものが含まれ、他のすべてのものと一体化されるものである。」

誕生の際、人間の「神的本性」の三分の一だけが一時的にその不滅との関係を断ち、物質的な誕生と存在の夢を引き受けるが、その天上の熱狂をもって、物質世界の部分でありそれに縛られている物質的な元素から成る肉体に活気を与える。死に臨んでこの受肉した部分は物質存在の夢から目覚め、その永遠の状態と再び結びつく。霊の物質への周期的な下降は生と死の車輪と呼ばれ、それに関連する原理は、輪廻という主題のもとに哲学者によって十分に論じられている。「密儀」への参入儀礼と実践的神学として知られているある過程によって、生と死のこの法則は超越され、物質存在の過程においても形体のなかに眠る霊的部分は死（不可避の「導師」）の介在なしに目覚めさせられ、意識的にアントロポスすなわち自身をおおう実体と再結合する。これは「密儀」の第一の目的であると同時に、その完全な達成である。すなわち人間は、物質的な死を味わうことなく自己自身の神的な源泉に気づき、意識的にそれと再結合するのである。

前頁――ソロモン王とシェッド族の王

『タルムード』には、ソロモン王が「神殿」の石切り用に使った「シャミール」と呼ばれる注目すべき石にまつわる伝説がある。「シャミール」は、アーロンが大祭司の胸当て用の石を切るために使った魔法の宝石もしくは「虫」だった。ソロモンは槌の音を立てずに「神殿」を造営するように命じられ、通常の方法では石切りができなくなったが、「シャミール」を岩の側面にあてると、石はたちまち音もなく、望み通りの型に分かたれた。「シャミール」のある場所を知るため、ソロモンが精霊たちを呼び出すと、「シェッド族」の大王アシュメダイが望みの情報を与えることができると彼らは告げた。そのためソロモンはアシュメダイを捕えるために、忠誠心の強い将軍ベナイフを派遣した。将軍は神の名を環に刻み込んだ鎖の助けを借りて捕虜にした。アシュメダイからソロモンは、「海の支配者」が「シャミール」をある野生の牡鶏に預けていることを知り、早速、その石を牡鶏から手に入れた。

アシュメダイは「神殿」完成の時までソロモンに捕虜とされていたが、その時になると大精霊は次のような巧妙な方法で彼を自由の身にした。ソロモンはアシュメダイの魔力について好奇心を持つようになり、彼に問いただした。「シェッド族」の王は、もしソロモンが神の名をいただく鎖をはずし、ソロモンがはめている認め印つきの指輪を貸してくれたら、自分の超自然力を明らかにしよう、と答えた。ソロモンが要求に応ずると、「シェッド人」は王を拾いあげて四〇〇マイルも遠い国へ投げ、ソロモン王の容姿と外見を装い、王に代わって支配した。ソロモンは悲嘆に暮れたが、相手より頭の良い人だったから、あまたの冒険の末に王位を取り返した。アシュメダイは翼をひろげ、霊界の自分の王座へとのぼっていったという。

ヒラム伝説

ソロモン――神の最愛の人、「永遠の家」の建築者、「エルサレム支部会会長」――は、父ダヴィデの王座にのぼったとき、神を祀る神殿とイスラエルの列王の宮殿の建設へ一命を捧げた。ダヴィデの忠実な友、タイア王ヒラムは、ダヴィデの子がイスラエル王となったことを聞き、祝いのメッセージを送り、新支配者への助力をいろいろと申し出た。『ユダヤ人史』のなかでヨセフスは、当時、両国王間で交わされた手紙の写しがエルサレムとタイアの双方で見ることができたと言及している。ソロモンが神殿完成の折にヒラムへ贈ったガリラヤの二十の都市をヒラムはありがたいとは思わなかったけれども、二人の君主はこの上ない親友同士のままだった。二人とも機知と知恵のあることで有名で、手紙を交わすとき、相手の知的な創意を試すために難問も工夫した。ソロモンはタイアのヒラムと契約を結び、ユダヤ人の神殿建立の手助けをするタイアの石工と大工の労賃として莫大な量の大麦、小麦、玉蜀黍《とうもろこし》、葡萄酒、油を約束した。ヒラムもまた、杉その他の良材を提供し、それは筏にして、ヨッパまで海路で運ばれ、そこからソロモンの職人たちにより陸路で神殿建立の場所へと持って行かれた。

ソロモンを大いに愛していたため、タイアのヒラムは、「ディオニュソス建築師団長」で、「寡婦の息子」ヒラム・アビフも派遣したが、ヒラムは地球上の技術者中で並ぶ者なき人だった。ヒラムは「タイアの生まれだが、イスラエルの子孫」「王により『父』という肩書きを授けられた第二のベザレール」だと説明されている。『ポケット版フリーメーソン必携』（一七七一年出版）はヒラムを「古今東西最も巧みで、腕の立つ、好奇心をそそる職人、その能力は建築だけに限らず、たとえ金、銀、真鍮、あるいは鉄製のものにしろ、リンネル、綴れ錦、刺繍にしろ、あらゆる種類のわざに及び、また、建築家、彫像家、設立者、あるいはデザイナーと個々別々に考えられようと、一緒にして考えられようと、彼はすべてに抜群であった。彼のデザインから、そして彼の指示のもとに、「神殿」とそのいくつかの付属物の豪華、壮麗な造作の全部が着手、遂行、完成された。ソロモンは留守にするときは、彼を「団長代理」として王位につかせ、居合せるときには、「幹事長」、作業「主任」、ダヴィデが以前タイアとシドンから得た技術者たちばかりか、ヒラムがその後に派遣する技術者全員の総監督に指名した。」（最後の一文の正確度については近代のフリーメーソン関係の著者たちの意見はいろいろと違う。）

ソロモンの神殿建設には測り知れない程の労力がそそがれたけれども、それは――ジョージ・オリヴァーの言葉を借りて言えば――「小さな建物にすぎず、大きさの点では今日の二、三の教会に較べ、非常に見劣りのするものだった」という。隣接の建物の数と神殿建設に用いられる金や宝石類の莫大な宝とは神殿の敷地内に大量の富を集めることとなった。神殿の中央には時に「神託所」と呼ばれる「至聖所」が立っていた。そこは正六面体で、各辺は二〇キュビットあり、エジプトの象徴体系の影響を立証するものだった。神殿の一群の建物は、壮大な彫刻を施した一四五三本のパロス島産の大理石の円柱と、柱頭の飾りのある二九〇六本の付柱とで装いが凝らされていた。東向きの広々としたポーチがあり、至聖所は西側にあった。言伝えによれば、そのさまざまな建物と中庭は全部で三〇万人を収容できたという。「奥の院」と「至聖所」は共に宝石をちりばめた純金の平板で完全に裏張りされていた。

ソロモン王は、統治の四年目、近代の計算によると四月二十一日にあたると思われる日に神殿造営を始め、統治の十一年目の十月二十三日に完成した。神殿はイスラエルの子たちが紅海を渡った四八〇年後に着工された。建設作業の一部にはモリア山の崖っぷちに人工の土台を築くことが含まれていた。神殿用の石はモリア山直下の石切場から引き上げられ、土台の上に置く前に正確な形に作られた。神殿の真鍮の飾りと金の飾りは仮庵《かりいお》の祭(スコート)とゼレダタの祭の合間に地面で粘土製の鋳型に流して造られ、木材は神殿の敷地へ着く前にすべて作り終えられた。その結果、建物は音をたてず、道具も使わずに造られ、各部はすべて「争いの槌、分裂の斧、また、いかなる悪の道具もなしで」ぴったりと合った。

一七二三年ロンドンで出版、一七三四年ベンジャミン・フランクリンによりフィラデルフィアで再刊されたアンダーソンのいろいろと議論されている『フリーメーソン憲章』は、「永遠の家」の建築に従事した労働者たちの区分をこんなふうに説明している。

「しかし、ダゴンの神殿やタイア並びにシドンの最も美しい建造物といえどもエルサレムの『永遠なる神の宮居』とは比較にならず、……そのためにソロモンの指示に従って仕事を処理する三六〇〇人もの『王子』、つまり団長(マスター・メーソン)と、山中で石を切り出す八万人の石工たち、つまり職人仲間(フェロー・クラフツマン)、及び、七万人の労働者、合わせて計一五万三六〇〇人、その他、アドニラムの指揮のもとでレバノンの山中でシドン市民たちと交代で働くために集められた人たち、すなわち三万人、合計一八万三六〇〇人が傭われた。」ダニエル・シッケルズは三六〇〇人ではなくて三三〇〇人の監督だったとし、別に三人の「団長」をあげている。同著者は、神殿の費用は四〇〇億ドル近かったと評価している。

「ソロモン神殿」造営にまつわるフリーメーソンの伝説が、どの点でも、特にヒラム・アビフに関する部分で、『聖書』に一致するというわけではない。『聖書』の説明によれば、この棟梁は祖国へ帰ったというが、フリーメーソンの寓話では非道にも殺害される。この点について、A・E・ウェイトは『フリーメーソン新百科事典』で次のように解説している。

「『棟梁』伝説はフリーメーソンの偉大なる寓話である。たまたま、彼にまつわる比喩的な物語は『聖書』に言及されている一人物の事実に基づいているが、この歴史的背景は出来事からなるもので、本質をなすものではない。その意義は寓話にこそあれ、寓話の背後にあるかもしれない歴史上の点にはないのである。」

ヒラムは「棟梁」として職人たちを三グループに分け、彼らは入団徒弟、職人仲間、団長と呼ばれた。彼は各グループの力量がすぐ決められるある合言葉と合図を与えた。皆、実力に応じて区分されたが、不満とする者たちもいた。自分が占めることのできる以上に高い地位を得たいと欲張ったからである。ついに三人の「職人仲間」が同僚たちより大胆不敵となり、むりやりヒラムに「団長」階級の合言葉を明かさせようと決めた。ヒラムが祈禱のためいつも正午に未完成の至聖所へ入っていくのを知って、この悪党たち——名はユベラ、ユベロ、ユベルムだった——は各々神殿の大門で待伏せした。ヒラムは神殿の南門を出ようとしたところで、二十四インチのけい引きを武器とするユベラに突然出くわした。ヒラムが「団長の言葉」を明かすのを拒否すると、悪党はけい引きで彼の首をなぐり、負傷した「団長」は西門へと急いだが、そこではユベロが曲尺を武器にして待ち構え、同様の要求をした。再びヒラムは沈黙し、この第二の刺客は彼の胸を曲尺でなぐった。その後ヒラムは東門へよろけながら行ったが、そこでは大槌で武装したユベルムに出くわす以外になかった。ヒラムが「団長の言葉」を言わないと、ユベルムは「団長」の眉間を木槌でなぐり、ヒラムは倒れて死んだ。

象徴的模様のついたフリーメーソンのエプロン（初期のメーソンの手刷りエプロンより）
エプロンは適当な垂れのある一枚の四角い，白い子羊の皮にする，とフリーメーソンの神秘的象徴主義は規定しているが，メーソンのエプロンはよく奇妙な，印象深い模様で飾られている。「絹，木綿，亜麻のエプロンも古くなると」とアルバート・パイクは書いている，「象徴性は失われる。また，白い表面を，装飾，模様，またいかなる種類の色ででもしみをつけたり，汚したり，冒瀆した衣裳を身につけた人もそうである」（『象徴体系』を見よ）。古代の宇宙エネルギーの惑星，火星に対し，アトランティスとカルデアの「占星家たち」は白羊宮を昼の王，磨羯宮を夜の王とした。密儀参入によって霊的生活へと高められない人たちは「蠍の針で死んでいる」と説明されるが，それは，彼らが神力の夜の側をさまようからである。復活祭の子羊の密儀や金羊毛獲得により，これらの魂は創造主の象徴たる白羊宮にあるマルスの昼の構成力をそなえたものに高められる。
動物的情熱と関係のある部分につけると，純白の子羊の皮は生殖力の再生と神への奉仕への献心を表わす。垂れを除いたエプロンの大きさが救済の象徴になるが，その理由は，エプロンが百四十四インチでなければならぬと密儀が断言しているからである。
上に示すエプロンは豊富な象徴性を含む。メーソンの支部そのものを象徴する蜜蜂の巣，こてと槌と構脚板，荒材と正しく切った石，レバノンのピラミッドと小山，柱と神殿と市松模様の床，技術の輝く星と道具，エプロンの中央は大宇宙と小宇宙を表わすコンパスと曲尺と，星のように光る交互に黒白のまだらの蛇により占められている。その下には七本の小枝のあるアカシアの枝があり，高位の人と下位の人の生命の中心を表わしている。髑髏と交叉している二本の骨は，人の感覚的個性の哲学的な死を待ってはじめて霊性は自由を獲得するということをたえず思い出させるものである。

ヒラムの遺体は殺人者たちによりモリア山の崖っぷちに埋められ、アカシアの小枝が墓の上に置かれた。それから殺人者たちはエチオピアへ船で行き、刑罰を免れようとしたが、港は閉鎖された。結局、三人全員が捕えられ、罪を認めた後、正式に処刑された。それから、三人ずつからなる一行がソロモン王により派遣され、このうちの一グループが常緑の小枝で見分けのつく、作られたばかりの墓を発見した。「入団徒弟」や「職人仲間」は「団長」を再生し損ねたが、結局、ソロモン団長により『獅子の足』のように力強く握りしめられることにより再生させられた。

密儀参入を認められている建築家にとっては、ヒラム・アビフとは『私の父』、『万物の霊』、本質は一、相は三」という意味である。そのため殺害された「棟梁」は、その「密儀」が世界中でとり行なわれる「宇宙の殉教者」——磔にされた「善霊」、死にゆく神——の模範である。薔薇十字団員シギスムンド・バクストロム博士の写本には、石工のヒラムが持つ真の哲学的本質に関する次のようなフォン・ウェリングの抜粋が見られる。

「ヒラム（חירם）という語は、元来、ח、ר、ם、つまり、ヘト、レッシュ、メム、という三子音からなる語根語である。（一）ヘト（ח）はハマー、日光のこと、つまり大自然の普遍的な、目に見えない冷火が太陽に引き寄せられ、顕在化して光となり、太陽系に属する我々や全惑星へ送られるものである。（二）レッシュ（ר）はルアフ（רוח）、つまり霊、空気、風を意味し、光を運び、また集めて、無数の焦点を作る媒体であって、その焦点内で太陽光線が円運動により攪拌を受け、熱や燃え立つ火として顕在するものである。（三）メム（ם つまり מ）はマジム、水、湿気のこと、というよりもむしろ、水の母、つまり、湿気の基、あるいは、特殊な液化空気の意味である。この三子音がヒラム（חירם）という一語からなる『宇宙の代理者』もしくは『自然』の火を表わすものとなっている。」

アルバート・パイクはヒラムにあたる名を数例挙げており、ヒルム、フルム、フル-オムのうち、最後の名の語尾はヒンドゥー語の神聖な単音節のオムで、これは三人の殺人者の名からも取り出すことができるという。さらに、パイクは、三人の悪党を天秤座の三つ星と関連づけ、また、カルデア人の神バール――ユダヤ人により悪魔へ転身させられた――が各殺人者の名前のなかに、ユベラのベル、ユベロのベル、ユベルムのベルに表われているという事実に注意を喚起している。ヒラム伝説を解釈するためには、ピュタゴラス学派とカバラ学派両者の数と文字の体系、また、エジプト人、カルデア人、バラモン教徒の哲学的、天文学的な円環に精通している必要がある。例えば、数の三十三を考察されたい。ソロモンの第一神殿は当初の壮麗さを保って三十三年間立っていた。その期間が終わると神殿はエジプト王シシャクにより略奪され、最後には（紀元前五八八年）ネブガドネザルにより破壊され、エルサレムの民は捕虜となってバビロニアへ連れて行かれた（ロバート・マッコイの『フリーメーソン史概説』を見よ）。また、ダヴィデ王はエルサレムで三十三年間君臨し、「フリーメーソンの階級」は三十三の象徴的な等級に区分されており、人体の脊柱には三十三の環節があり、イエスは三十三歳の時に磔にされたのである。

ヒラム伝説の起源を発見しようとの努力により分かったことは、現在の形の伝説が比較的近代のものであるのに、基本をなす諸原理は最も遠い古代へさかのぼることである。ヒラム殉教の物語はエジプトのオシリスの祭祀に基づいており、オシリスの死と再生は人の霊的死と、「密儀」参入による再生を比喩的に描いたものだ、と近代のフリーメーソン学者たちにより一般に認められている。また、ヒラムは「エメラルドの板」の碑文を通じてヘルメスと同一視されている。これらの連想からしてヒラムが人類の原型と考えられてしかるべきことは明白であって、事実、彼はプラトンの言う人類の「イデア」（原型）なのである。「堕落」後のアダムが人類の堕落の

「イデア」を象徴しているように、ヒラムはその蘇りによって人類の再生の「イデア」を象徴しているのである。一三一四年三月十九日、最後の聖堂騎士団長ジャック・ド・モレーは、後にヘンリー四世の像が建てられたパリのセーヌ河の小島のあの地点に山と積まれた薪の上で火刑にされた（ハーグレイヴ・ジェニングズの『インディアンの宗教』を見よ）。「その火刑の話のなかには、言伝えとして」とジェニングズは書いている、「モレーは息を引取る前に、同団廃止の大勅書を公表して『団長』を火刑にした教皇クレメンスに対し、『永遠なる至高の審判者』の前へ四十日以内に、そしてペリペ（国王）に対しても同じくその恐ろしい法廷へ一年以内に、出頭するように求めた。その予言は二つとも実現された。」フリーメーソン団と当初の聖堂騎士団との密接な関係から、ヒラムの物語はジャック・ド・モレーの殉教と関連づけられることになった。この解釈によれば、「棟梁」が「団体」の秘密をもらすことを拒絶したため、残酷にも彼を神殿の門で殺害した三人の悪党は教皇、国王、刑吏たちを表わすという。ド・モレーは潔白を主張し、騎士団の哲学的、魔術的な奥義を打明けることを拒みながら死んだのである。

ヒラムを、殺害されたチャールズ一世王と同一視しようとした人たちは、ヒラム伝説は神秘哲学者で、多分薔薇十字団員だったらしいエリアス・アッシュモールによりその主旨で作り上げられたもの、と考えている。チャールズは一六四七年退位し、一六四九年斬首刑で亡くなり、王党派の面々は指導者を失ってしまった。「寡婦の息子たち」（フリーメーソン団員に対してよく用いられる名称）という用語をこの英国史上の事件と関連づけようという試みがなされたことがあるが、それは、国王殺害により英国が寡婦となり、全英国人が寡婦の息子たちになったためである。

神秘キリスト教のフリーメーソンにとっては、ヒラムは三日（三段階）後に肉体という宮居を地上の墓から蘇らせたキリストを表わす。三人の殺人者とはカエサルの手先(国家)、サンヘドリン(教会)、激昂せる民衆(暴徒)だった。このように考えると、ヒラムは人の高度の本性となり、殺人者たちは無知、迷信、恐怖である。内在するキリストは人類の思想、感情、行動を通して初めてこの世に顕在化できる。正しい思想、正しい感情、正しい行動――これらはキリストの力が物質界へ入って行く三門であって、物質界で「宇宙結社神殿」建立のために働くこととなる。無知、迷信、恐怖は三悪人であって、彼らの手先のために「善霊」は殺害され、不正な王国が不正な思考、不正な感情、不正な行動によって支配され、「善霊」に代わって定着してしまった。物質的宇宙にあっては悪がいつも勝つようにみえるゆえんである。

「こうした意味で」とダニエル・シッケルズは書いている、「このタイア人の神話は世事の史上でひきもきらずに繰返されている。オルフェウスは殺害され、遺体はヘブルス川へ投込まれた。ソクラテスは毒人参を食べさせられた。あらゆる時代に『悪』が一時的に勝利を収め、『美徳』と『真実』が中傷と迫害を受け、磔にされて殺されるのを見てきている。しかし、『永遠の正義』は世界中へ確実かつ迅速に行進し、テュフォンのような怪物たち、暗黒の子たち、犯罪の陰謀者たち、尽きることのないほど多種多様な一切の悪が一掃されて忘れ去られていき、『真実』と『美徳』が――しばらくのあいだは倒れていても――以前にまして神々しい威厳のある衣をまとい、永遠不滅の栄光の王冠をいただいて出てくるのだ」(『アヒマン・レゾン将軍』を見よ)。

もしやと疑うだけの根拠は十分にあるが、もし近代のフリーメーソン団がフランシス・ベーコンの秘密結社の実際の結果でないにしても、その影響を深く受けたとしたら、同団の象徴体系はベーコンの二大理想たる万人教育と万国民主制の浸透を受けていることは疑問のないところだろう。万人教育の不倶戴天の敵は無知、迷信、恐怖であって、それらによって人間の魂はその最低の構成部分に束縛されている。万国民主制のこの上ない敵は常

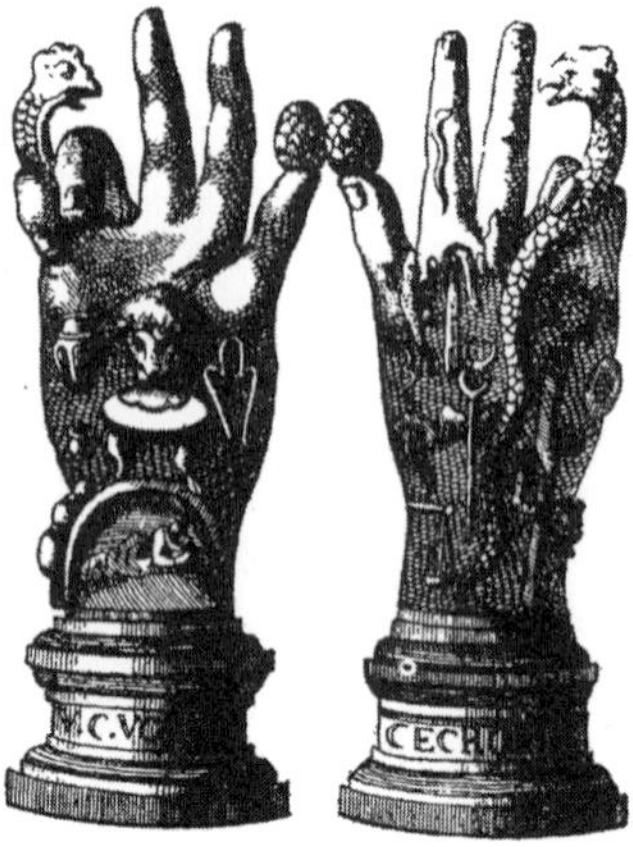

密儀の象徴的な手（モンフォコンの『古代遺物』より）
多数の象徴でおおわれた手は，密儀の新参者が知恵の殿堂へ入って行くときに与えられた。手の表面についた象徴を理解すると神力と再生がもたらされた。それゆえ，これらの象徴の手により，密儀参入の志願者は死者の国から蘇るといわれた。

に王冠、教皇冠、松明だった。かくしてヒラムは、常に人間の我欲という祭壇で犠牲にされてきた霊的、知的、肉体的な解放というあの理想状態を象徴する。ヒラムは「永遠の家」を美化する人のことである。しかしながら近代の実用主義は、美を犠牲にして実用を求め、息もつかずに我欲、憎悪、不和こそ実用的だとぬけぬけと嘘をついているのである。

オーヴィル・ワード・オウエン博士は、フリーメーソンの祭式の最初の三十二階級中の相当の部分がシェイクスピアの第一・二つ折版の本文中に秘められていることを発見した。また、フリーメーソンの象徴がベーコンにより出版された全部に近い書物の表題紙に見られる。フランシス・ベーコン卿は自らを人類の必要という祭壇の生贄と考えたが、彼が労作の最中に切り倒されたことは明白であって、彼の『ニュー・アトランティス』の研究者なら誰しも同書に含まれているフリーメーソンの象徴体系を必ず認めることができる。ジョゼフ・フォート・ニュートンの意見によれば、あのユートピア的ロマンスのなかでベーコンが述べている「ソロモン学院」は、決して家ではなく、理想国家の名だったという。「フリーメーソン団の神殿」もある社会状態を象徴しているとするのが真実ではないのか。前述のように、ヒラム伝説の諸原理は太古のものであるが、その現在の形は、哲学的な死を経験し、ドイツで蘇らされたベーコン卿の生涯の事件に基づくかもしれないというのはありえないことではない。

ある古い写本に、フリーメーソン団は、金作りの秘密を引き出そうとする強欲者たちの使う悪名高い方法から秘密を守るために団結した錬金術師とヘルメス学派の哲学者たちにより結成されたという陳述がみられる。ヒラム伝説が錬金術の公式を含むという事実によりこの話は信用のおけるものとなる。かくして「ソロモン神殿」造営は大事業の完成を表わすのであって、それは「宇宙の代理者」ヒラムの援助なくしては実現できない。「フリーメーソンの密儀」は、団員が人間として持つ無知、邪悪、不和という卑しい塊を霊的、哲学的な金の鋳塊へ変質させることのできる奇蹟的な投入粉末を自らの魂の内で準備する方法を参入者に教えている。

また、ヒラムは脊柱の第六室中を動く「霊火」の象徴と考えられるという仮説を保証するに足る十分な類似性が、フリーメーソンのヒラムとヒンドゥー教神秘主義のクンダリニとのあいだにある。人類再生にまつわる正確な知識こそフリーメーソン団の「失われし鍵」である。なぜなら、「霊火」は、脊柱の三十三段階ないし環節を通って上へとあげられて、人間の円い頭蓋骨室へ入っていくと、結局は脳下垂体（イシス）内へ行き、そこで霊火はラー（松果体）に呼びかけ、「聖なる名」を尋ねる。仕事するフリーメーソンとは、その言葉の十全の意味で、「ホルスの眼」が開かれる過程を表わす。E・A・ウォーリス・バッジは、死者の魂がオシリスの法廷へ入っていくところを図示したパピルスのなかには、死者が頭部の上に松の円錐果をつけていることに注目した。また、ギリシアの神秘主義者たちは象徴的な杖を持ち歩き、その上端は松の円錐果の形をして、バッコスの杖と呼ばれた。人の頭脳には松果体と呼ばれるごく小さな腺があり、これが古代人のいう聖なる眼で、キュクロプスの第三の眼に相当する。松果体の機能に関して知られていることは少なく、デカルトは（自分で分かっていた以上に賢明にも）それが人の霊の棲み処かもしれないと暗示した。その名が示すように、松果体は人の聖なる円錐果──アジアで「七教会」と呼ばれる七つの聖なる封印を通ってヒラム（「霊火」）が蘇るときまで開くことのできない単眼——である。

三本の陽光を示す東洋の絵画が一枚ある。一本の陽光は頭をおおい、その中央に四つ頭のブラフマンが坐り、その体は神秘的な黒い色をしている。第二の陽光——心臓、腹腔神経叢、上腹部をおおう——は、宇宙運動を成すとぐろを巻く蛇で出来た長椅子の蓮の花のなかにヴィシュヌが坐り、七重の頭布をつけた頭が女神の天蓋となっていることを示す。三本目の陽光は生殖組織の上に射し、その中央にシヴァが坐り、その体は灰色がかった白色で、ガンジス河が頭上の王冠から流れている。この絵画は、何年間も費して哲学上の大原理をこれらの像のなかへ巧みに隠したヒンドゥー教の神秘主義者の作だった。また、キリスト教伝説も東洋の伝説同様の手法により人体と関連づけることができるのだが、それは、両学派の教義に隠されている奥の意味が同じだからである。

フリーメーソンへ応用すると、三つの陽光はヒラムがなぐられた神殿の三門を表わすが、北門がないのは太陽が天の北角からは決して照らないためである。北は氷（結晶水）と体（結晶霊）とに関係があるため、物質の象徴である。人にあっては光は北の方を照らすが、北からは決して照らない。体は固有の光を持たず、物質中に隠されている神与の生命素の栄光の照り返しによって輝くからである。このため月は人の物性の象徴として受け取られている。ヒラムは、三段梯子とヒンドゥー教徒の絵画の説明で触れた陽光の花とで象徴される三大中心圏を通って呼び出さねばならない火と風を含む神秘的な水のことである。また、それは七段梯子——脊柱に隣接する七叢——により上の方へ行かねばならない。仙骨と尾骨の九環節には十孔あり、そのなかを「生命の木」の根が通っている。九は人の聖なる数で、仙骨と尾骨の象徴性には非常な謎が秘められている。腎臓から下の体の部分は初期のカバラ学者たちによりイスラエルの子たちが虜囚中に連れていかれたエジプトの国と称された。エジプトからモーゼ（その名が暗示するように霊光を得た心）は荒野で真鍮の蛇をT字形の十字架の象徴物でもって呼び出すことによりイスラエル十二支族（十二の才能）を連れ出した。ヒラムばかりでなく、異教のほとんどすべての「密儀」の神‐人たちは人間の脊椎にあたる「霊火」の化身である。

ヒラム伝説の天文学的な面も見過ごされてはなるまい。ヒラムの悲劇は毎年黄道十二宮を通過する太陽により演じられる。

「太陽の十二宮巡りから」とアルバート・パイクは書いている、「ヘラクレスの十二の難行、ヴィシュヌとブッダの顕現伝説が来ている。ここから、太陽を表わすフールムが冬の宮たる磨羯宮と宝瓶宮と双魚宮を象徴する三人の『職人仲間』により殺害されるという伝説が由来し、彼らはフールムを天の三門で襲い、冬至に彼を殺した。ここから、他の九人の『職人仲間』、九宮による探索、発見、埋葬、再生が由来する」（『規律と教義』を見よ）。

磨羯宮の三十度があてられているテュフォンによりオシリスが殺されたので、天秤宮、天蠍宮、人馬宮を太陽の三殺人者と考える著者もいる。また、「キリスト教の密儀」ではユダは天蠍宮を表わし、彼が主を裏切った銀貨三十枚はその宮の度数を表わす。天秤宮（国家）、天蠍宮（教会）、人馬宮（暴徒）になぐられ、太陽（ヒラム）は磨羯宮、宝瓶宮、双魚宮により秘かに闇のなかを運ばれ、小山の崖っぷち（春分点）に埋められる。磨羯宮は片手に大鎌を持つ老人により象徴される。これは、フリーメーソンにあって、うら若い少女の髪の巻き毛をきちんと正しくする象徴とされる、「時の父」――旅人――である。もし「涙する処女」が処女宮の象徴、大鎌を持つ「時の父」が磨羯宮の象徴と考えられるならば、この二宮間の九十度の間隔は三人の殺人者により占められる間隔に照応することが見出されよう。秘教的には、ヒラムの遺灰を入れた壺は人の心臓を表わす。北極に住み、人の子たちへ常緑の小枝（クリスマス・ツリー）を持ってくる老人サトゥルヌスは、サンタクロースの名で子どもたちに親しまれているが、それは、毎年冬に彼が新年という贈物を持ってくるからである。

殉死した太陽は「職人仲間」の白羊宮により発見され、春分の折に彼を蘇らせる過程が始まる。これは結局ユダの獅子宮によって成し遂げられるが、この獅子宮は古代にあっては「王の穹窿」のかなめ石の地位を占めていた。春秋の分点の歳差運動は時代によって色々な宮に太陽殺しの役を演じさせたが、それにからむ原理は依然として不変である。口にすれば、生命のあった万物を力と栄光のあるものへと蘇らせるあの「失われし言葉」を、墓へ持ち行く「万物の恩人」、「神の家の火にかかわる棟梁」ヒラムの宇宙的物語はそのようなものである。キリスト教の神秘主義によれば、「失われし言葉」が見つかったのは馬小屋であって、獣たちに取り囲まれ、星印がついていた。「太陽が獅子宮を去り、」とロバート・ヒュイット・ブラウンは書いている、「秋分点へと下るにつれて、昼は紛れようもなく短くなり出し、秋の三カ月により再び殺され、冬の三カ月間死んで横たわり、春の三カ月により再生することとなる。毎年この大悲劇が繰返され、栄光に満ちた再生が行なわれる」(『星の神学とフリーメーソンの天文学』を見よ)。

普通の人にあっては宇宙的な創造力が顕在する際は全く肉体的——それに照応して物質的——表現に限定されるので、ヒラムは死んだと称されている。肉体的存在こそ実在、普遍のものという信念に取りつかれて、人は物質的宇宙を神殿の空漠とした北壁と相関させることがない。日光が冬至に近づくにつれて象徴的には死ぬといわれるのと同様に、肉体的世界も霊の冬至と称することもできよう。冬至に達すると、太陽は一見すると三日間動かずに、冬という石をころがし捨てて、夏至に向かって北へ凱旋行進を開始するように見える。無知の状態は哲学上の冬至に、霊的理解は夏至にたとえられるかもしれない。この観点からすると、「密儀」参入は霊の春分点となり、そのとき、人の内にあるヒラムは必滅の領域を越えて不滅の生の領域へと入っていく。秋分点は人類の堕落神話に類似しており、そのとき、人の霊は地上の存在の幻影のなかにつかることによりハデスの国へと降りて行ったのである。

『美論』でプロティノスは、人の広がりゆく意識に及ぼす美の浄化的効果を述べている。ヒラム・アビフは「永遠の家」の装飾を任されているし、美化する原理を具現するものである。美は人の魂が自然に開く上で必須のものである。人は、少なくとも部分的には、環境の産物だと、「密儀」は考えた。それゆえ、最高かつ最も高貴なる感情を喚起する物体によって万人が囲まれていることこそ絶対必要だ、と「密儀」は考えた。人生を美で取り囲むことにより、人生に美を生み出すことが可能だ、と「密儀」は立証した。左右対称をなす体はたえず左右対称をなす体の前にいる魂により作られること、高貴な思想は知的高貴さの実例に取り囲まれている心により生み出されることを、「密儀」は発見した。逆に、仮に人が卑しい、または非左右対称の構造のものをむりやり見るようにさせられるならば、それは人の内に卑しい行為を犯す気にさせる卑劣な感覚を喚起しよう。もし不釣合いな建物が市の中央に建てられたら、その地域には不釣合いな子たちが生まれてこようし、非左右対称の構造

エペソスのディアナ（モンフォコンの『古代遺物』より）
塔のような三重の頭飾りをつけ，霊力のあることを表わす象徴的な生物で体を飾って，ディアナはあの不滅の教理の源を象徴したのであって，その教理こそ，大母の乳房からあふれ，実在の観照へ生命を捧げたあの熱望に燃える男女が食べる霊的食物である。人の肉体は大地母神から滋養を受け取るが，それと同様に，人の霊性は幽界から溢れ出てくる，決して尽きることのない真理の泉から糧を与えられる。

のものをながめる男女は不調和な暮らしをしていくだろう。古代の思想家たちは、大哲学者とは時代の文化体系の標準として確立された建築、音楽、芸術の審美的理想の自然の産物だ、と認識したのである。

奇想天外なものの不調和によって、美しいものの調和に代えたことは、全文明の大悲劇のひとつをなすものである。古代世界の「救世主の神々」は美しいばかりでなく、各々が美の司祭役をつとめ、人の内に美に対する愛の念を喚起することによって人の再生をもたらそうと求めた。寓話の黄金時代復興は、人生の宗教、倫理、社会学、科学、政治の全部門にゆきわたる。理想的特質として美を正当な地位へ高めることによって初めて可能となる。「ディオニュソス建築師団」は建物を築くことによって「師の霊」――「宇宙美」――を物質的無知と我欲の墓から蘇らせることに邁進したが、その建物は、左右対称と威厳の点で実に完璧な模範であって、実のところ、物質界のなかに埋葬されている殉死せる「美化する者」の霊が呼び出される魔法の決まり文句であった。

「フリーメーソンの密儀」では人の三位一体の霊（デルタの光）は三人の「エルサレム支部会会長」により象徴される。「神」は三界に行きわたる原理であって、各界にあって活動的な原理として顕現するが、それと同様に人の霊は「神性」を帯びて、存在の三面、ピュタゴラス学派の「至高世界」、「上位世界」、「下位世界」に住む。「下位世界」（下界、つまり、必滅の生物の住む所）の門にハデスの番人――三頭の犬ケルベロス――がたたずみ、それはヒラム伝説の三人の殺人者にも類似している。三位一体霊のこの象徴的解釈によれば、ヒラムは第三の顕現化する部分――全時代を通じ血の通う肉体という生きた宮居を「最高者」の神殿のように築く「棟梁」――である。ヒラムは花のように出てきたあげくに切り倒され、物質界の門で死に、創造の四大元素中に埋められるが、トールのように、空間にあって強力な槌を振り、原子を運動させ、混沌から秩序を確立する。各人の魂の内なる宇宙的な力を潜在的に表わすヒラムは、人が生の入念な祭祀によってその潜在的な力を神のような効力を持つものに変質するのを待ち続ける。しかしながら、個々人の感覚による知覚が増大するにつれて、人はさまざまな器官を一層統制できるようになり、内なる生命の霊は徐々に自由を獲得する。三人の殺人者は、常に「大建築師」の計画を無効にする「下位」世界の法則――誕生、成長、衰退――を表わす。個々の普通の人にとっては、事実として、肉体の誕生はヒラムの死を、肉体の死はヒラムの再生を意味している。しかしながら、密儀参入者にとっては、霊性の再生は肉体の死という介入ぬきでなされるのである。

今日ニューヨークのセントラル・パークにたたずむクレオパトラのオベリスクの基底部から見つかった奇妙な象徴は、エジプトの大支部会の第三十三階級の大会長の故S・A・ゾラにより、最初のフリーメーソン的意義を有するものだと解釈された。フリーメーソンのしるしや象徴は、英国やヨーロッパ大陸ばかりでなく、アジアの多数の公共の建物の石にも見出される。『インドのムガール王朝のフリーメーソンのしるし』でA・ゴラムは、タジ・マハール、ヤーマ・マスジッド、あの有名なフリーメーソン団の建築物クタブ・ミナールのような建物の壁に見える多数の象徴を説明している。何千年ものあいだ、名工階級をなしていた建築家と建設業者の秘密結社の結果だとフリーメーソン団のことをみなす人たちによれば、ヒラム・アビフは、タイアに本部を有する世界的規模の職人組織のタイア「会長」だったという。彼らの哲学は、神殿、宮殿、霊廟、要塞その他の公共の建物の規模と装飾のなかへ、宇宙を支配する法の知識を具体化することにあった。団員となった職人は皆、「宇宙の至高の建築師」に対し、完成の度に労作をこうして捧げるのだということを全子孫へ示すために、正しく切った石にしるす神聖文字を授けられた。フリーメーソンのしるしについてロバート・フリーク・グールドは書いている。

「これらのしるしがあらゆる国々で――ギゼーの『大ピラミッド』の各部屋、エルサレムの地下壁、ヘルクラネウムとポンペイ、ローマの城壁とギリシアの神殿、ヒンドゥスタン、メキシコ、ペルー、小アジアで――同様に英国、フランス、ドイツ、スコットランド、イタリア、ポルトガル、スペインでも——見つけられるのは非常に注目に値する」（『フリーメーソン小史』を見よ）。

この観点からすると、ヒラムの物語は建築上の神的秘密を地上の建物の現実の部分と大きさのなかへ組み入れることを表わすものとしてよいであろう。技術の三段階は「会長」（「大奥義」）を建築道具でまず殺した後、測り知れない「宇宙美の霊」を具体的な形を有する大きさに縮小することにより、築き上げる現実の構築物のなかへ埋める。しかしながら、こうした抽象的な建築理念は、構築物について思索をこらすことにより、そのなかに組み込まれている。つまり、埋められている、建築哲学上の神々しい原理を解放する「棟梁」によって再生できる。かくして現実の建物は、実は、その大きさとてただ影にすぎないあの「創造的理想」の墓ないしは具象化したものなのである。

その上、ヒラム伝説は哲学そのものの有為転変を具体化するとも考えられよう。倫理的教養の普及施設として、異教の「密儀」は文明の建築師だった。その「密儀」の力と威厳はヒラム・アビフ——「棟梁」——に具体化されたが、やがて国家、教会、暴徒という繰返し現われるあの三人組の攻撃の犠牲になった。それは、「密儀」の富と力を妬んだ国家により、「密儀」の知恵を恐れる初期の教会により、国家と教会の双方に煽動された烏合の衆や兵士たちにより冒瀆されたのである。ヒラムは墓から蘇ると、不慮の死で失われていた「棟梁の言葉」をささやくが、それと同様に、哲理に応じていくならば、古代「密儀」の再確立もしくは再生こそが、それなくしては文明が霊的混乱と不安定の状態を続けるにちがいないところのあの秘教の再発見をもたらすことになろう。

暴徒が君臨するとき、人は無知の支配を受け、教会が君臨するとき、人は迷信の支配を受け、国家が君臨するとき、人は恐怖の支配を受ける。人々が相和し、理解し合って共同生活ができるに先立ち、無知は知恵へ、迷信は霊光を得た信仰へ、恐怖は愛へ変質されねばならない。その反対だとの陳述があるにもかかわらず、フリーメーソンの思想は、団員が清く澄んだ眼でもって「宇宙の大建築師」の業をみることのできるあの意識のレヴェルへと高めることにより、「神」と人とを一体にしようと求める宗教である。いつの世にあっても完璧な文明のヴィジョンは人類の理想として保存されている。その文明の中心には、哲学的な生活を送ろうとする人たち皆に、人生の神秘に関する聖と俗の学問が自由に教えられるような強大な大学が立つことであろう。ここでは信条やドグマは所を得ず、皮相なものは取り除かれ、本質的なもののみが保存されよう。世界は最も霊光を得た人たちにより支配され、各自最もみごとに適った地位を占めることになろう。

この偉大なる大学は学年に分けられ、その入学は予備試験が密儀参入儀礼であるものとなろう。ここで人類はあらゆる「密儀」のうちで最も神聖、最も秘密、最も不朽の「密儀」たる象徴体系の教えを受けよう。ここでは、目に見えるすべての物体、また、すべての抽象的思想、すべての感情的反応も、ただ永遠なる原理の象徴にすぎないと、参入者は教えられよう。ここでヒラム（「真理」）は「宇宙」の全原子中に埋められて横たわっていること、一切の形態が象徴であり、一切の象徴が永遠の真理の墓であることを人類は学ぶであろう。教育――霊的、知的、道徳的、肉体的――を通して人は生きた真理を生命なきおおい物から解放することを学ぶであろう。地上の完璧な統治は、宇宙が秩序づけられているあの神の統治にならって、やがては作られよう。完全な秩序が再確立されるその日には、平和が遍く行きわたり、善が勝ち誇り、人々はもはや幸福を求めることはしないだろう。幸福が自分たちの内からこんこんとわき出てくるのが分かることになるからである。絶っていた希望、絶っていた熱望、息絶えていた美徳が墓から蘇り、無知な人たちによって繰返し殺されてきた「美と善の霊」が、再び「業の師」となろう。その時こそ賢者が権力者の座につき、神々が人々と一緒に歩くことになろう。

前頁――大宇宙と小宇宙（レヴィの『ソロモンの大象徴』に基づく）

ここに描かれているのは、二人の「カバラの古人」である。彼らは、三角形を二重に組み合わせたソロモンの星の形をしており、マクロプロソフォスとミクロプロソフォス、つまり「光の神」と「影の神」、「慈悲」と「復讐」、白イェホヴァと黒イェホヴァを表わしている（『超越魔法』を見よ）。「無限の大海」から「いにしえ」の「聖なる一者」が頭と肩を出し、その「深み」には同じ像が逆さに映し出されている。こうして、「神」の映像は「自然」のなかで、常にはっきり知覚できるように映し出されているのである。だが、人間はその影を実体と思い違えてしまう。宇宙がこの「いにしえの一者」の映像であるように、人間の体もまた人間の霊の映しないしは逆さの影なのである。この交錯した二つの三角形は、人間を構成する二つの要素すなわち霊性と物質性の結合をたくみに表わしている。「高齢の一者」の二つの目と口によって形成される下向きの三角形の頂点から、「七つの創造的位階秩序」は流出している。これらは「世界の創造者」デーミウルゴスの単一の本性に集中される。逆さに映った顔の目と口によって作られる上向きの三角形の頂点から七本の光線が照応して上昇し、影と実体とを分ける水平線上で、「実在」と融合する。「大きな顔」の口から吐き出される「七つの息」はコスモスの七区分となり、その映しは人間と「自然」の七区分に照応している。「七つの力」は源泉と本性においてひとつであるが、こうして分散することによって「自然」界に多者性という幻影を作り出す。分散した流出物は人間――「小さな顔」――のなかでふたたび焦点を結ぶ。だからこそ、人間は「自然」界を構成する要素とその働きをすべて内に含んだ縮図なのである。ヒンドゥー教の秘密教義において「聖なる七つの息」は、七音節の真言、アーウム　マーニ　パドーメ　フムに象徴される。

ピュタゴラスの音楽論と色彩論

調和（ハーモニー）が美の必須不可欠なる状態であることは偉大な哲学者の誰もが認めている。部分部分が調和のとれた結合状態にあるときだけ、美しいという言葉を冠することができるのである。世界が美しいと言われ、「創造主」が善とされるのは、善なる必然的力がその内なる自然と調和して活動しているからに他ならない。内なる自然に則った善なる活動、これが調和である。なぜならその行動が実現する善とその行動自体の善とは調和状態にあるからである。したがって「美」とは形の世界にそれ自身の内在的自然を顕現する調和状態に他ならない。

宇宙は善の段階的階層から構成されている。この階層は物質（善の最低段階）から上昇して霊（善の最高段階）にまで達している。人間のなかにある最上の自然こそこの最高善なのである。それゆえ人間の最高の自然は当然「善」であると認めなければならない。なぜなら世界のなかにあって彼の外にある善は、魂のなかに存在する善と調和的な比率を保っているからである。とすれば人間が悪とするのは、物質と同様、善の最低段階にすぎない。同じように善の最低段階は調和と美の最低段階だと言えよう。それゆえ醜（悪）とは、実は当然一個の構成単位として調和状態を保っているべき諸要素が、調和を失って最低の結合状態になっている有様を言う。醜とは不自然な在り方なのである。万物の総体は善であるから、万物は善を分かち持ち、調和的な結合状態におかれていることが自然なのである。調和とは永遠の善がその意志を明らかに表明したものである。

音楽の哲学

ギリシア密儀の参入者がエジプト人から音楽の哲学的・医療的な面に関する知識を手に入れたことは確かである。そのエジプト人は音楽の基礎を与えたのはヘルメスであると考えていた。ある神話に従えば、この神は亀の甲の凹面に弦を張り渡して、初めて竪琴を作ったという。イシスとオシリスはともに音楽と詩歌を司る神であった。プラトンはエジプト人のあいだに古くからこれらの芸術が存在していたことを記し、歌と詩は少なくとも一万年昔からエジプトに存在していたということを明らかにしている。その歌や詩は非常に崇高な霊感に満ちたものであり、神々や神の如き人々しか作れないような作品であった。「密儀」のなかで竪琴は人間の構成を示す秘密の象徴とみなされていた。つまり楽器本体は肉体的な形姿を表わし、弦は神経、音楽家は霊を意味する。この神経をつまびきながら、霊は調和音をかもしだして正常な機能を全うする。だが人間の自然状態が歪められると不協和音を発するようになる。

古代中国、インド、ペルシア、エジプト、イスラエル、ギリシアでは宗教的儀式のなかで歌唱と楽器がともに使われていた。そして詩歌と演劇を補っていた。だがこの芸術が数学的根拠を持つことを証明することによって、真の権威あるものにまで高められるには、ピュタゴラスを待たなければならなかった。ピュタゴラス自身音楽家ではなかったと言われているが、ピュタゴラスが全音階を発見したことは今では一般に認められている。彼が入信したさまざまな「密儀」の神官たちから音楽が神秘的な力を持っているという説を初めて学んだ後、ピュタゴラスは数年間協和音と不協和音を支配している法則について考察した。彼が実際にどのようにして問題を解いたかは知られていない。だがそれを説明する次のような寓話が作られている。

ある日、調和の問題を考えながらピュタゴラスはたまたま真鍮細工店の前を通った。そこでは職人たちが真鍮を金床の上にのせてしきりにたたいていた。大きなハンマーと小さなハンマーから出る音の高さの違いに気がついた彼は、その二つの音の組合せによって調和音と不調和音が生じることを注意深く観察し、初めて全音階の音程に関する理論を確立する糸口をつかんだのである。彼はその店に入り、ハンマーを細心に検討し、その重さを心に刻み込んだ後、自分の家に帰って木の腕木を作り、室の壁から外に突き出るようにした。この腕木にそって一定の間隔をあけて、彼は材質、長さ、重さともすべて同一の四本の弦を張り渡した。最初の弦に彼は十二ポン

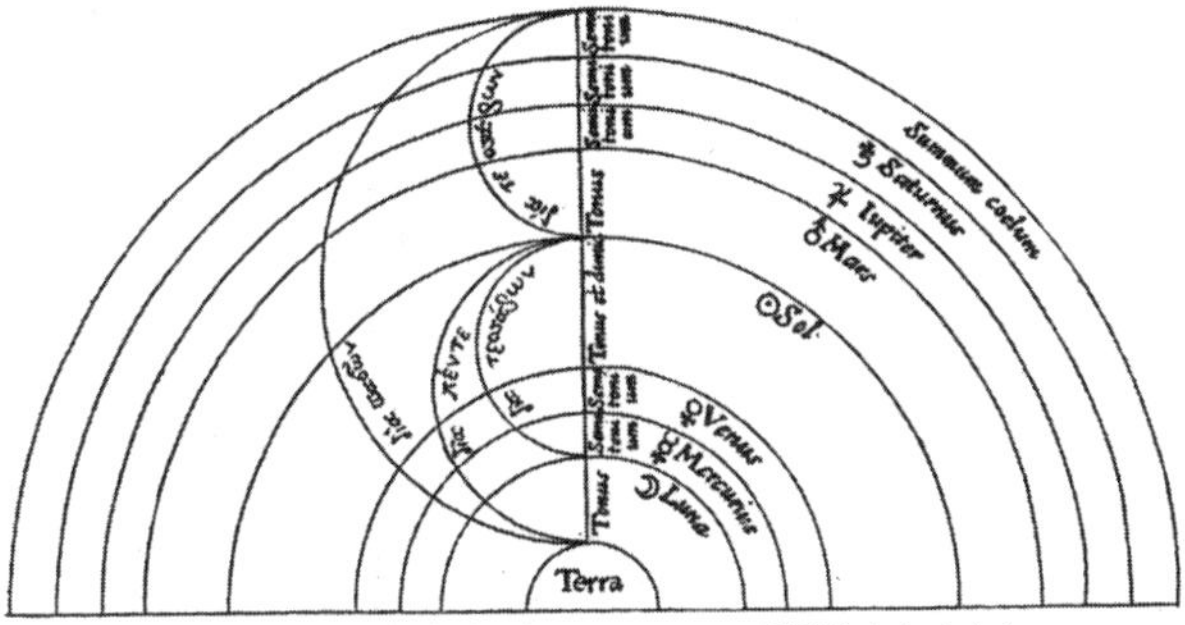

天球の音程と調和音（スタンリーの『哲学史』より）

ピュタゴラス派の天球の音楽という考え方によると，地球と恒星天球間の音程はディアパッソン（一オクターヴ），つまり最も完全な協和音程であると考えられていた。以下に述べるのは，地球と恒星天球のあいだに位置する惑星天球間の音程として，最も受け入れられてきた説である。すなわち，地球から月天球までは一度の音程，月天球から水星天球，水星天球から金星天球までは半度，金星天球から太陽天球は一度半，太陽天球から火星天球は一度，火星天球から木星天球，木星天球から土星天球，土星天球から恒星天球は半度の音程である。これらすべての音程を合わせると全六度の音程となり，これが一オクターヴを構成する。

ドの錘、二番目の弦には九ポンド、三番目には八ポンド、四番目には六ポンドの錘をつけた。この四つの錘は真鍮細工師のハンマーの寸法に合わせたものである。

　ピュタゴラスは、そこから第一番目と第四番目の弦が一緒に音を出すと、一オクターヴの間隔を持った調和音が生まれることを発見した。その錘を二倍することと弦の長さを半分にすることは同じ効果を持っていた。第一の弦の張力は第四の弦の二倍である。この場合比率は二対一つまりデュップルと名づけられた。同じような実験をして彼は第一と第三の弦がディアペンテつまり五度の音程を持った調和音をつくることを確かめた。第一弦の張力は第三弦の一倍半であり、その張力は三対二つまりセスキアルターと呼ばれる。同じように第二弦と第四弦は第一弦と第三弦と同一の比率を持ち、ディアペンテの調和音を生む。考察を続けてピュタゴラスは第一弦と第二弦がディアテッサロンの、つまり第三度の調和音を生むこと、および第一弦の張力は第二弦の三分の四であり、その比率はセスキテルチアンであることを発見した。第三弦と第四弦は第一弦と第二弦と同じ比率を持ち、別なディアテッサロンの調和音を生む。イアンブリコスによれば、第二弦と第三弦は九対八の比率つまりエポグドアンを持つ。

　調和音の比率を理解する鍵が有名なピュタゴラスのテトラクテュスのなかに隠されている。これは十個の点をピラミッド状に並べた図形である。テトラクテュスは最初の四つの数、一、二、三、四によって構成されている。この相互の比率のなかにオクターヴ、ディアペンテ、ディアテッサロンの調和音を示している。上に述べた調和音の法則は真実であるが、その後先に述べたような方法で金属をたたいてもそれぞれのハンマーはそれぞれにふさわしい音を出さないということが判明した。それゆえピュタゴラスは実際には一弦琴からその理論を発見したと考えたほうが確かである。これは一本の弦を二つの栓のあいだに張り渡し、そのあいだに可動的な琴柱をつけた装置である。

ピュタゴラスにとって音楽とは、数学という神聖科学の属国のひとつであった。その調和音は厳密に数学的比率に支配されているのである。ピュタゴラス派は数学とは善が宇宙を創造しかつ維持していくときに行使する厳密な方法を証明するものだと主張する。それゆえ数は調和に先立っている。数はあらゆる調和の比率を支配する不動の法則だからである。調和音の比率を発見した後、ピュタゴラスは徐々に弟子たちをこの彼の「密儀」の最

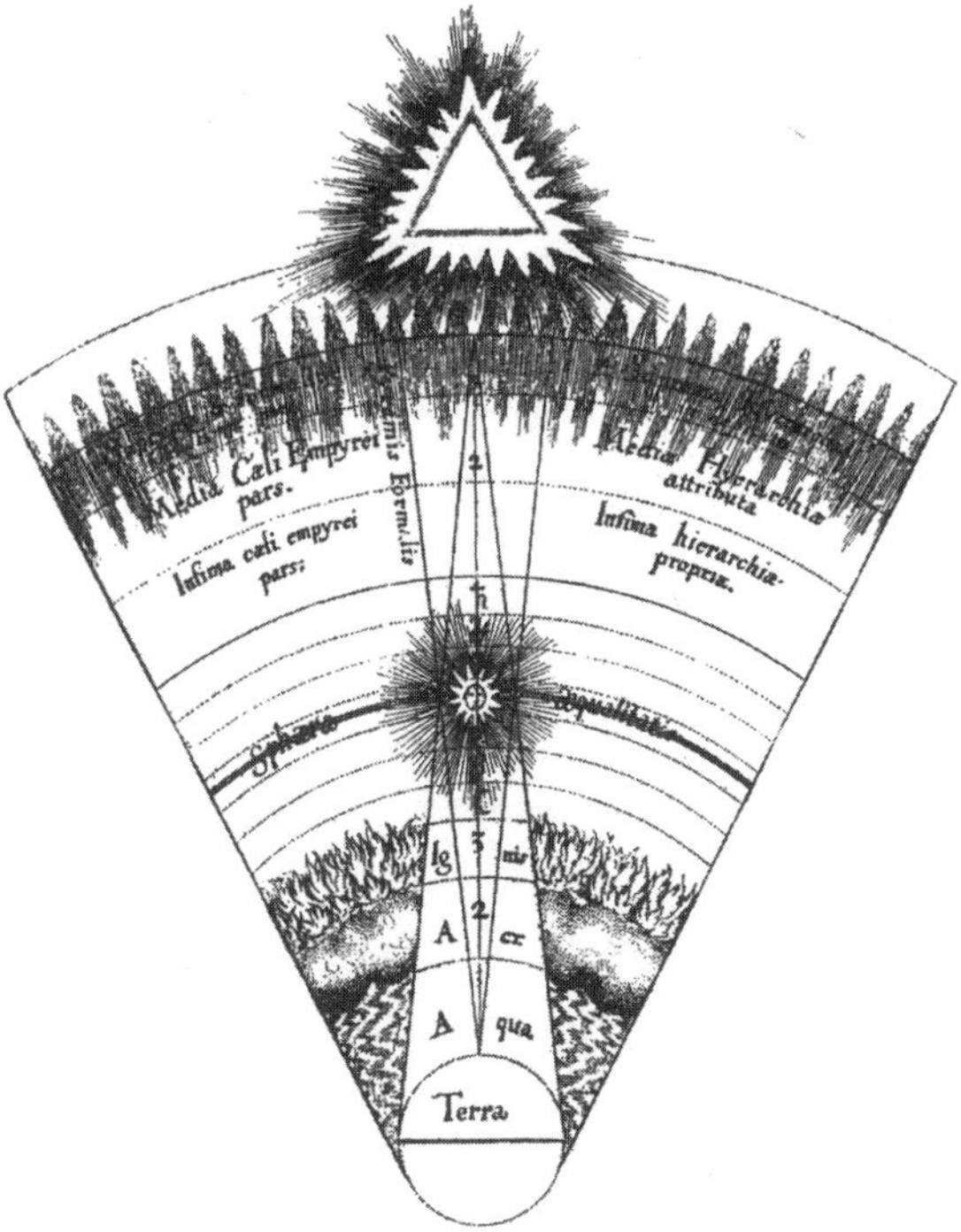

宇宙一弦琴の調和音（フラッドの『宇宙の音楽《ムシカ・ムンダーナ》』より）
この扇形図は四大元素のひとつである「地」と絶対的無制約者の力とのあいだにあるエネルギーや物質の大位階秩序を表わす。最上の階層から始まって，十五の位階をなす天球が以下の順序で下降する。つまり「無限かつ永遠なる生命」，上・中・下に分かれる最高天球と七惑星と四大元素である。フラッドはエネルギーを最上位の最高天球の表面のくぼんだ部分を底部とするピラミッドで，物質は「地」の天球（地球ではない）の凸面を底部とするピラミッドでそれぞれ象徴化した。これらのピラミッドは存在の十五階層の構成上で占めるエネルギーと物質の相対的な割合を示している。上昇する物質のピラミッドが，「無限かつ永遠なる生命」たる第十五天球には接してはいるが貫いてはいないということは注目されよう。同様に下降するエネルギーのピラミッドは一番目の最も物質的な階層に接しているだけで貫いてはいない。太陽の層は「平衡天」と呼ばれている。ここにおいてはエネルギーも物質もどちらがより支配的であるということはないからである。宇宙一弦琴はエネルギーのピラミッドの底部から物質のピラミッドの底部へ張りめぐらされた弦と考えられている。

終的奥義へと導き入れた。彼は創造世界の無数の部分を多数の次元ないし天球に分け、そのひとつひとつにひとつの音、ひとつの音程、ひとつの数、ひとつの名前、ひとつの色、ひとつの形を割り当てた。さらに彼は進んでこの演繹体系の精密さを証明するために、最も抽象的な論理的前提から出発して、最も具体的な幾何学的立体に到るまで、さまざまの異なった叡智および実体の次元を設けた。このような多様な証明方法から共通の一点を引き出し、そこから彼はある種の自然法則が確実に存在するという説を提唱した。

こうして音楽が厳密科学として成立すると、次にピュタゴラスはこの新しく発見した調和音の法則をあらゆる「自然」の現象に適用した。そして惑星や恒星や元素相互の調和的関係を証明するに到った。古代哲学の教えを現代科学が確認した顕著な例として、元素の周期表が調和的比率に従っていることを挙げることができる。原子量の大きさに従って元素の一覧表を作る過程で、ジョン・A・ニューランズは八番目の元素ごとにある特性が著しく繰返されることを発見した。この発見は現代化学ではオクターヴの法則として知られている。

ピュタゴラス派は調和音は感覚器官ではなく理性と数学によって規定されなければならないと主張していたので、ピュタゴラス派は自ら規範派と呼び、体験と本能こそ真の正しい調和音を作り出す根拠だと主張する調和音派の音楽家と区別した。しかし感覚と情念に対して音楽は深い影響力を及ぼすことを認めていたので、ピュタゴラスはためらうことなく彼が「音楽療法」と名づけた方法によって精神と肉体に影響を与えた。

ピュタゴラスは弦楽器をことさら好み、はては弟子たちに管楽器や打楽器の音によって耳を損ってはならないと警告するほどであった。さらに彼は竪琴の伴奏で荘厳な歌を歌うことによって魂を不合理な影響力から浄めることができると宣言した。調和音が治療的な価値を持っていることを明らかにする過程で、ピュタゴラスはギリシア音楽の七つの音調がさまざまな情念をかきたてたり、静めたりする力を持っていることを発見した。こんな話が伝えられている。ある夜ピュタゴラスが星を観察していると、そこに正体不明にまで泥酔し嫉妬に狂って家ごと焼き尽そうと恋人の戸口に薪を積み重ねている若い男に会った。若者の狂気はすぐそばでフリュギア調の音色で吹いている笛吹きによってますますあおりたてられていた。ピュタゴラスは音楽家にささやいてその調子をゆったりとしたリズムを持つスポンダイック調に変えさせた。すると怒り猛っていた若い男はすぐおとなしくなり、薪の束をかき集めて静かに家に帰って行った。

ピュタゴラスの弟子であるエンペドクレスは、彼の演奏している音楽の調子を急に変えることによって主人のアンキトスの命を救ったという。アンキトスはそのとき、彼が公開処刑を宣告した罪人の息子の剣によって脅迫され殺されかかっていたのである。ギリシアの医者アスクレピオスが患者の前で大きなトランペットの音をたてることによって、坐骨神経痛その他の神経病も治したという話も知られている。

ピュタゴラスはある種の特別前もって作曲しておいた音楽を患者の目の前で演奏したり、ヘシオドスやホメロスのような昔の詩人の作品から抜粋した一節を自ら朗唱させたりすることによって多くの魂や肉体の病気を治療した。クロトナの学園では、ピュタゴラス派の人々は毎日を歌で始め歌で終えることを慣しとしていた。朝の歌は心から眠気を一掃し、その日の活動を活気づけるように目論まれていた。夕方の歌はゆったりとくつろいだ調べで、休息に役立つものであった。春分の日にピュタゴラスは弟子たちを集めて円陣を作り、そのなかのひとりが中心に立って合唱を指揮しつつ、竪琴で伴奏を行なった。

ピュタゴラスの治癒音楽についてはイアンブリコスが次のように語っている。「魂の激情を癒したり、絶望や悲嘆を治す薬としていくつかのメロディーがある。それらはこのような病気に対する最高の良薬としてピュタゴラスが作曲したものである。また狂暴と激怒その他のあらゆる魂の異常な興奮に対しては別のメロディーを処方した。また欲望に対する薬として作曲された別な調べもあった」(『ピュタゴラスの生涯』を見よ)。

おそらくピュタゴラス派はギリシア音楽の七つの音調が七つの惑星と関係を持っていることを認めていた。たとえばプリニウスは土星が沈痛なドーリア調で運行し、木星が陽気なフリュギア調で運行しているといっている。さまざまな気質がいろいろな音調によってかきたてられることは明らかである。激情についても同じことがいえる。たとえば怒りは火の性質を持った情念であるから、火のような音調によってあおり立てることができるし、水の性質を持つ音調によってその力を中和することができる。

ギリシア文化が音楽から非常に深い影響を受けていたことをエミール・ノーマンは次のように要約している。「プラトンは音楽が陽気な心地よい情念を作り出すためにのみ存在するという考えを決して認めなかった。むしろ音楽はあらゆる高貴なものへの愛を教え込み、あらゆる卑俗なものへの憎しみをたたき込むものであり、メロディーとリズムほど人間の最も内なる感性に強い影響力を与えるものはありえないと主張している。このことを深く確信していたので彼はソクラテスの音楽の師アテナイのダモンの意見を聞き入れて、新しいおそらくは人を無気力にするような音階を導入することは国家全体の未来を危険にさらすことであり、ある音調を変えることは必ずや『国家』の存立そのものをゆるがすと論じている。プラトンは魂を高貴にする音楽は、たんに感覚に訴えるにすぎない音楽に比べてはるかに高い価値を持っていると確信していたので、惰弱で猥褻な音楽はすべて禁止し、純粋で品位ある音楽のみを奨励することが立法府の永遠の義務であり、勇壮活発なメロディーは男性向きであり、上品柔和な音楽は女性向きであるということを強力に主張している。このことから音楽がギリシアの若者の教育にかなり重要な役割を演じていたことは確かである。器楽演奏の選曲には最大の注意を払わなければならない。言葉がないとその意味が曖昧になり、その音楽が人々のためになるかためにならないかをあらかじめ知ることはむずかしいからである。民衆の嗜好はつねに感覚的なけばけばしい音楽を求めているので、それにふさわしい軽蔑をもって扱わなければならない」(『音楽史』を見よ)。

今日でも軍歌は戦争の時には大きな効果を持っている。宗教音楽はもはや古代の理論に従って演奏されているわけではないが、今でも信徒の情念に深い影響を及ぼしている。

天球の音楽

ピュタゴラスの理論体系のうち最も崇高ではあるが、最も知られていないものは星辰の音楽に関する理論である。あらゆる人間のうちピュタゴラスだけが天球の音楽をきいたと言われている。天体が集まって宇宙的な歌を唄いながら、一定の法則で天空を運行していることに気づいた最初の民族がカルデア人であったことは明らかである。ヨブは「朝の星たちが唄う」時について述べている。『ヴェニスの商人』のなかでシェイクスピアはこう書いている。「お前の目に映るどんな小さな天球だってぐるぐる廻って、天使のように歌を唄っているんだよ。」だがピュタゴラスの天体音楽の体系はほとんど残っていないので、その実際の理論についてはおよそのことしか分からない。

ピュタゴラスは宇宙を巨大な一弦琴と考えていた。その一本の弦は上端は絶対精神に結びつけられ、その下端は絶対物質につながっている。言い換えれば一本の弦が天と地のあいだに張り渡されているのである。天の外周から数えてピュタゴラスはある権威に従って宇宙を九つの部分に分けた。また別な権威に従って十二の部分に分けることもあった。十二の体系は次のようなものである。最初の区域は炎上天と呼ばれ、これが恒星天にあたる。そこは不死なる神々の住まいである。第二から十二に至る区域は、（順に）「土星天」、「木星天」、「火星天」、「太陽天」、「金星天」、「水星天」、「月天」、「火天」、「風天」、「水天」、「地天」である。この七惑星の配列は（太陽と月は古代天文学では惑星と見なされた）、ユダヤ人の燭台が象徴するものと一致している。中央の幹に太陽があって両側にそれぞれ三つの惑星が配されているのである。

ピュタゴラス派が全音階のさまざまな音程に与えた名前は、マクロビウスによると惑星の速度と大きさを算定して割り出したという。この巨大な天球が宇宙空間を永遠に回転しているわけだが、そのひとつひとつがある音程の音を出し、それが不断に位置を変えることによってエーテルを散布していると信じられていた。これらの音は天界の秩序と運動を表わしているので当然その源泉が持っている調和を体現していると考えなければならない。「惑星が地球のまわりを回転することによってある種の音を出し、その音程はそれぞれの『大きさと速さと地球との距離』によって異なっているとの確信はギリシア人なら誰でも共通して持っていた。たとえば土星は最も遠い惑星であって、最も低い音程を持っている。一方『月』は最も近くにあるので一番かん高い音を出す。『これら七惑星と恒星天の音とわれわれの上にある〔アンティクトン〕を加えたものが九柱の女神ムーサイである。その交響楽がムネモシュネと呼ばれる。』」（『カノン』を見よ）。この引用は先に述べた宇宙を九層に分割する説を暗にほのめかしている。

ギリシアの導師たちはまたひとつひとつの天つまり七つの惑星天と七つの神聖な母音とのあいだに根源的な関係があると考えている。第一天はΑ（アルファ）という聖なる母音を出し、第二天はΕ（エプシロン）、第三天はΗ（エータ）、第四天はΙ（イオタ）、第五天はΟ（オミクロン）、第六天はΥ（ユプシロン）、第七天はΩ（オ

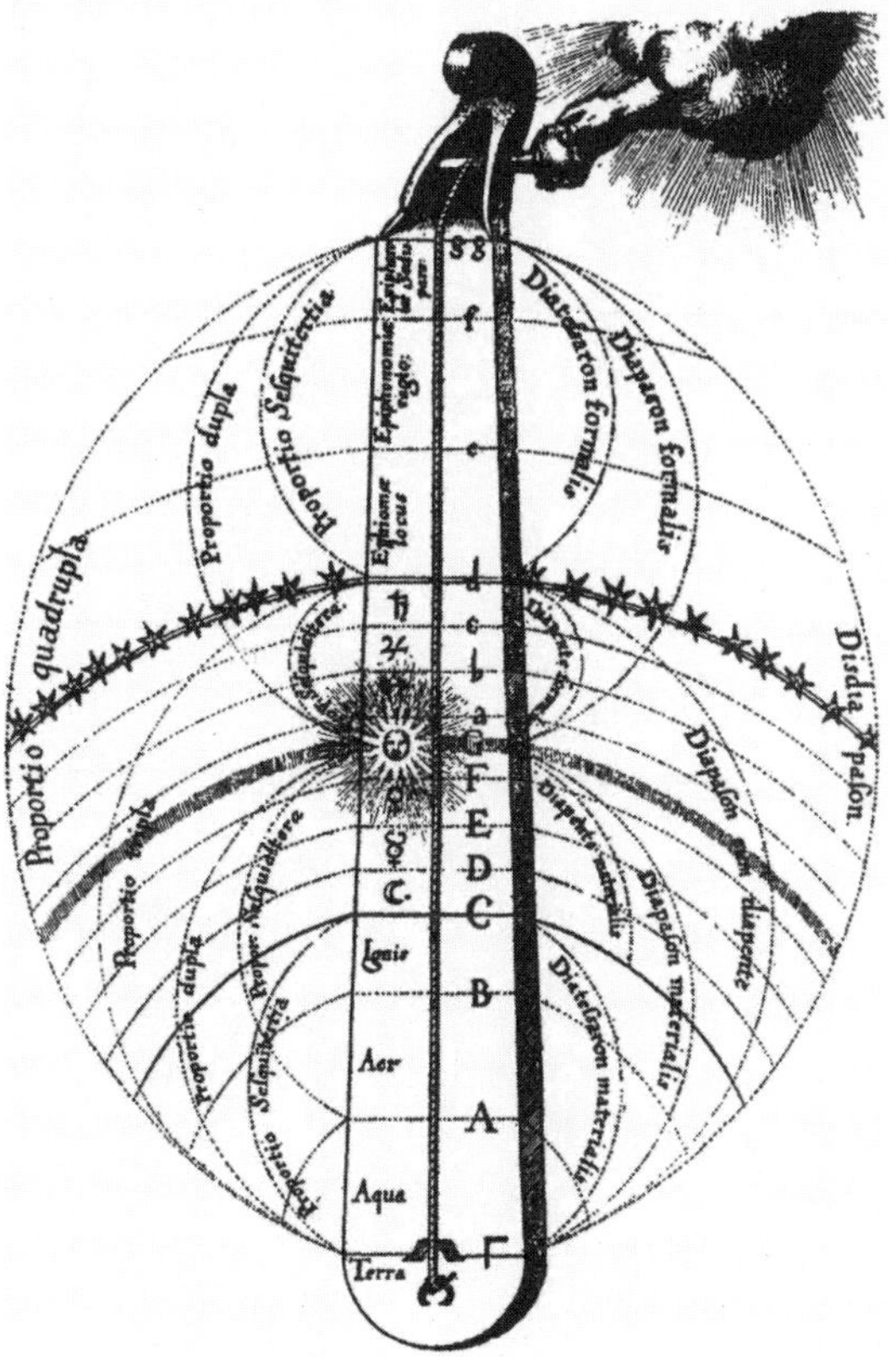

数比と音程を持った宇宙一弦琴（フラッドの『宇宙の音楽』より）
この図はフラッドの宇宙音楽理論を要約したものである。四大元素の地と最高天間の音程は二オクターヴと考えられている。このことから両端に位置するものはディスディアパッソン（二オクターヴ）の調和音を生じることが分かる。最高天，太陽，地球が違う音階を持ちながらも同じ音程であることは重要である。つまり太陽は最高天より一オクターヴ低く，地球は太陽より一オクターヴ低い。低いほうの一オクターヴ（Γから G）は宇宙の一部分を構成するが，そこでは物質がエネルギーに優っている。それゆえ，調和音は高い方の一オクターヴ（G から g）の場合より重い。高い方ではエネルギーが物質を支配しているのである。フラッドによれば，「より霊的な部分を弾くと一弦琴は永遠の生命を生み，より物質的な部分を弾くと一弦琴は一時的な生命を生む。」四大元素，惑星，恒星天が相互に調和的な数比を維持していることは注目に値しよう。フラッドはこれを進めて，「自然」界のあちこちで見られる共感と反撥を理解する鍵とした。

メガ）である。これら七つの天がともに集まって歌を唄うときに完全な調和音をかもしだし、「創造主」の王座に対する永遠の賞讃として上に昇って行くのである（エイレナイオス『異教徒反駁』を見よ）。そう述べられているわけではないが、おそらく惑星天は最初の天球である月から始まって、ピュタゴラス的な順序で昇っていくと考えられていたにちがいない。

　多くの古代楽器は七本の弦を持っていた。ピュタゴラスがこれに八本目の弦を加え、テルパンドロスの竪琴を作ったことが一般に認められている。七本の弦は常に人間の体のなかにあるそれと対応する箇所とか七惑星に関係づけられていた。神名は七惑星の調和音の組合せから作られているとも考えられていた。エジプト人は神に捧げる歌をつくるのに七つの基本的な音だけに限定し、他の音を神殿で発声することを禁じた。彼らの讃歌のなかには次のような祈りの言葉がある。「『偉大なる神』よ、息《や》むことなく全宇宙を動かす父よ、七つの音をもって汝を讃えん。」別な讃歌のなかで「神」は自らをこう規定している。「われは天球の歌を司る全宇宙なる偉大な不滅の竪琴である」（ノーマン『音楽史』を見よ）。

ピュタゴラス派は声を持つ一切が、またあらゆる生物が永遠に「創造主」の讃美歌を唄っていると信じていた。人間はこの天界のメロディーをきくことはできないが、それは魂が物質的存在の幻影にまとわりつかれているからである。彼は感覚的限界から自らを解放するとき天球の音楽はふたたびきこえるようになる。「黄金時代」には人は誰でもきいていたのである。調和する者どうしは引きつけあう。そして人間の魂がふたたびその真の身分を回復するとき、天界の音楽がおのずときこえてくるばかりでなく、厖大な数の「存在」の部分と条件を支配するかの「永遠なる善」に対する永遠なる讃美歌を唄いながら、その調べに融け込んでいく。

ギリシアの「密儀」はその教義のなかに音楽と形のあいだには相関関係があるという壮大な観念を含んでいた。たとえば建築の諸要素は音調や音程に比定することができるとか、音楽的な対応部分を持っているとか考えられていた。それゆえある建物は、これらの諸要素が数多く組み合わさった形で建造される。そのときその建物の構造は和音の組合せに比較されたのである。つまりその構造が調和級数的な間隔を持つという数学的な要求を完全に満たしたときにのみ、美しい調和的な建物と判断されたのである。この音と形の類比関係を実感してゲーテは「建築とは凍れる音楽である」と言ったのである。

密儀参入儀礼の神殿を建てるにあたって古代の神官たちは波動として知られる現象の根底に横たわる諸原理について卓越した知識を持っていたことをしばしば示している。「密儀」儀式のかなり大きな部分が朗唱と吟詠から成っている。その目的のために特殊の音響効果を持った室が建造された。その一角で、ある言葉をささやくと、それは強化されて建物全体を震わしつんざくような音響となって満ち溢れるようになった。これらの神聖な建造物を建てるのに使った木材や石材には宗教的儀式の音響的波動がすっかり浸みわたるようになっているので、それをたたくと儀式によって何度もその材質のなかに刻み込まれた同じ音を出すようになるという。

「自然」界の元素はそれぞれ固有の音程を持っている。これらの諸元素が複合的な構造のなかに組み合わさると、その結果ある協和音を持つようになる。その構造がある音にさらされると、合成要素を個々の部分に解体されてしまう。同様に各個人はその貴重音を持っており、その音が出されると彼を滅ぼしてしまう。イスラエルのトランペットの音が鳴り響いたときジェリコの壁が落ちたという寓話は個々の基調音ないし波動が隠れた重要な意味を持っているということを説明するために作られたのである。

色彩の哲学

エドウィン・D・バビットはこう書いている。「光は外的世界の栄光を現わすものであり、しかもあらゆるもののうちで最も栄光にみちたものである。光は美を生み、美を現わし、またそれ自身最も美しい。それは分析者であり、真実を告知し、にせものを暴露する。それはあらゆるものをあるがままに示すからである。無限の光の流出の行き渡るところはすなわち宇宙であり、何億光年も離れた遠くの星からわれわれの望遠鏡に注ぎ込む。一方、光は想像もおよばないほど小さなものにも行きわたり、肉眼では見えない極微世界のものでも顕微鏡を通して明らかにする。他の精妙な力と同じように、その動きはきわめて柔らかいが、浸透力があり、力強い。光の生命力を与える作用がなかったら、植物・動物・人間の生命はすぐさま地球から滅び去り、すべてが崩壊してしまうであろう。それゆえ、この潜在力を秘めた美しい光の原理とその成分である色彩について考察することは賢明なことなのである。光の内に隠された法則を深く洞察すればするほど、光は人間に生命力を与え、癒し、純化し、喜びを与えるすばらしい力の貯蔵庫として現われてくるであろう」(『光と色の原理』を見よ)。

光は生命の基本となる物理現象であり、あらゆる被造物にその輝きをあびせている。それゆえ、この神聖なる物質の精妙な本性をたとえ一部分なりとも明らかにすることは、きわめて重要なことである。光と呼ばれるものは、実際には視神経にある反応をひき起こす一定の振動である。だが感覚による識別能力の限界ゆえに、それらの反応がどれほど遮られているか知る者はほとんどいない。光についてはまだ知られていないことが非常に多く、しかもいかなる光学設備でも記録できないような未知の光の形態がある。聴力を超えた音や嗅覚能力を超えた臭い、味覚能力を超えた味、触覚能力を超えた物質があると同様、見ることのできない色彩が数え切れないほどある。このように人間は全く感じ取ることのできない超感覚の世界に取り囲まれている。人間に備わる感覚中枢はこのような宇宙を構成する精妙な一定の振動に反応するほど十分には発達していないからである。

文明人にも未開人にも、色彩は宗教的、哲学的教義を表わす自然言語として受け入れられてきた。ヘロドトスによって描かれたエクバタナの古代都市では、七つの壁が七つの惑星にあわせて彩られているが、これはペルシアのマギがそのような知識を持っていたことを表わしている。ボルシッパにあるネボ神の有名なジッグラット、つ

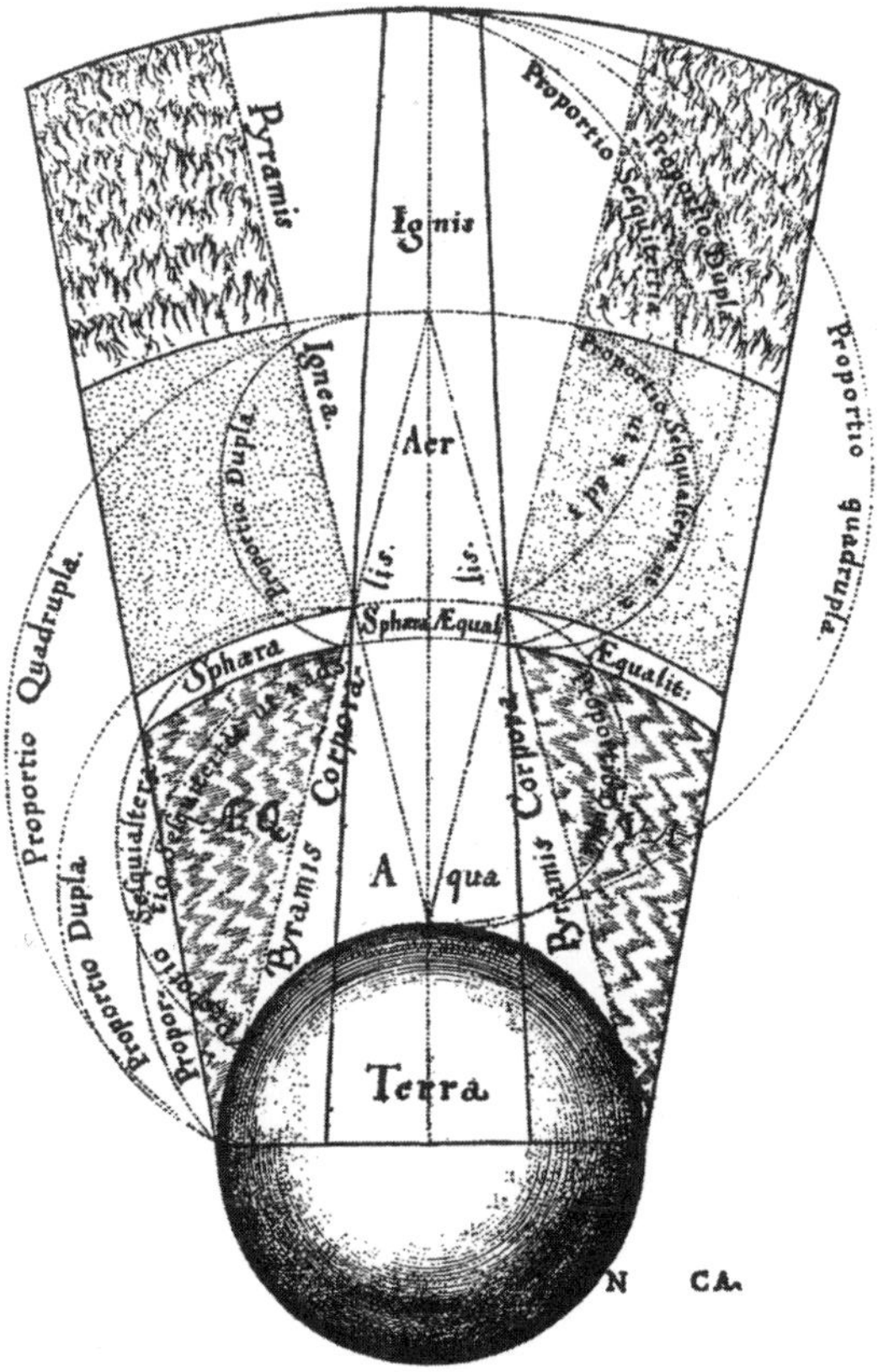

四大元素の音楽理論（フラッドの『宇宙の音楽』より）
この図でも相互に貫き合う二つのピラミッドがまた使われている。これらのうち一方は「火」を表わし，他方は「地」を示す。四大元素の調和の法則によれば，「火」は「地」の成分のなかには入らず，「地」は「火」の成分のなかに入らない。図に示される数字はフラッドとピュタゴラス派に基づく四つの根源的元素間の調和音関係である。「地」はすべてそれ自身の本性から成るが，「水」の成分は四分の三が「地」で，四分の一が「火」である。平衡天は四分の二が「地」，四分の二が「水」から成って平衡状態にあるとされる地点である。「風」は四分の三が「火」，四分の一が「地」で構成され，「火」はそれ自身の本性だけから成る。よって「地」と「水」は四対三の割合，つまりディアテッサロンの調和音を生じ，「水」と平衡天は三対二の割合，すなわちディアペンテの調和音を生じる。さらに「火」と「風」は四対三の割合，ディアテッサロンの調和音，「風」と平衡天球は三対二，ディアペンテの調和音を生じる。ディアテッサロンとディアペンテを合わせると，ディアパッソンつまり一オクターヴになるので，「火」の天球と「風」の天球がともに平衡天球とディアパッソンの調和音になり，「火」と「地」はディスディアパッソン（二オクターヴ）の調和音を生じることが明らかになる。

まり天文台は、七層の段階とそれをつなぐ七つの階段を持っており、それぞれの階段には惑星の基調色が塗られている（ルノルマン『カルデアの魔術』を見よ）。このようにバビロニア人が七つの「創造神」あるいは「創造力」に関連したスペクトル観に通じていたことは明らかである。インドでは、あるムガール皇帝が七つの階層からなる噴水を作らせた。その水は特殊な配列を持った水路を通って下に流れ、一段下がるごとに色を変え、次から次へと虹の七色を表わすようになっている。チベットでは土着の画家が色彩をさまざまな気分を表わすのに使っている。L・オースティン・ワッデルは『北方仏教美術』を書きながらチベット神話のなかで「白と黄色の組合せはふつう穏やかな気分を象徴するために使われている。一方赤、青、黒は激しさを表わす。ただときに天空を表わす淡青が天上界を意味することもある。一般に神々は白とあざやかな赤と青黒で描かれるが、このことはヨーロッパにおいても同様である」と言っている(『チベット仏教』を見よ)。

『メノン』のなかでプラトンは、ソクラテスの口を通して色彩を視覚に対応して、感じ取ることができる形相の流出と述べている。『テアイトス』のなかで彼はこの問題について比較的長い議論を展開して、次のように言っている。「さてこれまで確かめた原理をまとめてみよう。何ひとつ自ら存在するものはないこと、そしてやがて分かるようにどんな色も、白であれ黒であれ他のどんな色であれ、適切な運動に合致した目から起こるということ、われわれがそれぞれの色の実質として定義しているものは、能動的でも受動的でもなくむしろ両者の中間にあって感覚するごとに異なった現われ方をするのだということである。君はある色がどのような動物にも(たとえば犬に)君が感じているのと同じ色彩で現われると思うか。」

ピュタゴラスのテトラクテュスは宇宙的な諸力とそのプロセスを表わす最高の象徴であるが、そのなかにはギリシア人の色彩と音楽に関する考え方が打ち出されている。最初の三つの点は三重の「白い光」を表わしている。これは潜在的にあらゆる音と色を含む「神」である。あとの七つの点はスペクトルの七色と七つの音階である。色彩と音程は能動的、創造的力であって、それは「第一原因」から流出して世界を創り出す。この「七」は二つの組に分けられ、三段目の三つの点と四段目の四つの点であり、その関係もテトラクテュスのなかに示されてい

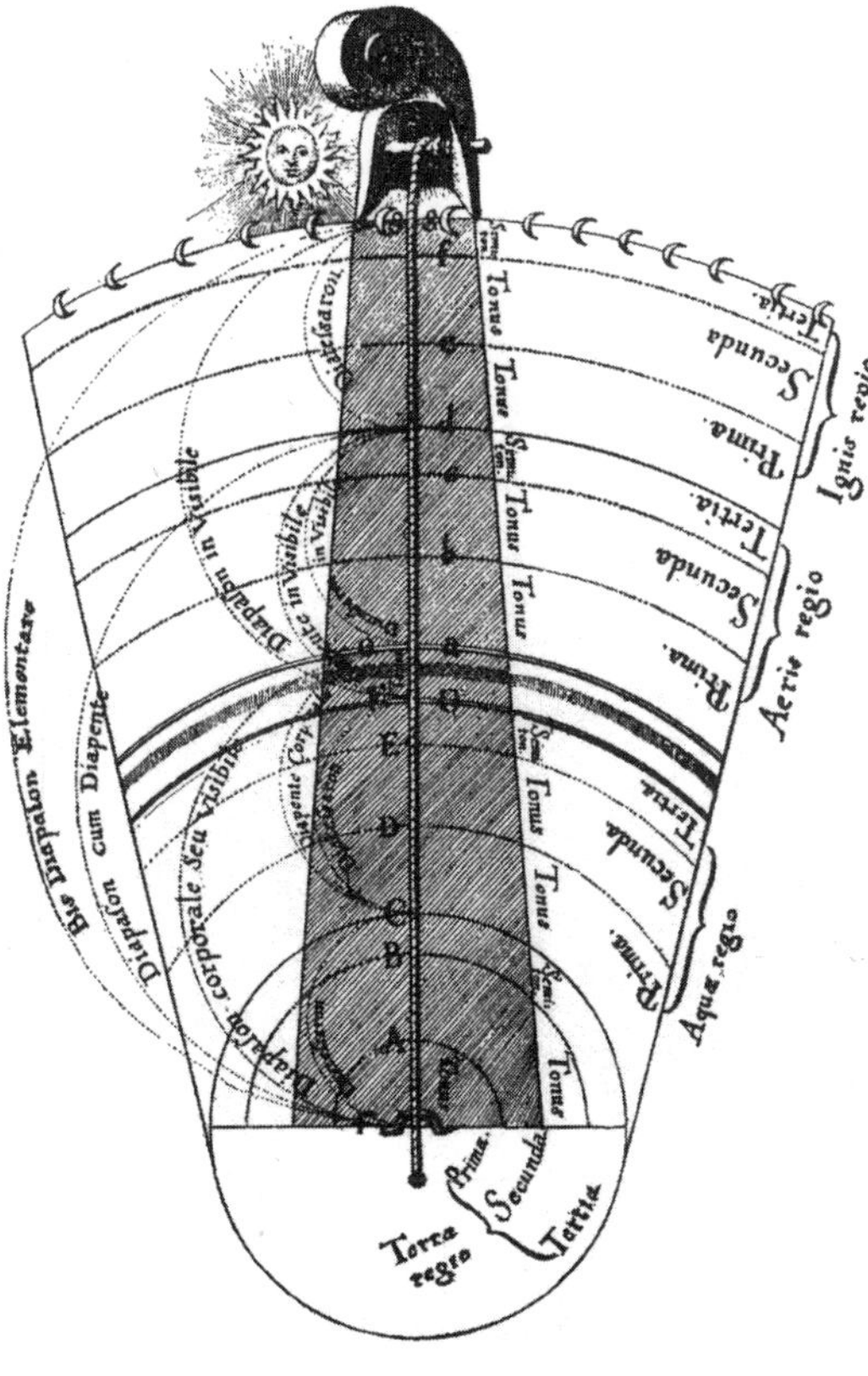

四大元素と調和音程（フラッドの『宇宙の音楽』より）
この図において，フラッドは四つの根源的な元素をそれぞれ三つに細分化している。第一の部分は，その元素のすぐ下に位置する物質の性質をいくぶん帯びているため，三つの部分のうち最も重い。（「地」の場合は，それより下に位置するものがないため除外する。）第二の部分は比較的純粋な状態にある元素から成るが，第三の部分では，元素はすぐ上に位置する物質の性質をいくらか帯びた状態にある。たとえば，元素のひとつ，「水」の最下部は，地が溶けて含まれているため，沈殿性がある。第二の部分は最も一般的な状態，つまり太洋におけると同様塩気がある。第三の部分の水は塩分のない最も純粋な状態である。各元素の最下部に割り当てられた調和音程は一度の音程であり，中間部も一度，最上部は半度である。最上部はすぐ上の部分の性質を帯びるからである。フラッドは四大元素の音が二度半高くなると，ディアテッサロンが四大元素の優位な調和音程になる点に力点を置いている。

る。上位の三点は創造された宇宙の霊的本性となり、下位の四つの点は非合理な世界つまり低次世界として出現する。

「密儀」のなかで七つのロゴス、つまり「創造主」は「永遠なる一者」の口から発する力の流れとして示される。このことはスペクトルの七色が「至高神」の白光から分かれたものであることを示している。この低次世界の七なる創造主ないし制作者をユダヤ人はエロヒムと呼んだ。エジプト人は彼らを「建築家」ないし「親方」と呼び、手に巨大なナイフを持って原初の物質から宇宙をけずり出している図に描いている。エジプト人は惑星をこの七つの創造的な「神」の属性が宇宙のなかに具体化したものと考えていた。惑星に対する崇拝はその信条に基づいている。各惑星の「主」は太陽のなかに住んでいるものとされていた。太陽の真の性質は白光との類比からそれが表わすあらゆる音と色の可能性の種子を含んでいる。

惑星、色彩、音程の相互関係については無数の恣意的な配当が行なわれている。そのうち最も満足すべき体系は、オクターヴの法則に基づいたものである。聴覚は視覚よりずっと広い範囲を持っている。耳は音の九オクターヴから十一オクターヴまでを聴き取ることができるが、目は七つの基本的な色調つまり一オクターヴの範囲しか知覚できない。色彩のものさしの一番下に赤を置くとすれば、これが音階の最初の音程ドに相当する。この類比をすすめていくと橙はレ、黄色はミ、緑はファ、青はソ、紺はラ、紫はシにあたる。この色彩のものさしを完成させるに必要な第八番目の色は最初の色である赤の一オクターヴ高い色でなければならない。上述の配当が正しいことは二つの注目すべき事実によって確かめることができる。第一は音階の三つの基本的な音程つまり第一音、第三音、第五音は赤、黄、青の三原色にあたるということであり、第二は音階の最も不完全な音である第七音は色彩の最も不完全な色で紫にあたるということである。

『光と色彩の原理』のなかでエドウィン・D・バビットは次のような説を打ち出している。「ドは音階の基底にあって最も粗い空気の波調からなっている。同じように赤も色階の基底にあって光のエーテルの最も粗い波調を持っている。音階の一番下にあるドが二四の振動数を持つとしたら、七番目の音程シは四五の振動数、つまり倍より少し少ない振動数を必要とする。それと同様に紫外線は毎秒八〇〇兆の振動数を必要とし、これは赤外線が四五〇兆の振動数を必要とすることに比べれば、倍より少し少ない数にあたる。音階の一オクターヴが終わると別なオクターヴが始まり、その振動数は最初の振動数のちょうど二倍になる。こうして進み聴こえなくなった音階でも同じことが繰返される。同様に普通の目に見える色階が紫で終わったとしても、その二倍の振動数を持つもっと微細な目に見えない色彩のオクターヴが始まり、こうしてまったく同じ法則に基づいてオクターヴが重なることになろう。」

色彩がゾディアックの十二宮に配列されるときは、ある輪のスポークとして配当される。白羊宮は純粋な赤色、金牛宮は朱色、双子宮は純粋な橙色、巨蟹宮は山吹色、獅子宮は純粋な黄色、処女宮は黄緑色、天秤宮は純粋な緑色、天蠍宮は青緑色、人馬宮は純粋な青、磨羯宮は青紫、宝瓶宮は純粋な紫、双魚宮は赤紫である。

東洋の秘教哲学体系を展開するにあたってH・P・ブラヴァツキーは色彩を人間の七重構造と物質の七つの状態に対応させて次のように言っている。

色彩	人間の七重構造	物質の状態
紫	チャヤつまりエーテル体ダブル	エーテル
紺	高次のマナスつまり霊的叡智	気体
青	オーラの卵	蒸気
緑	低次のマナスつまり動物的魂	液体から蒸気への移行状態
黄	ブッディつまり霊的魂	液体
橙	プラナつまり生命原理	固体から液体への移行状態
赤	カーマルーパつまり動物生命の座	固体

このスペクトルの七色と一オクターヴの音程の配当はその固有の色と音の類比関係を保とうとすれば、別な惑星の分類法を必要とする。つまりドは火星、レは太陽、ミは水星、ファは土星、ソは木星、ラは金星、シは月である（『E・Sの教え』を見よ）。

前頁――魚人オアンネス

ベロッススはオアンネスを次のように説明している。「バビロニアに(この時代)さまざまの国の人たちが盛んに集まり、彼らはカルデアに住みつき、野獣のように無法な生活をしていた。一年目にエリュトレア海のバビロニアに接するあの地方から、名をオアンネスという理性を持たぬ動物〔原文のまま〕が現われたが、その全身は(アポロドルスの説明によれば)魚の体であって、魚頭の下に人頭、また、人の足に類似した足が魚の尾の内側についていたという。その声も言葉もはっきりと聞き取れる人の声で、その再現図は今日に到るまで保存されている。この『生物』は昼間は人々のなかにあって過ごすことを常としたが、昼間は食物を口にせず、あらゆる種類の文字、学問、科学上の識見を人々に授けた。都市を築き、神殿を建立し、法典を編むことを教え、幾何学的知識の諸原理を説明した。大地の種子を識別させ、果実の集め方を教えた。要するに、彼は人々の礼儀作法を柔和にし、その生活を人間並みにする上で役立ちうる一切のことを教えたのである。その時代以来、物質的なもので彼の教示にまさるものとしては、実質的には何ひとつ加えられてきていない。そして太陽が沈むと、このオアンネスはふたたび海中へ立ち去り、夜は深海で過ごした。両棲類だったからである。この後でオアンネスに似た他の動物が現われた……」(アイザック・プレストン・コリーの『古代拾遺』より)。

魚・虫・獣・爬虫類・鳥――第一部

水中、空中、地中に棲む生物は古代の全民族により崇敬された。目に見える物体は目に見えぬ諸力の象徴にすぎないと認識し、古代人は、「自然界」の比較的下等の王国の進化の遅れた、単純な構造の生物たちが、神々の創造的衝動へ最も早く反応するので、それらを介して「神力」を崇拝したのである。古賢たちは生物を研究し、「神」の手による最高の業《わざ》――生命を持つ「自然界」と持たない「自然界」――を知れば、神が最も完全に理解できるという認識の段階にまで達した。

存在する全生物は「永遠なる一者」の英知あるいは力のある相を顕現し、その「一者」は、数は確認できても、想像もつかないほど多くの部分を研究、理解して初めて知ることができるものである。それゆえ、ある生物が具体的な人間の心へある隠れた抽象的原理を象徴するために選ばれるときには、それは、その生物の諸特性がこの目に見えぬ原理をありありと行動でもって示すからである。魚、虫、獣、爬虫類、鳥はほとんどすべての国民の宗教的象徴体系のなかに表われるが、それは、これらの生物の形体と習性、その生活環境からして、神の全能の一応の証拠とみなされた「自然」の多様な発生の力と生長の力に、生物たちが密接に関連しているからである。

初期の哲学者や科学者は、全生命の起源が水にあると認識し、魚を生命源の象徴として選んだ。魚が最も多産であるという事実は、その比喩をなおさら適切なものにする。初期の祭司たちは、精子を分析する上で必要な器具を持ち合わせていなかったかもしれないが、精子は魚に似ているだろうと推断した。

魚はギリシア人やローマ人に神聖視され、アフロディテ（ウェヌス）崇拝と関係があった。異教の祭式主義が残存している興味深い例は、魚を金曜日《フライデー》に食べる慣習のなかに見出される。フレイヤ（Freya）を称えてその日は名付けられたが、フレイヤとはスカンディナヴィアのウェヌスのことで、この日は多くの国民にあって美と豊饒の女神へ捧げられた。さらに、この類推は魚と出産の神秘を関連させる。また、金曜日は「予言者」モハメッドの信者たちにも神聖視されている。

ナン（nun）は魚と成長の両方を意味するのであって、インマンが言っているように、「ユダヤ人は『魚の息子』、別名、ヨシュア、イエス（『救世主』）により勝利へ導かれた。ナンは今もなお」キリスト教の「尼僧を指す名である。」初期のキリスト教徒たちのあいだでは三匹の魚が「三位一体」を象徴するために使われたが、魚は偉大なブッダの聖なる八つの象徴のひとつでもある。また、イルカがアポロン（「太陽の救世主」）とネプトゥヌスの両神へ捧げられていることも意義深い。この魚は難破した船乗りたちを背負って、天へ運んでいくと信じられた。イルカは初期のキリスト教徒たちからキリストの象徴として認められたが、それは、異教徒たちがこの美しい生物を人の味方で恩人だと見ていたからだった。フランス王の世継ぎの称号となったドーファンは、神のような保存する力を表わす、この古代異教徒の象徴から得たものかもしれない。キリスト教の最初の唱道者たちは改宗者を魚にたとえ、改宗者は洗礼のときに「キリストの海のなかへふたたび戻るのだった」。

原始民族は海陸に不思議な生物が棲むと信じたが、初期の動物学書には、中世の著作家たちがこうした大部の書物を編纂したときにはいなかった合成の獣、爬虫類、魚を表わす興味深い挿絵が載っている。ペルシア、ギリシア、エジプトの「密儀」伝授の古代の祭祀では、祭司たちは合成動物の変装をし、それにより人間の意識のいろいろな相を象徴した。彼らは鳥と爬虫類をさまざまな神々の象徴として用い、しばしば異様な外観のものを創り、それへ想像上の特徴、習性、棲家を割り当てたが、これらはすべて、そのようにすることによって冒瀆者たちには隠れて見えないある霊的、超越的真理を象徴していた。フェニックスは香料と火炎から巣を作った。ユニコーンの体は馬、足は象、尾は野猪のようだった。ケンタウロスの上半身は人間の体で、下半身は馬の体だった。ヘルメス学派の人たちのペリカンはわが胸を割いて雛を養うが、この鳥へはその他、寓意的な意味でしか真実で

ヴィシュヌの最初の化身もしくはマツヤ・アヴァタル
（ピカートの『宗教儀式』より）

魚はよく世界の救済者と連想された。ヒンドゥー教の贖罪者ヴィシュヌは贖うために十体を成しているが，最初の化身の際は魚の口から吐き出された。イシスは幼な子のホルスを養育しているあいだは，よく頭飾りに魚をつけて表わされている。（バラモン教徒の人たちから借りてきた）カルデア人の救済者オアンネスは魚の頭と体で描かれ，そのいろいろな点で人間の形が出ている。イエスもよく魚で象徴された。彼は使徒たちに「人々を漁る者」となるように告げた。魚印は，また，キリスト教徒の最初の組合せ文字だった。イエスのギリシア語名である神秘的なイクトュエ（*ΙΧΘΓΣ*）の意味は「魚」である。魚は聖者の列に加えられた初期の多数の教父により，キリストの象徴として受け取られた。聖アウグスティヌスはキリストを，網焼きにされた魚にたとえたが，あの「魚」の肉は正義の，神聖なる人たちの糧だとも指摘された。

ありえないような神秘的属性が割り当てられた。

中世の多くの著者によって現存の生物とみなされたけれども、これらの生物は一匹として——ペリカンは例外——決して「密儀」の象徴体系の外側では存在しなかった。おそらくそれらは当時少ししか知られていなかった動物にまつわる噂話から起こったのであろう。しかしながら、神殿ではそれらは現実のものとなった。そこではそれらは人間の本性の多様な特性を表わしたからである。マンティコラにはハイエナとある点で共通したものがあった。ユニコーンは一角の犀だったのかもしれない。秘密の知恵の研究者にとっては、この合成の獣や鳥は幽界で働くさまざまな力を表わしているにすぎない。これは、中世の怪獣問題を扱うほとんどすべての著者が見落としたように思われる点である（一六四二年のユリシス・アルドロヴァンディの『怪獣史』と一六九七年のP・ガスペア・ショットの『奇体』を見よ）。

また、人類の出現よりはるか昔、神々により滅ぼされた合成生物の一族ないしは種が存在したという趣旨の伝説もある。古代の神殿はそれぞれ固有の歴史上の記録を保存し、密儀に参入させなかった者たちへは決して打ち明けられたことのない先史時代の世界に関する情報を所持していた。これらの記録によれば、人類は両棲類の本性を幾分かは有する生物種から進化した。当時、原始人には魚のような鰓があり、体の一部は鱗でおおわれていたからだという。限られた程度まで、人間の胎児はそのような状態がありうることを証明している。人類水中起源説の結果として、魚は人類という一家の先祖と見なされた。これがカルデア人、フェニキア人、バラモン教徒の魚食の起りとなった。アメリカ・インディアンは、湖、川、大洋の水中に神秘的民族たる「水のインディアン」が住むと信じている。

魚が堕地獄の象徴として用いられたこともあるが、中国人にあっては魚は満足と幸運の象徴となり、魚類が彼らの多くの硬貨に見られる。エジプトの悪霊テュフォン、すなわちセトは、オシリスの神体を十四の部分に裂くと、その一部分をナイル河へ投じたが、プルタルコスによれば、それは河の三匹の魚――レピドトゥス（おそらくはレピドシレン）、ファグルス、オクシュリュンクス（川鰤《かわかます》の一種）――により食べられてしまったという。この理由からエジプト人は、これらの魚肉を食べることは御神体を食べてしまうことになろうと信じ、食べようとしなかった。悪の象徴として用いられるときは、魚は土（人の下等の本性）と墓（「密儀」の墓）を表わした。こうして、キリストが三日間墓のなかにいたように、ヨナは三日間「大魚」の腹のなかにいた。

初期の数人の教父は、ヨナを呑み込んだ「鯨」は父なる神の象徴であり、不運にも預言者が船から海中へ投じられたとき、安全な場所へ着くまで神がヨナを自らの自然の内へ受け入れ給うたのだと信じた。ヨナの物語は、実は、密儀参入儀礼の伝説であり、「大魚」は、人が海（人生）のなかへ船側から投じられる（生まれる）ときに自分を呑み込む無知の暗黒を表わしている。船舶を魚や鳥の形に造るという慣習は古代にあっては普通だが、その慣習がこの物語の起りとなったというのはありうることで、おそらく、ヨナは別の船に拾い上げられて港へ運ばれたにすぎず、その船の型から「大魚」と呼ばれることになったのだろう。（「真の話は単純だ。」）ヨナの「鯨」は一部は馬、一部はイルカの異教神話の生物ヒッポカムプスに基

マンティコラ
（レッドグローヴの『過去の信仰』より）

寓意に用いられる全生物中で最も注目すべきものはマンティコラで，炎色の体をし，形は獅子のようであって，歯並びは三列，人間の顔と耳と碧眼，尾の端は一連の棘のような釘と蠍のような針でおおわれ，吹き鳴らすラッパのような声だ，とクテシアスは説明している。この総合的な四足動物はのんびりと中世の博物学の著作のなかにも出てくるが，真面目に考えられたものの，決して人が目にしたためしがなかった。近づきがたい地域に棲むため，居場所が突き止めにくかったからだという。

づくものという方が一層ありそうなことかもしれない。初期のキリスト教の彫像と彫刻は合成生物を示しているが、真の鯨を表わしてはいないからである。

マヤ族とトルテック族の伝説によれば、神々をメキシコへ運んできたという神秘的な海蛇は、海の怪獣や龍を合成した形に造られたヴァイキングかカルデア人の船だったろう、と想像するのは妥当なことである。H・P・ブラヴァツキーは、大鯨を意味するケトゥスという語は魚神ダゴンの別名ケトーに由来していること、そして、ヨナはフェニキアの水夫たちに捕えられて、彼らの一都市へ運ばれていった後、ダゴンの巨像の体内に掘り抜いた庵室のなかに実は監禁されていたという説を提唱している。ケトゥスの巨体には疑いもなく大いなる神秘性があり、それは今なお鯨座として留められている。

四散せる現存の多くの断片によれば、人の下等の本性はリヴァイアサンと呼ばれる、大海蛇あるいは龍に似た巨大な、ぶざまな生物により象徴された。蛇形ないしは蛇行のある象徴は皆、太陽エネルギーの多くの形態のうちのひとつを表わしている。それゆえ、海のこの大生物は、水中に幽閉されている太陽の生命力と、また、変質されるときまでくねくねと曲がってはからむ獣――人の貪欲、情熱、色欲――として表われる、人体を巡る神的エネルギーも表わす。人々の「救済者」としてのキリストの象徴のなかには、卑俗なイエスの個性の内に隠されている神性の神秘に関連する象徴が多数ある。

グノーシス派の学者たちはキリスト教の贖い主の本質を二つの部分――一部は必滅の人間イエス、もう半分は「宇宙精神」の原理ヌースの化身クリストス――に分けた。より偉大な部分たるヌースは三年のあいだ（洗礼から磔まで）必滅の人（イエス）の肉体という衣を使用していた。この点を例証し、しかも依然としてそれを無知の人たちから隠すために、多くの不思議な、しばしば嫌悪の念を起こすような生物が使われ、それらの生物の不快な外見はすばらしい有機体を隠した。ケニアリーは『エノク書』註釈で述べている。「毛虫がなぜ『救世主』の象徴だったのかは明白である。なぜなら、低俗な、地を這う、全く土壌的な相の下に、それは、光輝く羽根をし、その多様な色彩によって『虹』や『蛇』、『鮭』、『神聖甲虫《スカラベ》』や死にゆく『イルカ』と美を競う蝶の形姿を隠しているからである。」

虫

一六〇九年ヘンリー・クンラートの『不朽の学問の殿堂』が出版された。エリファス・レヴィは、その頁の内に魔法哲学の偉大な秘密が皆含まれていると断言した。この書の注目すべき一枚の図版は、十七世紀の偏屈な、無知の教師連中に攻撃されているヘルメス学を示している。中傷者たちへの全くの軽蔑の念を表わすために、クンラートは、その各々から獣を合成し、ある中傷者へ驢馬の耳を、他の者には贋の尾を付け足した。彼は絵の上部を数人のけちな陰口連中用に取っておき、彼らにふさわしい形姿を与えた。空中は不思議な生物たち――大蜻《トン》蛉《ボ》、翼のある蛙、人頭鳥その他説明しかねる異様な形のもの――で満ち、それらは悪意、陰口、遺恨、中傷その他の迫害を賢者の秘薬に山と浴びせた。絵は彼らの攻撃が効を奏していないことを暗示していた。毒虫は人の舌が持つ致命的な力を象徴するためによく使われた。

また、あらゆる種類の虫が「自然」の霊と守護神を象徴していると考えられた。両者とも大気中に住むと信じられたからである。霊を呼び出す最中の魔術師を示す中世の絵画は、魔術師が悪魔払いをしたあの世の神秘的な諸力を、一部分が虫の形で合成された姿で彼の前へ現われるものとして描いている。明らかに初期の哲学者たちは、疫病の形で共同社会を荒らしまわる伝染病が実は生物だという意見を抱いていたが、多数の微小の細菌の代りに疫病全体をひとつの個体とみて、その破壊力を象徴するためにそれに身の毛のよだつ形姿を与えた。疫病は空中から来るという事実のために、虫や鳥がその象徴として使われることになったのである。

美しい左右対称形は自然の慈悲深い諸状態もしくは力すべてに割り当てられたが、不自然な、あるいは悪意のある諸力には歪んだ、異常な形が割り当てられた。悪霊の王は身の毛のよだつほどに醜いか、それとも軽蔑されているある獣たちの性質を持っていた。中世の民間の迷信では悪魔の足が牡鶏のようだと考えられたが、エジプト人はテュフォン（「悪魔」）へ豚のような身体を割り当てた。

虫の習性は注意深く研究された。それゆえ、蟻は冬のために糧を貯え、また、その何倍も重い物を動かす力があるので、勤勉と予見の象徴とみなされた。群がり飛んで押し寄せ、アフリカとアジアのある地方で太陽をおおい隠し、青物の一切を食い荒らす蝗は、情熱、病気、憎悪、闘争の格好の象徴と考えられた。これらの感情は人の魂の内にある善きものをすべて破壊し、不毛の砂漠を後に残すからである。さまざまの国々の民話にあって、ある虫たちは特別の意味を与えられているが、世界的な尊崇と考慮を受けた虫は、虫王国の王たる神聖甲虫《スカラベ》、大密告者蠍、変形の象徴である蝶、勤勉の象徴の蜜蜂である。

エジプトの神聖甲虫は今まで人心により考えつかれた最も注目すべき象徴的な表象のひとつである。その独特の習性と外見のために、体力、魂の再生、また、「太陽の主」という相で「永遠かつ不可知の創造主」を適切にも象徴するという祭司たちの説明により、神聖甲虫はありふれた虫の地位から引き上げられた。E・A・ウォーリス・バッジは、事実、エジプト人の神聖甲虫崇拝について言っている。

「原始時代に抱かれた今ひとつの見解は、空は、巨大な甲虫が這い、前にある円盤状の太陽を押していく大牧場だとするものだった。この甲虫は『空神』であり、卵が入っていると信じられた球を後脚で転がしていくのが観察される神聖甲虫の実例を皮切りにして議論を進めて、初期のエジプト人は、『空神』の球は卵を含み、太陽はその神の子だと考えた。しかしながら、著名な昆虫学者J・H・ファーブル氏のお蔭で、われわれは今では、神聖甲虫が転がす球は卵を含んでおらず、それが注意深く準備した場所で生む卵の糧として役に立つこととなる糞を含んでいることを知っている。」

エジプトの「密儀」参入者たちは時に神聖甲虫とか、また、獅子、豹と呼ばれた。神聖甲虫は太陽の密使で、光、真理、再生を象徴した。長さ約三インチの心臓甲虫と呼ばれる緑石甲虫は、遺体をミイラにする過程の一部分として心臓が別の防腐処置を受けるために除去されたときに、そのくぼみのなかに置かれた。緑石甲虫は遺体の永久保存の準備をするときに遺体を巻く白布にくるんで入れられたにすぎない、と主張する人もいる。これに関する次の一節はエジプト人の密儀参入書『死者の書』に見られる。「そして見よ。そなたが緑石で甲虫を作り、人の胸部へそれを置くと、それは人に代わって『口を開くこと』を果たそう。」多くの国々の葬式は「密儀」の参入儀礼と著しく類似している。

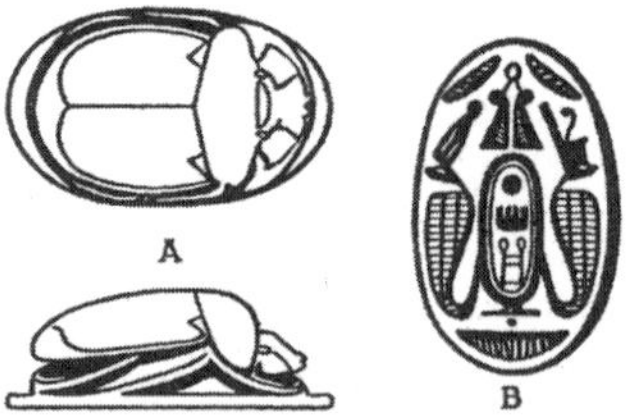

エジプト王家の神聖甲虫（ホールの『大英博物館所蔵，エジプトの神聖甲虫等の目録』より）
神聖甲虫の平らな下面には通常は銘文があって，それは刻まれたときの王朝に関係するものである。これらの神聖甲虫は時に座席として使われた。普通の石や宝石を切ったものもあれば，焼いて艶を出した土で作ったものもあった。時折，石を磨いて作った神聖甲虫もあった。大多数の小さな神聖甲虫にまるで元来数珠として使われたかのように，穴が付いている。なかにはガラス切りになるほど堅いのもある。上図中，Aは神聖甲虫の上部と側面，Bは中央の花枠中にメン－カー－ラーという名を付した下面を表わす。

太陽神ラーには三つの重要な相があった。宇宙の「創造主」として彼は神聖甲虫のような頭で象徴され、ケペラと呼ばれたが、それは魂の再生と、一生が終わった後の新生とを意味した。エジプトの死者のミイラの箱にはほとんど常に神聖甲虫の飾りが付いていた。通常、これらの甲虫の一匹は翼を拡げ、死者の胸部の真上のミイラ箱に描かれた。非常に多数の小さな緑石甲虫が発見されることは、それがエジプト人のあいだで愛好されていた装飾品だったことを暗示している。太陽と関係があるため、神聖甲虫は人の本性の神的部分を象徴した。その美しい翼が光沢のある外殼の下に隠されているということは、土に帰る鞘の内に隠されている人の翼ある魂を象徴した。これらの生物がすべて牡であり、その結果、男らしさ、体力、勇気の適切な象徴だと古代人は信じたので、エジプトの兵士たちは神聖甲虫を特別の記章として授けられた。

プルタルコスは、神聖甲虫がその独特の糞の球を背後へと転がしているのに、虫自身は反対方向を向いているという事実に注目した。このためそれは特に恰好の太陽象徴となった。なぜなら、この太陽球は（エジプトの天文学によれば）一見するとその反対方向へ動いているようだけれども、西から東へ回転していたからである。あるエジプトの寓話は、体——太陽球——の両面から太陽と同じ栄光に満ちた色彩をいっぱいに拡げた翼から出す神聖甲虫によって日の出が起こされ、また、虫が日没時に黒い外殼の下に翼をたたむとき、夜が次に来ると述べている。神聖甲虫の頭で象徴されるラーのひとつの相ケペラは、太陽の舟と呼ばれる不可思議な船で空という海を駆け抜けていくものとして、よく象徴的に表わされる。

蠍は知恵と自滅両方の象徴である。それはエジプト人により呪われし生物と呼ばれ、太陽が磨羯宮へ入る季節はテュフォンの支配権の開始を表わした。黄道十二宮が十二使徒を表わす（その逆こそ真であるけれども）ために用いられたとき、蠍はイスカリオテのユダ——密告者——へ割り当てられた。

蠍は尾で刺すが、このために蠍は陰口をたたくもの、不実で嘘つきの奴と呼ばれた。カルメットは『聖書辞典』で、蠍は邪悪な人たちの恰好の象徴であり、迫害の象徴でもあると断言している。エジプトの乾燥した風はテュフォンにより起こされ、彼は砂地へ地獄の猛烈な熱と蠍の針を伝えると言われている。また、この虫は、エジプトの「密儀」によれば、人の脊柱の下端（蠍の尾）に集まることが許されたときには、人を滅ぼすという脊柱の火の象徴だった。天の磨羯宮の後部の赤い星アンタレスは天界の最悪の光と考えられた。カルプ・アル・アクラブ、つまり蠍の心臓は古代人によりマルスの副官や代理と呼ばれた（プトレマイオスの『四書』脚註を見よ）。アンタレスは視力を弱め、子が生まれたときに地平線より上へ昇っていると、よく失明をもたらすと信じられていた。このことも、また、不注意な旅人たちを失明させる力のある砂嵐に言及しているのかもしれない。

また、蠍は知恵の象徴だった。それが支配する火は焼き尽くすのと同様に照明することもできたからである。異教徒間では「大密儀」への参入は磨羯宮のときにだけ行なわれると言われた。『アニ』（『死者の書』）のパピルスでは、死者は自らの魂を蠍にたとえ、そして言う。「私は燕である。私はあの蠍、ラーの娘だ。」エリザベス・ゴールドスミスは『性の象徴体系』論で、蠍たちは、「エジプトの書法の女神セルクの象徴であり、また、バビロニア人とアッシリア人により太陽の門番として尊崇」された。「イシスがセト〔テュフォン〕により四散されたオシリスの残骸を探し求めたとき、七匹の蠍がイシスに付き添ったと言われた」と言明している。

『カルデア人の創世記物語』でジョージ・スミスは、楔《くさび》形の円筒の写しを取り、英雄イズドゥバル（ニムロッド）の流浪を説明するなかで、太陽の護衛をする蠍神を相当解明している。彼が翻訳した平板は完全なもので

蠍の護符
（パラケルススの『魔法大全』より）
蠍は中世の護符や魔除けによく見られる。この象形文字ふうの蠍（アラクニダ）は医療の力を有すると想像された。上に示す蠍は数種類の金属から成り，ある惑星の星位の下に作られた。パラケルススは，それは生殖系統が狂って悩んでいる人が身に着けるとよい，と忠告した。

はないが、その意味は全く明解である。「……蠍たちは毎日昇り行く太陽の護衛をする。それらの王冠は天の格子にあり、地獄〔脊柱〕の下に足が置かれた。ひとりの蠍人が門の守衛をし、恐ろしいほどに燃えていたが、蠍たちの外見は死人のようであって、余りの恐ろしさに森は震撼した。日の出と日の入りには、蠍たちは太陽の護衛をした。イズドゥバルはそれを見て、不安と恐怖の面持となった。」初期のローマ人のあいだには蠍と呼ばれる兵器があった。それは矢を射るために使われたが、おそらく、その名は蠍の尾に似た長い桁から取ったものであって、それは矢を放つために飛び上がった。この兵器により発射される飛び道具も蠍と呼ばれた。

蝶は（オパール色の光を放つ翼を持つ美しい乙女プシュケーという名の下に）、その飛行力を開示するために通り抜ける諸段階から人の魂を象徴する。蝶のその開示の三段階は「密儀学校」の三段階に酷似しており、この三段階とは、人が大空へ舞い上がることのできるような象徴的な翼を授けることにより、人の開眼を完成させるものとみなされている。無知な、どうすることもできない再生されざる人は卵と幼虫のあいだの段階で、真理を探求し、瞑想の暮らしをする門弟は幼虫と蛹（「密儀」の墓）のあいだの第二段階で象徴され、蛹から成虫（これから完全な蝶が出てくる）の第三段階は低劣な本性の墓から生まれ出て、光明を授けられた参入者の魂の象徴になっている。

夜の蛾たちは秘密の知恵の象徴になっている。発見しにくいし、暗黒（無知）により隠されているからである。体に幾分人の頭蓋骨に似た斑紋のある、死人の頭をした蛾という意味のアケロンティア・アトロポスのように、死の象徴たる蛾もある。ちくちくと独特の音をたて、近づく死の警告を出すと信じられた死の見張り甲虫は、世事にからむ虫たちの今一例となっている。

蜘蛛に関しては意見は色々である。形からして蜘蛛は人体の神経叢と節の適切な象徴となる。ヨーロッパ人のなかには蜘蛛を殺すことを極めて凶運だと考える人もあるが、おそらくそれは、蜘蛛が誰も怒らせたいと思わない悪霊の密使とみなされているからであろう。全有毒生物、特に毒虫に関しては神秘性がある。パラケルススは、蜘蛛は「黒魔術師」たちが極悪な企ての際に使う強力だが悪い力の媒体だと教えた。

ある種の植物、鉱物、動物は星火――その現われである電気と磁気を通して科学世界が接触してきた「自然界」の密使――に特に敏感なために、地上の全民族のあいだで神聖視されてきた。鉱物界の天然磁石とラジウム、植物王国のさまざまの寄生植物は、この宇宙の電火ないしは宇宙の生命力へ不思議なほどに敏感である。中世の魔術師たちは蝙蝠、蜘蛛、猫、蛇、猿といった生物を身の回りに置いていた。これらの生物の生命力を我が物とし、自分たちの目的達成のためにそれらが利用できたからである。古代の知恵の学派のなかには、有毒の虫と蛇は皆、人の悪い本性から発生するし、また、英知ある人間が魂の内に憎悪を起こさなくなると、もはや獰猛な動物も忌まわしい病気、有毒の植物や虫もいなくなろうと教えた。

アメリカ・インディアンのあいだに「蜘蛛男」の伝説があり、その糸は天界と地球をつなぐものだったという。インドの密教の諸学派は、宇宙形成期に働いたある神々が光明界と暗黒界を糸でもってつないだと象徴的に示す。それゆえ、胎生期の宇宙を見えざる力の糸で離れないようにしている宇宙体系の建設者たちは、時に「蜘蛛神」として言及され、彼らの支配者は「大蜘蛛」と名付けられた。

百合の花

蜜蜂はあの不滅のシャルルマーニュにより王位の象徴として使われたが，百合の花，つまりフランス王家の白百合の紋章は，蜜蜂を様式化したものにすぎず，花でないこともありそうなことである。九柱のムーサたちが，時折は蜜蜂の形姿になったという趣旨の古代ギリシアの伝説もある。

蜜蜂の巣は、フリーメーソン団にあって、人類共通の善を目指す勤労のなかにこそ真の幸福と繁栄が見出されることを想起させるものとなっている。蜜蜂は知恵の象徴である。この非常に小さな虫が花粉を集めると同様に、人々は日常生活の経験から知恵を引き出すことができるだろうから。蜜蜂はウェヌス女神に捧げられ、神秘主義者たちによれば、蜜蜂は何百万年も昔に金星から地球へ来た数種の生命体のひとつだという。小麦とバナナも同様の起源のものだそうである。これが、これら三種類の生命体の起源が跡づけ可能な理由である。蜜蜂が女王蜂に支配されているという事実は、この虫が聖なる女性の象徴と考えられる唯一の理由である。

インドではプラナ神――宇宙の生命力の化身――が時に円を成す蜜蜂たちに囲まれて示されている。花々に授粉させる上で重要なため、蜜蜂は生殖力の象徴として認められているものである。ある時には蜜蜂はフランス王たちの象徴だった。フランスの支配者たちは蜜蜂の刺繍をした礼服をまとい、玉座の天蓋はこの虫たちの巨大な模様で飾られた。

蠅は動物たちに厄介をかけるため、厄介者を象徴する。カルデア人のバール神はよくバール - ゼブル、つまり、住居の神と呼ばれた。ゼブブやザバブという語は蠅を意味し、バール - ゼブルは、散漫な訳では、ユピテルの蠅を意味する言葉バールゼブブやベールゼブブになった。蠅は腐敗しかけた物を破壊し、それによって健康を促進する能力があるため、神力の一形体とみなされた。蠅はゼブブという名を、その独特のぶんぶんと羽音をたてることから得たのかもしれない。インマンは、ユダヤ人が「わが蠅の王」として嘲笑したバールゼブブが実は「ぶんぶんと言ったりうなったりするわが主」を意味するものと信じている。

インマンは、頭上に風神アイオロスの竪琴を持つ巨大像のあのエジプトの砂漠の歌うメムノンを想起している。風が強く吹くと、この大きな彫像はため息をついたり、ぶんぶんとうなる。ユダヤ人はバールゼブブをベールゼブブへ変え、守護神たるダイモンを悪魔の「デーモン」と解釈することにより、彼を魔王にした。ナウダエウスは、ヴェルギリウスを魔法使いという非難から弁護するなかで、ヴェルギリウスによってなされたと想像される奇蹟をすべて全く否定しようと試みたが、あらゆる点で詩人の有罪を立証する十分な証拠を出してしまった。とりわけ不思議な芸当として、ヴェルギリウスは蠅を真鍮で造り、ある密儀を行なった後、それをナポリの一門の上へ据えた。その結果として、蠅たちは八年以上のあいだ一匹として市内へ入らなかったという。

爬虫類

蛇は爬虫類の頭目に選ばれた。何らかの形の蛇崇拝は地球のほとんど全地域に浸透している。アメリカ・インディアンの蛇塚、中米と南米の石に刻んだ蛇、インドの頭被をつけたコブラ、ギリシア人の大蛇ピュトン、ドルイド教徒の聖なる蛇、スカンディナヴィアのミッドガルドの大蛇、ビルマ、シャム、カンボジアの半人半蛇のナーガ、ユダヤ人の真鍮の蛇、オルフェウスの神秘主義的な蛇、デルフォイの神託所でピュトンの巫女が坐る三脚の周囲でからみあう蛇と、からみあう蛇の形をした他ならぬ三脚、エジプトの神殿に保存されている聖なる蛇、ファラオーと祭司との額でとぐろを巻く蛇形記章、——これらはすべて、蛇が受けていた万国的な尊崇の念を立証するものである。古代「密儀」にあっては杖にからみつく蛇は医者の象徴だった。蛇が巻きつくヘルメスの杖は依然として医業の象徴である。これらほとんどの全古代民族のあいだで、蛇は知恵か救済の象徴として認められていた。キリスト教国が蛇に対して感じる反感は、少ししか理解されていない「エデンの園」の寓話に基づい

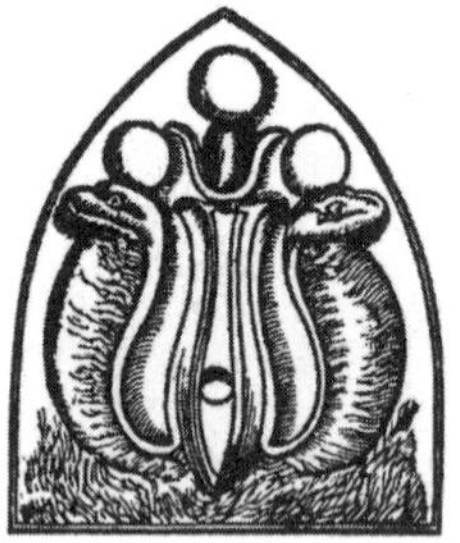

蛇形記章（キルヒャーの『エジプトのオイディプス』より）
脊髄は蛇で象徴され，エジプトの密儀参入者の前額でとぐろを巻く蛇形記章は，「生命の木」に蛇のように這い上がった「神火」を表わすものだった。

ている。

蛇は知恵の原理と一致している。蛇は人を自知へ誘うからである。そのため自我を知ることはデーミウルゴスたるイェホヴァに人が従わなかったことから起きたのである。神が創造の六日間中に創った全生物が善しと言明した後でどのようにして蛇が主の園へ入って来たのか、聖書解釈者たちにより満足に答えられたためしはない。庭園の中央に生えている木は脊柱の火であり、その火の使い方を知っているのは大蛇の資性である。正反対の所説があるけれども、蛇こそ「宇宙の救い主」の象徴や原型であって、主は被造物に自知と善悪の認識を授けることにより世界を贖い給うのである。もしこうでないとしたら、なぜモーゼは荒野にあって十字架で真鍮の蛇を出し、それを見た者が皆、小さな蛇に噛まれずに助かるようになったのか。真鍮の蛇は磔となる人が来ることを預言するものではなかったのか。もし蛇が悪いだけのものだとしたら、なぜキリストは使徒たちに蛇のように賢くなれと教えたのか。

蛇は悪いものだという一般に認められている説を立証することはできない。それは久しく不滅の象徴とみられてきた。蛇は再生や輪廻の象徴である。それは毎年脱皮し、いわば新しい肉体となって再び現われるからである。蛇は暴力による以外は決して死なず、負傷しなかったら永遠に生きるであろう、という趣旨の古代の迷信がある。また、蛇は自らを呑み込むとも信じられたが、この結果、蛇は、周期的に宇宙を自らの内へ再吸収して戻す「至高の創造主」を象徴していると考えられた。

『ヴェールを脱いだイシス』でH・P・ブラヴァツキーは、蛇崇拝の起源に関して次のような意義深い所説を述べている。「われわれの地球は卵形か円形になる以前、蛇のように動き、のたうつ、長く続く宇宙の塵か火の靄だった。諸々の説明によれば、これは混沌の上を動く『神霊』であって、やがて、その吐く息は、宇宙を成す物質を抱いて孵し、それが口に尾をくわえる蛇——霊的意味では永遠の象徴、物質的意味では現世界の象徴——という環状形を取らせるようにした。」

七頭の蛇は、「最高神」がその助けにより宇宙を確立したエロヒム、つまり「七霊」を通し、最高神が顕現していることを表わす。蛇のとぐろは異教徒たちにより天体運動、また、天体軌道も象徴するために使われてきており、卵にからみつく蛇の象徴——これは古代「密儀」の多くの学派に共通していた——は地球を回る明白な太陽運動と、地球の周囲をたえず動いている星光の群もしくは偉大な魔力を持つ代理者を表わした、ということはありそうなことである。

宇宙卵を争って取ろうとする善と悪（モーリスの『インドの古代遺物』より）ペルシアの「贖い主」ミトラスとエジプトの「大地の神」セラピスの両者は，体に巻きつく蛇により象徴されている。この注目すべき絵は，ペルシアの善の原理と悪の原理——アフラ・マツダとアーリマン——がお互いに相手の歯から「地球卵」をもぎ取ろうとして争っているところを示している。

電気はその動きから一般に蛇で象徴された。火花の切れ目の両極間を通る電気の流れ方は蛇のようである。大気を通して発射される力は「大蛇」と呼ばれた。宇宙の力を象徴しているので、蛇は善悪両方を象徴していた。力はたちまち築き上げることができると同様に、たちまち取り壊すこともできる。口に尾をくわえる蛇は永遠の象徴である。この姿勢だと爬虫類の体は初めも終りもないからである。頭と尾は宇宙の生命回路の肯定的な極と否定的な極を表わしている。「密儀」参入者たちはよく蛇だと言及され、彼らの知恵は蛇神のような霊力に似ていると考えられた。「翼を持つ蛇」（セラフィムか）という称号が地球形成の初期にあって地球と一緒に働いた目に見えぬ聖職団の一階級へ与えられたことは疑問のないところである。

世界の創始期に翼を持つ蛇たちが雨のように地球上へ降ってきたという伝説がある。これらは、多分、あらゆる国の有史の文明に先立つ半神たちだったろう。太陽と蛇の象徴的な相互関係は、たとえ十二に分断されても、日没まで生命が蛇のなかに留まるという事実に確証を見つけた。インディアンのホピ族は蛇が「地霊」と緊密な連絡を取っていると考える。それゆえ、毎年蛇踊りの際、彼らはまずこの爬虫類を多数、特に聖別した上で、部族の祈願をこめてそれらを大地へ解放して帰すことにより、「地霊」へ祈りを捧げる。

蜥蜴が見せる非常に素早い動きから、蜥蜴は、翼のついた足が無限の距離をあっという間もないほどに旅する「神々の使者」メルクリウスと連想されることとなった。象徴体系上、爬虫類との関係で見過してならない点は、著名な学者H・E・サンティー博士により『頭脳と脊髄の解剖』ではっきりと持ち出されている。「爬虫類には前面の松果体と背面の松果体の二つがあり、背面の方は未発達のままだが、前面の松果体は萌芽期の巨大な一眼を成している。ニュージーランドの蜥蜴のハッテリアにあっては、その眼は体壁の孔から突出し、不完全な水晶体と網膜を見せ、その長い柄は神経線維を示している。」

鰐はエジプト人によりテュフォンの象徴にして「最高神」の表象ともみなされたが、最高神の表象とされたのは、鰐の目が薄膜でおおわれているのに水中にあっても物を見ることができるからだった――とプルタルコスは主張している。エジプト人たちは、たとえどんなに遠くで鰐が卵を生んでも、ナイル河は次の氾濫の際にその卵の真近まで到達し、この爬虫類は洪水が起こる数ヵ月前に洪水の規模を知らせることのできる神秘的な感覚を授けられていると断言した。鰐には二種類あった。より大きくて、獰猛な鰐はエジプト人たちに忌み嫌われた。彼らはその鰐を破壊的な悪霊テュフォンの性質にたとえていたからである。テュフォンは、地球と「エリュシオンの野」のあいだにある「正義の館」で儀式が催される「死者の審判」に合格できなかった者たちを皆食べてしまおうと待ちかまえていたという。アンソニー・トッド・トムソンは、エジプト人たちが善の化身として認めたより小さな、人慣れのしやすい鰐が受けるやさしい扱いぶりを次のように述べている。「その鰐たちは毎日食物を与えられ、時には暖めた葡萄酒をそそいでもらって飲んだ。その耳は金と宝石のイアリングで飾られ、前足は腕輪で飾られていた。」

中国人にとって亀は長寿の象徴だった。シンガポールのある寺院では多数の聖なる亀が飼われ、その年齢は甲羅に刻んで記録されている。アメリカ・インディアンは亀の甲羅の背すじを生と死のあいだの「大きな境い」の象徴として用いている。亀は自分の内へ引きこもり、自らを守るため、知恵の象徴でもある。また、亀は、長寿と関係があることで示されるように、男根の象徴でもある。ヒンドゥー教徒たちは、たえず混沌のなかをゆっくり這っていく巨大な亀に乗って立っている四頭の大きな象の背中で支えられているものとして宇宙を象徴させた。

エジプトのスフィンクス、ギリシアのケンタウロス、アッシリアの人牛には共通したことが多い。すべて人体と獣の四肢を結合し、合成されている生物である。「密儀」ではすべて人の合成的本性を表わし、人類の運命を支配する天使たちの位階へ巧みに言及している。この位階は、今では星座——非個性的な霊的衝動の象徴にすぎない星群——として知られている十二聖獣である。人類の息子たちを教える半人半馬のケイロンは、(地球を中心にして)太陽が双子宮を通過していくあいだ秘密の教義の管理者だった人馬宮の英知を象徴している。鷲の翼と人頭を持つ五本足のアッシリアの人牛は、目に見えない人間の本性に神の翼と人頭と獣体があることを想起させるものである。同じ考え方はスフィンクス――神殿の門にうずくまり、冒瀆者を入場させない、あの武装せる「密儀」の番人――により表現された。また、こうして人間と自らの神的可能性とのあいだに置かれて、スフィンクスは秘密の教義そのものも表わした。子どものおとぎ話には象徴的な怪獣の描写がいっぱいある。かような話はほとんどすべて古代の神秘主義的な民話に基づいているからである。

I N R I

前頁——薔薇十字の宝石

自分で自分の胸に傷をつけて雛を養うペリカンは、犠牲と再生の両者にぴったりの象徴だと受け取られている。キリスト教神秘主義者にとっては、ペリカンは、自らの血を犠牲にして人類（雛鳥たち）を救済したキリストを表わす。ペリカンは、また、太陽を表わすものとも考えられよう。太陽光線（血）はペリカンの子として描かれる哲学的な七惑星の生命だからである。「密儀」ではペリカンは参入志願者の死からの再生を表わしている。母鳥は、人間の霊的生命である秘密の教理を有するあの神的な制度を意味するものである。父ペリカンが雛たちを殺した三日後に母が自分の身を傷つけ、雛たちの死体へ血を注いで生き返らせたというのが古代の信仰だった。フリーメーソンの象徴体系では、ペリカンの血は、人が無知の奴隷状態から知恵の授かる自由状態へと「高めら」れる「秘密の業」を象徴している。薔薇十字団は薔薇十字とヘルメスの象徴体系に基づいているから、そのため、ペリカンは錬金術の実験が行なわれる器具のひとつを、血は卑金属（七羽の雛鳥）が霊的な金に変質させられるあの神秘的な生薬を表わすことになる。薔薇とペリカンの両者は、人間的、神的な愛情の最高の表現を意味している。雛鳥に対する母鳥の愛は、「創造主」が「神聖な七日間」にわたって創り給うたあの被造物たちに対する主の感情を象徴している。「薔薇」（Rose）という言葉は単純な綴り換え語である。その文字を並びかえると、「エロース」（Eros）——ギリシアの愛の神の名——が出来る。フェニックスは、くちばしを吟味すれば容易に認められるように、よくペリカンに取って代わられる。

魚・虫・獣・爬虫類・鳥——第二部

人と神のいろいろな属性にふさわしい象徴として、鳥は宗教的、哲学的な象徴体系——異教徒とキリスト教徒両者の象徴体系——に含められた。残酷はノスリで、勇気は鷲で、自己犠牲はペリカンで、高慢は孔雀で象徴された。大地を離れ、光源に向かって高く飛ぶ鳥の能力は、熱望、清浄、美と連想されることとなった。それゆえ、超越を暗示しようとして、いろいろな地上の生物によく翼が付けられた。また、鳥の棲息地は古代の森の中心部の聖樹の枝のなかにあったため、鳥はこれらの神聖な木立に住む樹霊と「自然」の神々とが定めた使者ともみなされ、その澄んだ鳴き声を通して他ならぬ神々が話すと言われた。鳥の光沢ある羽毛を説明するために多くの神話が作り上げられた。よく知られている一例は、尾羽根にアルゴスの百眼をつけたユノの孔雀の話である。多数のアメリカ・インディアンの伝説も鳥といろいろな羽根の色の起りを扱っている。ナヴァホ族は、全生物が「洪水」を免れるために一本の竹によじ登ったとき、野生の七面鳥が一番低い枝にとまり、尾羽根が水中に垂れさがり、そのために色がすっかり洗い落とされた、と断言している。

重力は物質界の法則で、物質の中心へと向かう衝動である。物体浮揚は霊界の法則で、霊の中心へと向かう衝動である。鳥は重力の効果を相殺できるように見えるため、地上の他の生物に優る性質を帯びると言われた。そして、その羽根は、飛行持続能力があるため、神性、勇気、完遂の象徴として受け入れられるに到った。その顕著な一例は、アメリカ・インディアンが鷲の羽根にあるとした尊厳で、羽根は功績のしるしである。天使は、鳥同様に、神々と人々のあいだの仲介者で、天と地のあいだの空中ないしは中間王国に住むと考えられたために、翼を付けられた。ゴシック風のミステリー小説でドーム状の大空が頭蓋骨にたとえられたが、大空を飛んでいく鳥も神の思いを表わすとみなされた。この理由からオーディンの使者たる二羽の鳥はフギンとムニン――思想と記憶――と呼ばれた。

ギリシア人やローマ人のあいだでは、鷲はユピテルの定めた鳥であって、その結果、デーミウルゴスの敏捷に動く力を表わし、そのため、天の支配者を象徴しているフェニックスと区別対照して、地上の鳥の主とみなされた。鷲は太陽の物質面、また、必滅の全生物が屈服しなければならないデーミウルゴスの不動の法も象徴した。また、鷲はヘルメス学上硫黄の象徴であって、天蠍宮の神秘的な火――十二宮のうちで最も深い意味を持つ宮で、大密儀の門――を意味した。鷲は、天蠍宮の三つの象徴のひとつであって、「メンデスの山羊」同様に、神わざと、蠍の業火が神々の霊的な光‐火へと変質されていく秘密の過程との象徴だった。

あるアメリカ・インディアンの部族の内にあっては雷鳥が特に尊重されている。この神鳥は雲の上に住み、翼をはばたかせると、暴風雨を伴う雷鳴が生じ、眼の光ることが雷光となると言われる。鳥は生命ある息を表わすためにも用いられ、エジプト人のあいだでは、よく、人頭を持ち、鉤爪で不滅の象徴を運びゆく神秘的な鷹のような鳥が、ミイラと化した死体から解放された魂の象徴として空を舞っているように示される。エジプトでは鷹は太陽の聖なる象徴で、ラー、オシリス、ホルスはよく鷹の頭をした姿で描写される。牡鶏は「サモトラケの密儀」にあってカシュマラ（カドミルス）の象徴、また、太陽の神鳥として男根の象徴でもある。それはギリシア人によりアレス（マルス）の象徴として受け取られ、用心深さと防御を象徴した。風見の中心に据えられると、森羅万象の四つの角の中央にある太陽を表わす。「エレウシスの密儀」へ参入するときにはギリシア人は神々への生贄として牡鶏を供えた。フランシス・ベーコン卿は鶏に雪をつめたのが因で死んだと想像されている。このことは、当時まだ存在していた異教の「密儀」へベーコンが参入したことを表わしていないだろうか。

孔雀も朱鷺も、冥府の神々の密使と民間で考えられている毒蛇を殺すので、尊崇の対象だった。尾羽根に無数の眼があるため、孔雀は知恵の象徴と受け取られ、その外見全体からして、よく「密儀」の伝説的なフェニックスと混同された。孔雀の肉は相当期間保存しても腐らないという興味深い信仰もある。この信仰の結果として孔雀は不滅の象徴となった。人の霊性は――この鳥の肉同様に――腐敗しないからである。

エジプト人は朱鷺を神鳥として敬い、偶然であろうともそれを殺すことは重大な犯罪だった。朱鷺はエジプトだけに棲息でき、外国へ運ばれると悲嘆の余り死ぬと主張された。エジプト人は、この鳥が穀物の保護者であって、吹く風に乗ってエジプトへ舞い込んだリビアの翼のある毒蛇を追い出すため尊崇の価値がある、と断言した。朱鷺はトートの神鳥で、翼の下へ頭と首を押し込むと、その体は人間の心臓に酷似した（モンフォコンの『古代遺物』を見よ）。クロトキとシロトキは月の神鳥だったが、人の忌み嫌うテュフォンの象徴たる鰐の卵を割るためにあらゆる種類のものが崇められた。

夜鳥は妖術と秘密の神聖な学問の両者にふさわしい象徴だった。妖術の、というわけは、黒魔術は真理（昼）の光に照らして作用することができず、無知（夜）に囲まれているときに初めて力を発揮するからで、神聖な学問の、というわけは、奥義を有する者たちは無知と物質との暗黒を見抜くことができるためである。そのため梟と蝙蝠はよく妖術か、知恵か、そのいずれかと連想された。鵞鳥は世界が作られた原初の物質ないしは状態の象徴だった。「密儀」にあっては、宇宙は「宇宙鵞鳥」が空間内に生んだ卵にたとえられた。鳥は黒いために混沌や、創造の光に先立つ混沌たる暗黒の象徴だった。白鳥の優美と清浄は密儀参入者の霊的優美と清浄を象徴していた。また、この鳥はこれらの特質を人類に開陳する「密儀」も表わした。これは白鳥（密儀参入者）の肉体に体現される神々（秘密の知恵）の寓話の説明となるものである。

腐肉を食う動物なので、禿鷹、ノスリ、コンドルは、廃物その他、人類の生命と健康を脅かす物を片付けることにより、下界を掃除し、清潔にするあの一種の神力を表わした。そのため、これらの鳥は、一見すると善を破壊しながらも、それを達成させる分解過程の象徴として採られたが、宗教によっては誤って悪とみなされた。鸚鵡や渡り鳥のような鳥は、人間の声を真似ることができて、人間の王国と獣の王国とのあいだの環とみられたために崇められた。

鳩はキリスト教により「聖霊」の象徴として受け入れられているが、異教にあって大昔から非常に崇められた女陰の象徴である。多くの古代「密儀」にあって鳩は「創造の三位一体」の第三の人、ないしは世界の「製作者」を表わした。生殖過程を経て下位世界の存在がもたらされたのと同様に、鳩は生殖機能と同じだとされるあの神々と結び付けられた。それはアスタルテ、キュベレ、イシス、ウェヌス、ユノ、ミュリッタ、アフロディテの神鳥である。雛に優しくて献身的なために、鳩は母性本能を体現するものともみられた。また、鳩は知恵の象徴でもある。それは下位世界が維持されている権力と秩序を表わすからである。鳩が神意の使者として受け入れられてから久しく、神の活動を表わしている。

鳩という名が神託所と預言者に付けられたこともある。「鳩の本名はヨナないしはイェーナスだった。それは非常に神聖な象徴で、ある時期にはほとんどあらゆる所で受け入れられたものである。ヘブライ人にも採用されたが、神秘主義的な『鳩』はノアの時代から『神の教会』に属するすべての人たちにより象徴とみなされた。神の使いとしてニネヴェへ送られた預言者はヨナないしは『鳩』と呼ばれ、わが主キリストの先駆者たる洗礼者ヨハネはギリシア語ではヨアンネスの名で呼ばれ、第四伝道書とヨハネ黙示録の著者たる『愛の使徒』はヨアンネスという名だった」（ブライアントの『古代神話の分析』）。

フリーメーソンでは、鳩は清浄と無垢の象徴物である。異教の「密儀」ではウェヌスの鳩は大車輪の四本の輻《や》で磔にされ、そうすることにより十字架にかかった「愛の主」の密儀を予表しているのは意味深いことである。モハメッドはメッカの神殿から鳩を放逐したけれども、時に彼は神々しい霊感の象徴として肩にとまる鳩とともに描かれることもある。古代にあっては、王笏を持つ者は神々の特権的な庇護を受けることを表わすために、鳩の像が王笏の上に付けられた。中世美術にあっては、鳩はよく神の恵みの象徴として描かれた。

炎の巣のフェニックス（リュコステネスの『前兆と奇跡の歴史』より）
フェニックスは，古代「密儀」が隠秘哲学の偉大な真理を隠すために作り上げたすべての象徴獣のうちで最も有名なものである。近代博物学者はフェニックスの存在が純然たる神話だと断言するけれども，プリニウスはクラウディウス皇帝の世に生け捕りにされたこの鳥の一羽がローマのフォーラムで展示されていたと述べている。

フェニックス

前ニケア教父のひとりであるクレメンスは、キリスト紀元一世紀にあって、フェニックス固有の性質と習性を次のように説明している。「フェニックス

フェニックスか，それとも鷲か？
左は最初の合衆国国璽（1782 年）の鳥の頭部，右は 1902 年の国璽のそれである。最初の国璽が実際彫られたとき，それに表わされた鳥は今日見られる鷲とは非常に違っており，首ははるかに長く，後頭部の上の房になっている羽毛ははっきりと認められ，くちばしは鷲のそれとはほとんど似ても似つかないし，体全体がずっと細く，翼も短かった。この最初のいわゆる鷲に古代神話のフェニックスを探知するにはごくわずかの想像力があればよい。その上，古い国から生じた新しい国を表わすのにフェニックスが用いられてしかるべき理由は多々あるのに対し，ベンジャミン・フランクリンが折にふれて述べているように，鷲は善良な道徳心を持つ鳥ですらなかったのだ。

と呼ばれる、ある鳥がいる。これはその類の唯一のもので、五百年間生きている。そして死なねばならぬ滅亡の時が近づくと、自分で乳香、ミルラその他の香料で巣を作り、寿命が尽きると、そのなかへ入って死ぬ。しかし、肉体が腐敗するとき、ある種の虫が生まれ、死んだ鳥の汁で養われて羽根を出す。それから体力をつけると、親の遺骨のあるその巣を取り上げ、骨を持ってアラビアの国からエジプトのヘリオポリスという都市へ行く。そして、真昼に、万人の見ているなかを飛び行き、骨を太陽の祭壇に置き、これを済ませると、以前の巣へ急いで戻る。そして祭司たちが日付の記録を調べて分かったことは、鳥が五百年目のちょうど終わったときに引き返してきたことである。」

ヘロドトスは、フェニックス（一時に生きているのはただ一羽だけなので）を見たことがないと認めながらも、クレメンスの説明をちょっと敷衍している。「世人は私には信じられないと思われることをこの鳥がするとの話を伝えており、鳥はアラビアからはるばるやって来て、ミルラを一面に張り付けた父鳥を太陽神殿へ運び、そこで死体を埋めるという。世人の言うところによれば、彼は父鳥を運んでくるために、まず自分で持ち運び可能な大きさのミルラの球を作り、それからその球をくり抜き、中に父鳥を入れ、その後で新しいミルラでもって穴をふさぐが、球の重さは最初と全く同じだという。そのようにして、すでに述べたようにミルラを張り付けたこの球をエジプトへ持ってきて、太陽神殿に置いていくのである。この鳥の行為について世人が伝える物語はそのようなものである。」

ヘロドトスもプリニウスもフェニックスと鷲が形態上概して類似していることに注目したが、それは読者も注意して考察すべき点である。近代のフリーメーソン団の鷲が元来はフェニックスだったことはかなり確実だからである。フェニックスの体は光沢のある紫色の羽根でおおわれているが、長い尾羽根は青色と赤色が交互にあった、と説明されている。頭部は白色がかった色で、首の周囲には黄金色の羽根が小さな円を成していた。後頭部には独特の羽根の房があり、このことは大方の著者や象徴学者によって見落とされてきたが、全く明白な事実である。

フェニックスは太陽の神鳥とみなされ、(五〇〇年から一〇〇〇年という)寿命は、天体運動と、「密儀」にあって生存期間を明示する上で用いられる時間の周期との測定基準に取られた。この鳥の食物は不明だった。大気を食って生きていくと断言した著者もあり、間隔をおいてたまにものを食べるが人前では決して食べないとした著者もいる。現代のフリーメーソン団員はフェニックスが持ち合わせるフリーメーソン的な特別の意味を認識すべきであろう。この鳥は巣作りの際にアカシアの枝を使うと述べられているからである。

フェニックス(ペルシア神話のロク)は、また、南天の星座の名でもあり、そのため、天文学と占星学両者の意味も持ち合わせている。大いにありそうなことだが、フェニックスとはギリシア人の白鳥、ローマ人の鷲、極東の孔雀のことだったろう。古代の神秘主義者にとってフェニックスは人間の魂の不滅を表わす誠に適切な象徴だった。それというのも、フェニックスが四十九回も死せるおのれ自身から再生するのと全く同様に、人の霊性は再三再四死せる肉体から勝ち誇りながら蘇るからである。

エジプトのフェニックス（ウィルキンソンの『古代エジプト人の風俗と習慣』より）
エジプト人はフェニックスを時に人体と鳥の翼の持主として表わした。この二形態を持つ生物の頭部には一房の羽毛があり，両腕は祈禱の姿勢をとって上げられていた。フェニックスは再生の象徴なので，後頭部の一房の羽毛は古代の祭司階級が明らかによく知っていた隠秘的な機能である松果腺ないしは第三の眼の活動を象徴したとも十分に考えられる。

中世のヘルメス学者たちは、フェニックスを人間の再生に相当する過程たる錬金術の変質達成の象徴だとみなした。また、フェニックスという名は錬金術の秘密の定理のひとつにも付けられた。わが胸を餌にして雛を育て、薔薇十字団に使われている人のよく知るペリカンは実はフェニックスであって、それは鳥の頭部を吟味すれば正しいと認められる事実である。ペリカンのくちばしの見苦しい下部はまったくなっており、フェニックスの頭はペリカンよりも鷲の頭にはるかによく似ている。「密儀」では参入者を指してフェニックスとか、再生した人と言うのが習慣だった。それというのも、肉体的誕生は物質界にあって人に意識を与えるが、それと全く同様に、新参者は「密儀」の子宮の九段階を経た後に生まれて霊界を意識するところとなったからである。これこそ、キリストが「だれでも新しく生まれなければ、神の国を見ることはできない」（ヨハネ伝第三章第三節）と言ったときに言及した密儀参入の神秘である。フェニックスはこの霊的誕生にふさわしい象徴である。

ヨーロッパの神秘体系は、アメリカ合衆国建国の際にも死んでいたわけではなかった。「密儀」の手は新政府樹立のなかで統制を加えたのである。なぜなら、「密儀」のしるしはアメリカ合衆国の国璽に今なお見られるからである。国璽を注意深く分析してみると、多数の隠秘的、フリーメーソン的な象徴が出てくるのであって、その主なものはいわゆるアメリカ鷲で、この鳥はベンジャミン・フランクリンが偉大な、強力な、進歩的な国民の

アメリカ合衆国国璽の表と裏（ハントの『合衆国国璽史』より）
合衆国国璽に実によく見られる神秘数十三の持つ意味は，最初の植民地の数に限定されるものではない。ここに十三の星から成る古代密儀参入者を表わす聖なる象徴は「鷲」の頭上にも見られる。標語のE Pluribus Unum（多をもって一を成す）には十三字あり，銘刻のAnnuit Cœptis（神，建国に好意を示せり）も同様である。「鷲」は右の爪に十三の葉と実のついた一本の枝，左の爪に十三本の矢の束をつかんでいる。ピラミッドの表面は，年代の記された区画を除くと，十三列に並べた七十二の石から成っている。

象徴として選ぶには不相応だと言明したものである。ここでまた象徴体系研究者のみがこの逃げ口上を見抜いて、国璽のアメリカ鷲は慣習上そうなったフェニックスにすぎないことを認識するのであって、それは当初の国璽を吟味してみればはっきりと分かることなのである。『合衆国国璽史』という小史で、何も知らずにゲラード・ハントは、最初の国璽の表面にはフェニックス、裏面にはギゼーの「大ピラミッド」が載っていたという信念を裏付けるために多くの証拠資料を提出している。一七八二年ウィリアム・バートンが国璽のデザインとして出したカラーのスケッチでは、現にフェニックスが炎の巣に坐った形で表わされている。このことからしても、この象徴的な鳥の使われる傾向があったことを証明するものである。

国璽がデザインされたときにフリーメーソンと隠秘哲学の影響があったことに疑問を持つ人がいたら、ハーバード大学のチャールズ・エリオット・ノートン教授の意見を当然考慮すべきであって、教授は国璽の裏面を飾る未完のピラミッドと「万物を見る眼」について、次のように書いている。「大陸会議の採用した図案を有効に扱うことはほとんど不可能であって、それは（設計者によってどんなに芸術的にあしらわれていようとも）フリーメーソン団的な退屈な象徴にしか見えないのである」（『合衆国国璽史』）。

ナポレオンとカエサルの鷲、黄道の磨羯宮の鷲も実はフェニックスである。後者こそ――鷲ではなくて――霊的勝利と成果の象徴である。フリーメーソン団の単頭と双頭の鷲がフェニックスであることと、あらゆる密儀参入者と哲学者にとってフェニックスは創造力の変質と再生――普通は「大いなる業」の達成と称されている――の象徴であることとを認識すると、フリーメーソン学は自らの隠秘的教理の多くの秘密を解く所へ行くことになろう。双頭のフェニックスは男女両性具有者の原型である。それというのも、秘密の教えによれば、人体に二本の脊柱が付き、それらによって体内の平衡感覚が維持される時が来るそうだからである。

合衆国政府樹立者の多くはフリーメーソン団員であったばかりでなく、ヨーロッパの権威ある秘密団体の援助も受けており、同団体は数人の入団者にしか分からない独特の目的のためにこの国を樹立する手助けをしたのだった。国璽はこの高邁な団体――人目につかず、大部分知られていない――のしるしであり、その裏面の未完成ピラミッドは、合衆国政府の発端の日以来専念してきた任務の達成の程を象徴的に示す脚立《きゃたつ》なのである。

獣

獅子は百獣の王で、各王国の頭目同様に、太陽の使いであって、光線は獅子のぼさぼさのたてがみで象徴されている。「密儀」により不朽のものとされた寓話（例えば、獅子は密書を開くという趣旨のもの）は、太陽の持つ力が種子の外皮を開き、内なる霊的生命を解放することを表わしている。また、古代人のあいだでは、獅子は眼を開いたまま眠るという奇妙な信仰があって、この理由からこの獣は不寝番の象徴として選ばれた。扉と門の両側に据えられた獅子像は神的保護の象徴である。ソロモン王はよく獅子でもって象徴された。幾代にもわたって猫類は特に尊敬されてきた。いくつかの「密儀」――最も目立つのはエジプトの密儀――にあって祭司は獅子、虎、豹、あるいはピューマの皮を着た。ヘラクレスとサムソン（両者とも太陽の象徴）は獅子宮の獅子を殺害し、その皮を衣としてまとい、このようにして中天にある太陽そのものを表わした。

エジプトのブバスティスにはプトレマイオス王朝の猫神で有名な女神バストの神殿があった。エジプト人は猫が特に三毛猫だったり、眼の色が違っていると敬意を表した。祭司にとっては猫は「自然」の磁力を象徴し、この獣の体内から発する星火を求めて周囲に置いた。また猫は永遠の象徴だった。眠るとき頭と尾を接して体を丸く球のようにするからである。ギリシア人やローマ人のあいだでは猫は女神ディアナの使いだった。インドの仏教徒は別の理由から猫に特別の意味を与えた。猫は途中で鼠を追いに行ってしまったため、偉大なブッダの最期にいなかった唯一の獣だった。下位の星の力を表わす象徴がブッダ解脱の際にいなかったということは意味深い。

猫について、ヘロドトスは言っている。「火事が発生すると、猫はいつも火を無視しようとする一種の神的な動きに駆られるのが飼主の目にとまる。そして、猫は飼主の注意を振り切り、なんとその頭上を飛び越えて火中へ身を投じる。それでエジプト人は猫の死を大いに悼む。猫が家中で大往生を遂げると、その家の者は皆自分たちの眉毛を剃り、犬だと頭髪と全身の体毛を剃る。死んだ猫は腐らないように処置し、ブバスティスの聖なる家に埋めてもらうためにそこへ運んでいくのが常だった」（モンフォコンの『古代遺物』）。

聖牛アピス（キルヒャーの『スフィンクス密儀祭司』より）
春分の折の太陽の象徴として牡牛の重要なことは「ゾディアックと十二宮」の章で論じてある。去勢をした，しないのいずれにしろ，牛は四大元素の地——そのために惑星そのもの——を表わす古代の象徴である。また，牛は人の獣性も表わし，この理由からユダヤ教やドルイド教のような古代「密儀」の祭壇上で犠牲にされた。プルタルコスは書いている。「アピスは，当然，オシリスの魂の麗しい，美しいイメージとして常にみなされねばならない。」オシリスは下位の世界で殺害されて，物質界全体に分配される霊性を表わし，アピスは霊性——オシリス——を内に持つ物質界の象徴である。また，アピスは，祭司の前額に付けられた蛇形記章で表わされる隠秘的（神的）教えと区別対照される公教的（世俗的）教理の象徴でもある。これからセラピスの神話的寓話が出て来るのであって，セラピスはある意味ではオシリスと彼が顕現する下位世界との合成的人物であるばかりでなく，秘密の教え，つまり霊魂を内に持つ天体たる全「密儀」の合成的人物でもある。

あらゆる象徴獣のうちで最も重要なものはアピス、つまりエジプトのメンフィスの牡牛で、オシリス神の魂の輪廻の聖なる伝達者とみられた。アピスの受胎は稲妻によると断言され、その選択と聖化に付随する儀式はエジプトの祭儀体系の上でも最も印象的なもののひとつだった。アピスはある種の特徴を持っていなければ駄目だった。ヘロドトスは、牡牛は黒く、額に正方形の白点があり、背の形は鷲（おそらく禿鷹）、舌の裏には甲虫、尾の毛は二手に垂れていなければならない、と述べている。他の作家たちは、聖牛の特徴は二十九の聖なる象徴でもって表わされ、体には斑点があり、右脇腹には三日月型の白いしるしがあったと断言している。聖別後にアピスは神殿に隣接する牛小屋で飼育され、厳粛な折々に行列のなかを都の通りをぬって連れていかれた。エジプト人のあいだには、牛の息のかかった子は有名になるとの民間信仰があった。ある年齢（二十五歳）に達した後でアピスはナイル河か、聖なる泉か（この点については専門家の意見はいろいろである）、そのどちらかへ連れていかれ、庶民が嘆き悲しむなかで水死させられた。その死を悼み、悲しみ嘆く声は新しいアピスの発見のときまで続き、そのときには、オシリスの化身が再び現われたと宣言され、喜びが悲しみに取って代わるのだった。

牛崇拝はエジプトに限らず、古代世界の多くの国々にあって流行していた。インドでは、ナンジ――シヴァの聖なる白牛――が今なお非常に崇められているし、ペルシア人とユダヤ人の両者も牛を重要な宗教的象徴として受け取っていた。アッシリア人、フェニキア人、カルデア人、また、ギリシア人でさえこの獣を崇め、ユピテルはエウロパを誘惑するために白牛に身を変えた。牛はデーミウルゴスの父性的創造力を表わす有力な男根象徴だった。死ぬとよくミイラにされ、特製の大理石棺に入れて神のように威風堂々と埋葬された。メンフィスのセラピス神殿発掘により、六十頭余りに及ぶこの聖獣の墓が明るみに出た。

春分の際に地平線上に昇る宮が太陽の毎年の化身を表わす星座をなすが、牡牛は「太陽人」の天上的象徴であるばかりか、春分は金牛宮の星位にあって起きるために一年の破壊者とか、開始者とも呼ばれた。天文学的な象徴体系のこの理由から牛はよく角で年の卵を割っているように示される。さらに、アピスは、「神意」が獣の体によって顕現されていること、そのために獣の肉体が神性の聖なる伝達物であること、を表わしている。人の下等な性格は、オシリスの化身たるアピスである。その結合の結果が「ソル‐アピス」(セラピス)――不合理な肉体とそれに伴うものとの支配者としての物質的魂――の創造である。(五の二乗の二十五年間単位で決定される)ある期間の後にアピスの体は破壊され、肉体の生命を溺死させる水により魂は解放される。これは、神的な光明と真理を含む洗礼の水によって物性を洗い落とすことを示すものだった。アピスの溺死は死の象徴であり、新しい牛によるオシリスの再生は永遠の更新の象徴である。また、白牛は密儀参入者が定めた象徴としても神聖なものであって、人と「自然」両者の霊を内に持つ肉体を意味したのである。

春分がもはや金牛宮で起こらなくなると、「太陽神」は白羊宮で顕現し、牡羊が太陽の力の伝達者になった。こうして白羊宮から昇る太陽は暗黒を象徴する蛇を征服する。子羊はおとなしくて、毛が白いために、人のよく知る清浄の象徴である。異教の「密儀」の多くにあってそれは「宇宙の救い主」を表わしたし、キリスト教ではキリストを表わす秘蔵の象徴である。初期の教会絵画は小さな丘にたたずむ子羊を表わし、その足元から四福音書を表わす四本の流水が勢いよく注いでいる。子羊の血は白羊宮を通って世界のなかへ流れ込む太陽の生命である。

山羊は、足がしっかりしているし、最高峰にも登る力を持つために、男根象徴であると同様に勇気や熱望の象徴でもある。錬金術師にとっては山羊の頭は硫黄の象徴だった。古代ユダヤ人のあいだにあった、人類の罪を積み重ねるための贖罪の山羊を選ぶ慣習は、世界の贖罪の山羊であり、天体の十二宮（支族）の罪が注がれる「太陽人」を寓意的に説明したものにすぎない。「真理」は全異教国で崇拝され、世界の罪のために殺された「神聖な子羊」であって、有史以来、全宗教の「救い主たる神々」がこの「真理」の化身だった。イヤソンとアルゴー船員たちの探し求めた「金羊毛」は白羊宮——霊的、知的な太陽——のことである。秘密の教理も「金羊毛」——「神的生命」の毛、「真理の太陽」光線——によって象徴される。スイダスは、「金羊毛」が実は皮に書いた書物であって、錬金術によって金を産出する公式がなかに書いてあった、と断言している。「密儀」は下劣な無知を貫い霊知へと変質させるために作られた制度だった。無知の龍は「金羊毛」を守るために置かれた恐ろしい生物だったし、春分点を通過する折の太陽と戦う旧年の暗黒も表わしている。

鹿はギリシア人の「バッコスの密儀」で神聖視され、バッコスの祭司たちはよく子鹿の皮を着ていた。鹿は月の女神崇拝と関連づけられ、バッコス祭は通常夜間に行なわれた。この獣は優美で足が速いために美的奔放さを表わす恰好の象徴として受け取られることとなった。鹿は多数の国々にあって崇拝の対象だった。日本では鹿が群を成して神社と縁あるものとして今なお飼われている。

狼は通常悪の原理的力と関連づけられるが、その遠吠えの物悲しい不協和音と性質が邪悪なためである。スカンディナヴィアの神話ではフェンリスの狼は地獄の業火の神ロキの息子のひとりだった。周囲を炎につつまれたアスガルドの神殿とともに、オーディンの命令の下に神々は混沌界の悪の諸力と最後の大合戦をした。つばきをはきながらフェンリスの狼は神々の父オーディンを喰い殺し、こうしてオーディンの宇宙を破壊した。ここではフェンリスの狼は原初の創造界を打倒した「自然」のあの心なき諸力を表わしている。

アエネーイスとハルピュイアたち
(ヴェルギリウスのドライデン訳『アエネーイス』より)
「密儀」の神話的生物のひとつはハルピュイアたちで，それは「自然」の目に見えぬ世界に存在するものたちが突出して体を成したものであった。ギリシア人には，乙女の頭と鳥の体をした合成のものと説明された。ハルピュイアの翼は金属から成り，飛ぶとガラン，ガランという恐ろしい音が伴奏となった。トロイの英雄アエネーイスは流浪中にハルピュイアの島に上陸し，彼と家来たちはそこでこの怪物たちと戦ったが無駄だった。一羽のハルピュイアが断崖に止まり，そこからアエネーイスに，自分たちを攻撃すれば，全トロイ人が大惨事に見舞われるぞと予言した。

ユニコーン、つまり一角獣は古代密儀の参入者たちが創り上げた世にも興味ある生物だった。それはトーマス・ボアマンの説明によれば「多くの著者に疑問視されているけれども、他の著者たちによるとこんな説明もされている獣である。それには角は一本しかなく、しかも非常に立派なもので、額の中央に生えている。頭は牡鹿、足は象、尾は牡豚、体の他の部分は馬のそれである。角の長さは約一・五フィート。声は牡牛がもうと鳴くのに似ている。たてがみと頭髪は黄色がかった色である。角は鉄のように硬く、やすりに優るとも劣らぬ程にぎざぎざで、焔の剣のように螺旋状をなすか巻毛状であって、直立し、鋭く、先端を除いて全体に黒い。その角は毒を排し、いろいろな病気を癒す上で大いに効能があるとされている。ユニコーンは猛獣ではない」(レッドグローヴの『過去の信仰』を見よ)。

ユニコーンのことは聖書に数度言及があるが、その存在の証拠はまだ発見されていない。各地の博物館におそらくは角の先を使って作ったと想像される多数の酒杯用の角がある。しかしながら、これらの酒杯は現実には何か大きな哺乳動物の牙か、犀の角か、そのいずれかから作られたことはまず確実である。J・P・ランディは、ユニコーンの角は使徒ルカが言及している救済の角を象徴するものであって、その角は人々の心をちくちく刺し、そうすることによってキリストを介しての救いを考える気にさせるのだ、と信じている。中世のキリスト教神秘主義者たちはユニコーンをキリストの象徴として用いたから、この生物は人の霊的生命を表わしているにちがいない。ユニコーンの一本だけの角は脳髄の霊知の中心である松果腺ないしは第三の眼を表わしているのかもしれない。ユニコーンは「密儀」にあって参入者の霊光を得た霊性の象徴として採用されたが、身を守る角は他の何ものといえども勝てない霊的教理の焔の剣なのである。

珍しいヘルメス文書『羊泉の書』には鹿とユニコーンが一緒に森のなかでたたずんでいるところを表わした版画が載っている。その画には次のような本文が付いている。『賢人』たちが正しくも言っているように、この森には獣は二頭おり、一頭は栄光に満ち、美しい、敏捷な、強い大鹿、もう一頭はユニコーンである。……もし学芸の比喩を応用すれば、森は肉体と呼べよう。……ユニコーンはあらゆる時代の霊であろう。鹿は魂という名以外の名を求めることはない、……。学芸でもってそれらを飼い慣らし、意のままに動かし、両者をつなぎ、森のなかで先導したり、連れ出したりする仕方を知っている人は正しく『主人』と呼べよう。」

エジプトの悪魔テュフォンは、よくセトという正体不明の怪物によって象徴された。その鼻は豚のようにちょっとおかしな鼻面で、耳はとがっており、ありきたりのハイエナのことだったのかもしれない。セトなる怪物は砂嵐のなかに住み、世界中をうろついて悪を広めた。エジプト人は砂漠の風のうなる音とハイエナのうめくような叫び声とに関係があるとした。それで深夜にハイエナが陰気な声をたてると、その啼き声はテュフォンにつかまえられた魂の喪失者の最期の絶望のうめきのように思われた。この悪獣の義務のひとつは墓泥棒からエジプトの死者を守ることだった。

テュフォンを表わすその他の象徴のひとつは、マルス神がテュフォンの棲家たる天蠍宮にあって王位を占めているために、マルスの使者をつとめる河馬だった。驢馬もこのエジプトの悪魔の使いだった。イエスが驢馬の背にまたがってエルサレムに入ったことは、テュフォンの屈服せる体の上にたたずむヘルメスと同じ意味を有している。初期キリスト教徒は驢馬の頭を崇拝するとして非難された。世にも興味深い獣の象徴はディアナの使いたる牡豚ないしは牝豚で、「密儀」にあって隠秘学の象徴として実によく使われた。アテュスを突き刺した猪は、この獣が「密儀」で用いられたことを示している。

「密儀」によると、猿は理性的な魂が体内に入らない以前の人間の状態を表わしているという。そのために猿は理性のない人を象徴する。人によっては猿は祭司階級によって魂を活かされることのなかった人種と、また別の人には人間が堕落したために神性を剥奪されてしまったその堕落状態とみなされている。古代人は進化論者だが、人は猿から進化したという跡付けはせず、猿は進歩の中心系統から分離したものと考えた。猿は時折、学問の象徴としても用いられた。頭が犬の猿たるキュノケファルスはエジプトの象形文字では書きものの象徴であって、トートと密接な関係があるとされた。キュノケファルスは月、トートは水星を象徴していた。月は水星の後から天界を回るという古代信仰から、犬‐猿はトートの忠実な伴と説明された。

犬は忠実なため、弟子と師匠、ないしは密儀参入者と神とのあいだに存在すべき関係を表わす。羊の番犬は祭司職を表わすものだった。何マイルも離れた、姿の見えない人たちを感知し、後ろからついていく犬の能力は、哲学者が迷宮のような地上の過ちのなかをぬって真理の糸について行く超越的な力を象徴した。また、犬は水星の象徴でもある。天狼星たるシリウスないしはソティスはナイル河の毎年の氾濫を予言するために、エジプト人に神聖視された。

運送用の獣ゆえ、馬は霊を宿す体の重みを支えることを余儀なくされた人体の象徴だった。また、逆に、馬は肉体の重みを維持することを余儀なくされた人の霊性の象徴でもあった。アキレウスの良き助言者で半人半馬のキロンは、ベロッススの説明するように、人類の先祖で教師だった原初の創造界を表わしている。翼のある馬と魔法の絨毯の両者は秘密の教理と霊を秘めた人体を象徴している。トロイ市攻略のために軍隊を隠したあの木馬は、やがて表われ出て環境を征服することとなるあの無限の可能性を内に秘めている人体を表わす。さらにまた、ノアの箱舟同様、それはやがて活発になるあまたの潜在的可能性を含むものとしての人の霊性も表わしている。トロイ攻略は人間（パリス）による人間の魂（ヘレナ）の誘拐と、ねばり強い闘いを経て秘密の教理――アガメムノンの指揮下のギリシア軍――による魂の最終的な救済を表わす象徴的な物語なのである。

前頁――イグドラシルの木

空間の大きな裂け目であるギヌンガガップに、「完全なる父」は「生命」、「時間」、「運命」の象徴である巨大な世界木とねりこ（イグドラシル）を創造した。この木の三つの根は、霊の根、地の根、地獄の根と呼ばれた。クレメント・ショーによると、それらはそれぞれ霊、有機体、物質を意味する。霊の根はアスガルド（アシールすなわち神々の家）に源泉を持ち、ウルダルの泉によって水を与えられた。地の根はミッドガルド（人間の家）に源泉を持ち、ミミルの井戸によって水を与えられた。地獄の根はニフル－ヘイム（死者の家）に源泉を持ち、フヴェルゲルミルの泉によって水を与えられた。木の三本の枝がミッドガルド（大地）を支え、その中央に聖なる山がそびえ、頂上に神々の都市がある。大地をとりまく大海には、ヨルムンガンド（ミッドガルドの蛇）が自らの尾を口にくわえている。イミルの眉毛の形をした絶壁と氷の壁が海の境界となっている。上の神々の家は、ビフレストの橋によって、下の人間と地獄の生物たちの住み処と結ばれている。木の頂上の枝（平和を与える者、つまりレラドと呼ばれる）には、大きな鷲がいる。鷲の両眼のあいだに鷹（ヴェドフォルニル）がおり、その鋭い凝視は宇宙で起こるすべてのことをとらえる。神の木の決して枯れることのない緑の葉はオーディンの山羊（ヘイドラン）の牧草となり、山羊は神々に飲物を供給する。牡鹿（ダイン、ドヴァリン、ダネイル、ドラトロル）もまた木の葉を食べており、その角からは蜜のような露が大地に落ちる。ラタトスク（りす）は噂の霊の化身であり、上の鷲や下のニドハグ（蛇）のあいだを行ったり来たりして、両者のあいだに不和を引き起こそうとしている。下の暗黒の世界では、ニドハグが神の木の根をたえずかじっている。彼は多くの小蛇に助けられているが、彼らは皆、木の生命を滅ぼせば神の支配が終わることを知っている。巨木の両側では、太古の巨人が氷と炎をギヌンガガップに投げ入れている。

花・植物・果実・木

女陰と男根は、「神」の創造力の適切な象徴としてほとんどすべての古代人によって崇拝された。「エデンの園」、「箱舟」、「神殿の門」、「密儀の帳」、魚の浮袋あるいは楕円形の後光、「聖杯」は重要な女陰象徴であり、ピラミッド、オベリスク、円錐、蠟燭、塔、ケルトの一本石、尖塔、鐘塔、「五月柱」、「聖槍」は男根の象徴である。プリアポス崇拝の問題を扱う際、あまりにも多くの現代の作家は自分自身の規準によって異教徒の規準を判断し、自分で作り出した俗悪さのぬかるみにおぼれている。古代の秘密結社のなかで最大のものである「エレウシスの密儀」は、道徳と倫理の最高の規準を確立したのである。彼らが男根象徴を使用したことを批判するものは、エドワード三世の「心邪なる者に恥あれ」という鋭い言葉をよく考えてみるべきである。

後のバッコス祭やディオニュソス祭によって実行された淫らな儀式は、十八世紀までキリスト教信者のあいだで行なわれた饗宴が原始キリスト教を表わしていないと同様に、「密儀」によって本来支持された純潔の規準を表わすものではない。ナポリの宮廷におけるイギリス公使であったウィリアム・ハミルトン卿は、一七八〇年にイタリアのあるキリスト教徒の集団であるイセルニアが、聖コスモの名のもとに異教の神プリアポスを男根儀式によって崇拝したと述べている（リチャード・ペイン・ナイトの『プリアポス崇拝についての二つの論文』を見よ）。

父、母、子は、自然の三位一体を構成する。「密儀」は、ひとつの単位として機能するこの三位一体から成る家庭を、最高の制度として讃美した。ピュタゴラスは宇宙を家族になぞらえて、宇宙の最高の火が天体の中央にあるのと同じく、世界の最高の火は炉辺にあると述べた。ピュタゴラス派や他の学派は、「神」の唯一の神性が「父」、「母」、「子」の三重の局面に現われると考えた。これら三つは、「神の家族」を構成し、その住み処は創造物であり、その固有で自然の象徴は、エウクレイデス（ユークリッド）の第四十七番目の問題である。「父なる神」は霊であり、「母なる神」は物質であり、両者から生まれた「子なる神」は、「自然」から生まれ、「自然」を構成する生物の総体である。霊の種子が物質の子宮にまかれ、無垢な（純粋な）受胎によって、子孫が生まれる。これこそ、腕に「聖なる幼児」を抱くマドンナの真の謎ではないだろうか。このような象徴主義が正しくないと誰が言えようか。生命の神秘は最高の神秘である。それは神の威厳のうちに現われ、全時代の密儀に通じた賢者と見者によって、「自然」の完全な達成として讃美されたものである。

しかし今日の上品ぶった人々は、この同じ神秘が聖なる心の人々の考慮には値しないと述べている。理性の命令に反して、無知から生まれた無垢が知識から生まれた美徳より望ましいとする規準が確立された。しかし結局人は、真理を恥じる必要は決してないことを知るであろう。このことを知るまでは、彼は「神」と世界と自分自身に不実である。不幸なことにこの点においてキリスト教は、その使命を果たすことに失敗した。人間の肉体は生ける「神」の生ける神殿であると述べながら、それは同時に、この神殿の本体と機能が不浄であり、それを探究することは正しい人の鋭敏な感情を汚すと主張している。この不健全な態度によって、「神」の家である人間の肉体は、劣悪視され中傷されることになった。しかし十字架は男根象徴の最も古いものであり、大聖堂の菱形の窓は女陰象徴が異教の「密儀」の崩壊にもかかわらず生き残ったことを立証している。教会の構造そのものにも、男根崇拝が行きわたっている。「キリスト教会」からプリアポスに起因するすべての象徴を取り除くと何も残らない。それが建っている大地でさえ、その多産性のゆえに最高の女陰象徴である。この生殖の過程の象徴が存在することは大多数の人によって注意されもせず知られてもいないので、その状況のアイロニーは一般に理解されてはいない。古代の秘密言語に通じている者だけが、これらの象徴の神的な意味を理解しうるのである。

花はいろいろな理由で象徴として選ばれた。植物相の多様性のため、ほとんどすべての抽象的な性質や状態を適切に表わす植物や花を見出すことができる。植物が選ばれるのは次のような理由のためである。ダフネ（月桂樹）やナルキッソス（水仙）の話のように、その起源に結びつく神話、蘭や菌類のように、それが育つ特殊な環境、とけい草や白百合のように、その暗示的な形、美女桜やラヴェンダーのように、その光沢や芳香、麦藁菊のように、その形の不変性、太陽への親近性のために長いあいだ聖なるものとされてきた向日葵やヘリオトロープのように、その特異な性質などによる。

植物はまた、その葉、花弁、茎、根を押しつぶして、人間の性質や知性に影響を与える薬油、エキス、薬が得られることからも、崇拝に値すると考えられたのかもしれない。その例としては、罌粟や予言する力を与える古代の草などがある。またその果実、葉、花弁、根が人間の肉体の一部または器官に、形や色が似ているために、多くの病気の治療に有効であると考えられた。たとえばある種の羊歯の蒸留液、樫の木に生育する毛の多い苔、薊の冠毛は、毛髪を生長させる力があると言われ、形が歯に似ているデンタリアは、歯痛を治すと言われていた。唐胡麻は、その形のゆえに手の苦痛を治した。

花は実際には植物の生殖器であり、そのため古代「密儀」の絶対必要条件である性的な純潔の象徴として特に適切なものとされた。かくして花は、最終的には欲情と堕落に代わる美と再生の理想を意味する。

すべての象徴的な花のなかで、インドとエジプトの蓮の花と薔薇十字団の薔薇が最も重要である。その象徴的意味においてこの二つの花は、同一のものと考えられた。東洋の蓮が表わす秘教的な教義は、現代のヨーロッパにおいて薔薇の形で永続化されることになった。薔薇と蓮は女陰象徴であり、主として母の創造的神秘を意味する。それに対して白百合は、男根象徴であると考えられる。

人間のなかの潜在的な宇宙エネルギーの中枢を刺激する、霊的文化の秘密体系を確かに理解していたインドとエジプトの密儀参入者は、蓮の花を使って、脊柱の各部分に位置する霊的エネルギーの回転する渦を示し、それをいわゆるインド人の回転する車輪すなわちチャクラと呼んだ。七つのチャクラが最も重要であり、それぞれが神経節と神経叢に対応している。秘密の学派によると、仙骨の神経節は四弁の蓮、前立腺の神経叢は六弁の蓮、上腹部と臍の神経叢は十弁の蓮、心臓の神経叢は十二弁の蓮、咽頭の神経叢は十六弁の蓮、血脈洞の神経叢は二弁の蓮、松果腺とそれに隣接する未知の中枢は無数の弁を持つ蓮である。蓮の花弁の色、大きさ、数は、その象徴的な意味を解く鍵である。「密儀」の秘密の学によって霊的な知性が開花することについてのヒントは、芽を出したアーロンの杖の話、教皇の芽を出す杖が「密儀」の聖なる杖（脊柱）に咲く花を意味する、ワーグナーの偉大な歌劇『タンホイザー』に見出される。

薔薇十字団員は、同じ霊的な渦を意味するために薔薇の花輪を使用した。それは聖書において燭台の七つの燈、アジアの七つの教会として言及されている。フランシス・ベーコン卿の『ヘンリー七世の歴史』の一六四二年版には、ベーコン卿が靴の留金として薔薇十字団の薔薇をつけている口絵がある。

ヒンドゥー教の哲学体系では、蓮のそれぞれの花弁がある象徴をつけており、花の意味を理解する手掛りとなっている。東洋人はまた、人間の意識の三つの時期（無知、努力、知性）を通じて人間が成長していくことを意味するために蓮を使用した。蓮が三つの元素（地、水、空気）のなかで存在しているように、人間も三つの世界（物質、知性、霊）のなかで生きている。蓮が泥とぬかるみに根をはり、水を通って上方に生長し、最後に光と空気のなかで花開くように、人間の霊的成長も卑しい行為と欲望の暗闇から真理と知性の光に向かって上方へと進む。その場合水はつねに変化する幻影の世界の象徴であり、魂は霊的な覚醒の状態に到達するために苦闘しながら水を通過するのである。薔薇とその東洋における対応物である蓮は、すべての美しい花と同様に、霊的な開花と達成を示している。かくして東洋の神々はしばしば、蓮の花の開いた花弁の上に坐っている姿で示される。

円卓の騎士の木
象徴体系において木の使用の注目すべきこの例は，北フランスのピエールフォンという小さな町のピエールフォン城のものである。両側の八本の枝は伝統的な杯型の花で終わっており，そのいずれの花にも，自分の名を書いたリボンを手に持つ騎士が立っている。中央の幹の上には大きな花があり，そこにはアーサー王自身の体が見える。木は紋章学において好まれる素材である。一本の幹から多くの枝が派生するため，木はしばしば家系を図式化するために使用され，その習慣から，その表を「家族の木」（家系）と名づける風習が生まれた。

蓮はまたエジプトの芸術と建築において普遍的な主題であった。多くの神殿の屋根は、蓮の柱で支えられており、永遠の知恵を表わしていた。自己展開と神の特権を象徴する。蓮を先端につけた笏は、しばしば宗教的な行列で運ばれた。花が九弁の場合は、人間を象徴し、十二弁は宇宙と神、七弁は惑星と法律、五弁は感覚と「密儀」、三弁は主要な神々と世界を象徴した。中世の紋章的な薔薇は一般に、五あるいは十弁であり、ピュタゴラスの五と十によって、人間の霊的神秘との関係を示している。

木の文化

「神性」の代理としての樹木崇拝は、古代世界に広く行きわたっていた。神殿はしばしば聖なる森の中心に建てられ、夜の儀式が、その守護神を記念して幻想的に飾られ花綱をつけた、大木の広く拡がった枝の下で行なわれた。多くの場合木そのものが神の力と知性の属性を持っていると信じられ、それゆえに祈りは木に向かって捧げられることが多かった。樫、楡、杉の木はその美、威厳、大きさ、力のために、力、完全性、永遠性、生殖力、神の保護の象徴として採用された。

インド人やスカンディナヴィア人を初めとして、いくつかの古代民族は、「マクロコスモス」(「大宇宙」)を空間にまかれたひとつの種子から生長する神の木と考えていた。ギリシア人、ペルシア人、カルデア人、日本人は、地球がその上で回転する心棒としての木や葦を説明する伝説を持っている。カピラは、宇宙が無形の知覚できない種子(物質のモナド)から生まれる永遠の木(ブラフマン)であると述べている。中世のカバラ主義者は創造を、根が霊の実在にあり、枝が有形の存在の幻影にある木として示した。それゆえカバラのセフィロトの木は倒立しており、根は天に枝は地にある。ブラヴァツキー夫人は、「大ピラミッド」が倒立した木の象徴であると考えられるとし、根はピラミッドの頂点にあり、枝は四つの流れに分岐して基底部に向かうと註記している。スカンディナヴィアの世界木であるイグドラシルは、その枝の上に九の天球あるいは世界を支えている。エジプト人はそれを、アボガドの九本の雄蕊で象徴した。これらすべては、神秘的な第十の天球あるいは宇宙卵（「密儀」の定義できない暗号）のなかに囲われている。ユダヤ人のカバラの木もまた、「第一原因」すなわち「王冠」から流出する九の枝（世界）から成っている。王冠は、殻が卵を囲んでいるように、その流出物を取り囲む。生命の単一の源泉とその現れの無限の多様性は、木の構造と完全に類似している。幹は多様性の単一の起源を示し、暗い地中に深く埋まった根は、神的な滋養を象徴し、中心の幹から拡がる枝の多様性は、単一の原因に依存する宇宙的な結果の無限性を示している。

木はまたミクロコスモスすなわち人間の象徴として受け入れられてきた。秘教の教えによると、人間はまず世界木の本体のなかに潜在的に存在しており、後にその枝に客観的な現れとして花開くことになる。初期の「ギリシア密儀」の神話によると、ユピテル神はとねりこの木から第三の人類を作った。蛇がしばしば木の幹に巻きついているが、それは普通精神（思考の力）を意味している。それは、理性的な生物を最終的に実在の発見に導き、神々の支配を打倒する永遠の誘惑者あるいは衝動である。世界木の葉に隠れた蛇は、宇宙的な精神を示し、人間の木にあってそれは個別化された知性を示す。

すべての生命は種子から生まれるという概念のため、穀類や種々の植物が人間の精子の象徴として受け入れられた。そのため木は、原始の胚から展開した有機的生命を象徴した。原始の種子から宇宙が生長することは、小さなどんぐりから巨大な樫の木が生長することになぞらえられた。木は明らかにその源泉よりはるかに大きいが、それにもかかわらずその源泉は潜在的にすべての枝、小枝、葉を含んでおり、それらは後に生長の過程のなかで客観的に開示されることになる。

人間は知恵と完全性の抽象的な性質の象徴として木を崇拝したが、そのために彼はまた、これらの神的な性質を明らかに普通人以上に持つ人を木と呼んだ。高度の啓示を受けた哲学者や祭司はそれゆえしばしば、木あるいは木の人と呼ばれた。たとえばドルイド僧は、ある解釈によると、樫の木の人を意味し、あるシリアの「密儀」参入者は、杉と呼ばれた。「ソロモン王の神殿」を建てるために切り倒された有名なレバノン杉が、実際には啓示を受け、密儀に通じた賢者であったということは、信じうることでありまたありうることである。神秘家は、「神の栄光の家」を真に支えるものが朽ちやすい木ではなく、木の祭司の不滅の知性であったことを知っている。木は『新約聖書』、『旧約聖書』、さまざまな異教徒の聖典において、何度となく言及される。『創世記』で言及される「生命の木」と「善悪を知る木」、天使がそのなかでモーゼに現われた燃える灌木、『新約聖書』の有名な葡萄と無花果の木、イエスが祈りに行った「ゲッセマネの園」にあるオリーヴの木立、十二種の果実をつけ、その葉が人々の病気を治したとされる黙示録の不思議な木、これらすべては、聖書を書いた人々が持っていた木への尊敬を証明している。ブッダは、インドのマドラス近郊の菩提樹の下で悟りを開いた。幾人かの東洋の神々は、巨木の拡がる枝の下で瞑想をしている姿で描かれている。モーゼやアーロンの杖のように、多くの賢者や救世者は聖なる木から切り取られた杖や棒を持っている。他の例としては、「生命の木」から切られたガングニル（オーディンの槍）、争う蛇が巻きついているヘルメスの聖別された杖がある。

古代人が木やその産物をさまざまに利用したことが、その象徴体系の原因である。樹木崇拝は、ある程度その有用性に基づいている。この点について、J・P・ランディは次のように書いている。「木は、水分を引きつけ、それを維持したり、水源や地面を隠して、不毛や荒廃を防ぐことによって、自然の組織上重要な位置を占めている。木は人間にとって、日陰、果実、薬、燃料、家や船の建造、家具そして生活のほとんどすべての分野で大変役立っているので、樫、松、棕櫚、プラタナスなどの著名な木が神聖視され、崇拝の対象として使用されてきたことは不思議なことではない」（『不滅のキリスト教』を見よ）。

初期の教会教父たちは時々、キリストを象徴するために木を使用した。彼らは、キリスト教が最終的に巨大な樫の木のように生長し、人間のすべての他の宗教をおおうと信じていた。木は毎年その葉を落とすために、復活と再受肉の適切な象徴と見なされた。明らかに毎秋死滅するように見えるが、

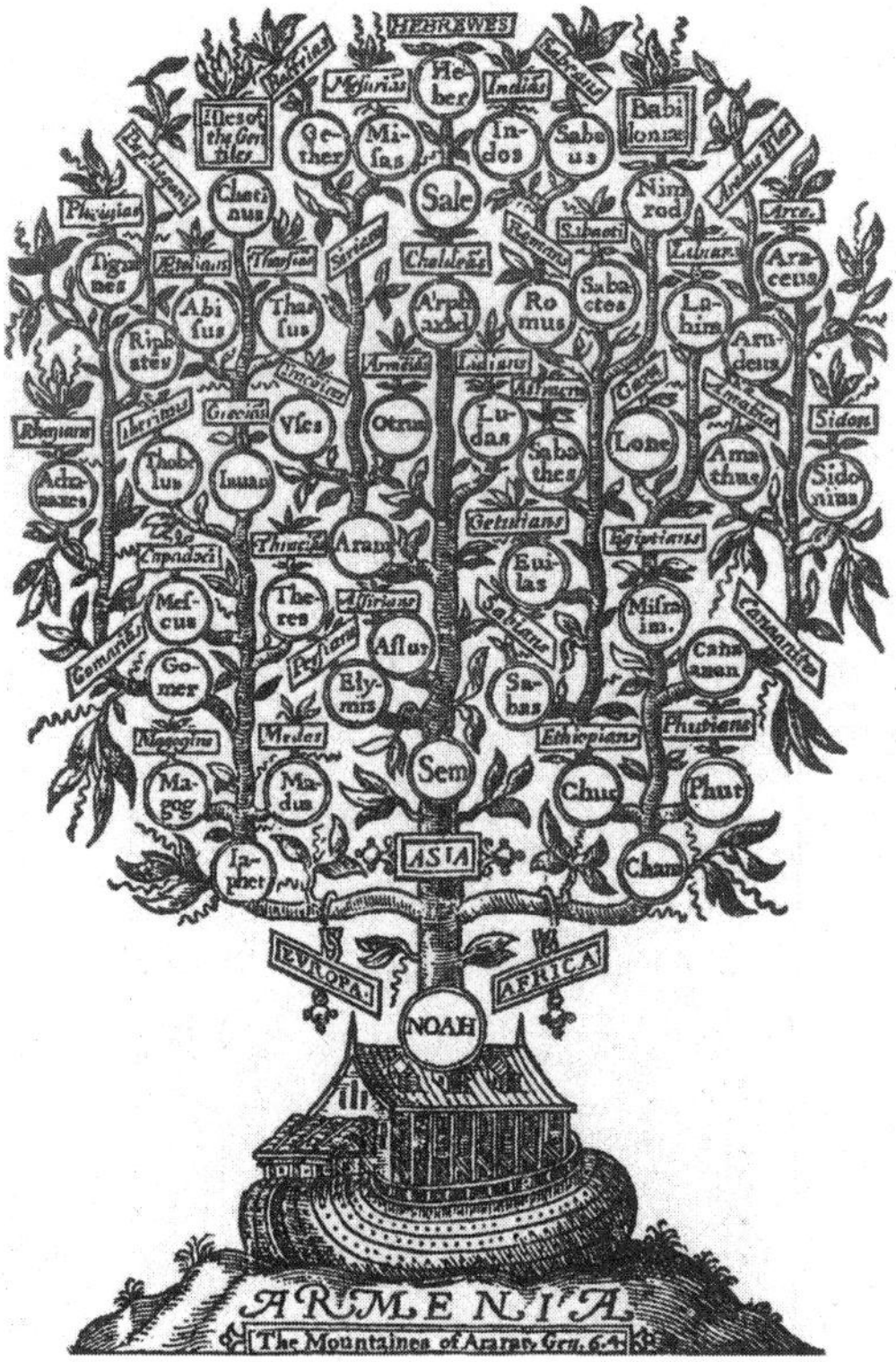

ノアの木（1599年の「半ズボン」聖書より）
中世に出版された大部分の聖書は，父アダムからイエス・キリストの到来にいたる人間の血統を示す系統図を持つ一節を含んでいる。箱舟の屋根から育つ木はノアの肉体を，三本の枝はシェム，ハム，ヤペテという彼の息子を示している。ノアの三人の息子の子孫によって形成された諸民族は，木の枝の上にある円のなかに適切に示されている。そのような表は，歴史的観点から見ると全く不正確であるが，象徴主義者にとってその寓意的解釈は大変重要である。

春が来ると緑も新たに再び花を咲かせるからである。

生命の木と善悪を知る木の名称には、古代の偉大な秘密すなわち均衡の神秘が隠されている。生命の木は、霊的な均衡点すなわち不死の秘密を示し、善悪を知る木は、その名前が示すように、両極性、不均衡すなわち死すべき運命の秘密を示している。カバラ主義者は、セフィロトの図の中央の柱を生命の木に、両側の二つの枝を善悪を知る木に当てることにより、このことを明らかにしている。ある秘密の作品は、「不均衡な力は虚無のうちに滅び」、すべては知られうると述べている。林檎は、生殖の過程についての知識を示しており、物質的宇宙はその目覚めによって確立された。「エデンの園」のアダムとイヴの寓話は、宇宙と個人の確立の方法を明かす宇宙神話である。何世紀ものあいだ思考力のない世界によって受け入れられてきた文字通りの話は理屈に合うものではないが、その話が象徴する創造的な神秘は、「自然」の最も深い真理のひとつである。オフィタエ派の人々（蛇崇拝者）はエデンの園の蛇を、それが個々の存在の原因であるという理由で尊敬していた。人間は今なお善と悪の世界をさまよっているが、最終的には完全なものとなり、世俗的な事物という幻影の園の中央に育っている生命の木の実を食べるであろう。かくして生命の木もまた「密儀」の定められた象徴であり、その実を食べることにより、人間は不死を得る。

樫、松、とねりこ、杉、棕櫚は、最大の象徴的重要性を持つ五つの木である。「密儀」の「父なる神」はしばしば樫の木で、「救世主としての神」（「世界の殉教者」であることが多い）は松の木で、世界の軸と人間の神性はとねりこの木で、女神すなわち母性原理は杉の木で、生殖の陽根は雄の棗《なつめ》椰子の花で崇拝された。松かさは、古代の男根象徴である。バッコスのテュルサスは、先端に松かさか葡萄の房をつけ、蔦や葡萄の葉、時には紐の巻きついた長い杖であるが、それは「自然」の驚異が松かさや葡萄によって象徴される太陽の生殖力の助力によって達成されることを意味している。「フリュギアの密儀」において、アテュス（常に存在する太陽神）は、松の枝の下で死ぬ（冬至における太陽を指す）ため、松の木はこの宗派にとって神聖なものであった。この木はまた、「ディオニュソスの密儀」と「アポロンの密儀」においても神聖であった。

古代エジプト人とユダヤ人のあいだでは、アカシア（つまり御柳《ぎょりゅう》の木）が宗教的に最も高い評価が与えられていた。現代のフリーメーソンにおいても、アカシア、糸杉、西洋杉などの常緑樹の枝は、今なお最も重要な象徴と見なされている。「幕屋」や「契約の箱」を作るときにイスラエルの子どもたちが使う木は、アカシアの一種であった。この聖なる木を説明して、アルバート・パイクは次のように書いている。「純種のアカシアもまた、棘の多い御柳の木であり、オシリスの体のまわりに育ったのも同じ木である。それはアラビア人のあいだでも聖なる木であり、彼らはそれからアルウッザの偶像を作ったが、モハメッドによって滅ぼされた。それは、ツルの砂漠では灌木のように豊富であり、ナザレのイエスの額に置かれた『茨の冠』はそれから作られた。それは生命力の強さのために、不死の適切な象徴である。戸口の側柱として植えられても、それは再び根を出し、入口の上に芽を出す枝を伸ばすことが知られていた」（『規律と教義』を見よ）。

アカシアに与えられた尊敬の多くが、古代人によってしばしば同一視されたおじぎ草（感性を持つ植物）の特有の性質によることは大いにありうることである。感性を持つ植物がキリストを崇拝する最初の木あるいは灌木であるというコプト人の伝説がある。アカシアの速い生長とその美しさのために、それはまた多産と生殖の象徴と見なされた。

アカシアの象徴的意味は、四つの異なる解釈ができる。（一）それは春分すなわち太陽神の一年ごとの復活の象徴である。（二）人間が触れると身を縮ませる感性を持つ植物として、アカシアは、その名前のギリシア語の意味が示しているように、純潔と無垢を意味する。（三）それは人間の不死と再生を適切に象徴し、常緑樹として、目に見える本性の崩壊から生き残る人間の不死の部分を示している。（四）それは「密儀」の古くまた尊敬された象徴であり、志願者は儀式が行なわれる苦しい通路に入るさい、これらの聖なる植物の枝や、神聖な花の小さな束を手に持っていた。

アルバート・G・マッケイは、その記念のために儀式が行なわれた神あるいは女神に聖なる特別の植物を、それぞれの古代密儀が持っていたという事実に、注意を喚起している。これらの聖なる植物は後に、それが使用されたさまざまな段階の象徴として採用された。かくして、「アドニスの密儀」においてはレタス、インドとエジプトの儀式では蓮、ドルイドにおいては宿り木、いくつかの「ギリシアの密儀」ではミルタが神聖視された（『フリーメーソン百科事典』を見よ）。

ヒラム・アビフの伝説がオシリスの殺害と復活という古代「エジプト密儀」の儀式に基づいているので、アカシアの小枝がヒラムの復活の象徴として維持されているのは当然である。オシリスの体を入れた箱はビブロスの近くの岸に打ち寄せられ、御柳（アカシア）の根に留まった。それはやがて巨木となり、その幹に殺害された神の体を閉じこめた。このことが確かに、アカシアの小枝がヒラムの墓を表わすという話の起源である。死んだ太陽神の墓を表わす常緑樹の神秘はまた、クリスマスの木において永続化されている。

杏子とマルメロはよく知られた女陰象徴であり、葡萄の房と無花果は男根象徴である。柘榴はエレウシスの儀式の神秘的な果実であり、それを食べることにより、ペルセフォネはプルートの王国を出ることができなくなった。この果実はここでは感覚的な生活を意味しており、一度食べると一時的に人間から不滅性を奪ってしまうものである。またその厖大な数の種子のため柘榴は、しばしば自然の多産性を示すために使われた。同じ理由からジェイコブ・ブライアントは『古代神話』で、古代人はこの果実に、新しい人類の種子を含む「洪水の箱舟」の適切な象徴を認めていたと記している。古代「密儀」においても柘榴は、その真の解釈が決して明かされること

向日葵（キルヒャーの『磁石あるいは磁気の術について』より）
上図は，アタナシウス・キルヒャーの磁気についての稀覯本に，他のいくつかの実験とともに収められた植物の磁気に関する奇妙な実験を説明している。いくつかの植物が，太陽のそれに及ぼす特別の影響のゆえに，古代エジプト人，ギリシア人，インド人に神聖視された。人間は太陽を見ると，その光によって目が眩んでしまうため，太陽に向かって悠々と顔を向ける植物は，大いに高められた魂の典型であると考えられた。太陽は最高の神性の化身と見なされたので，太陽が著しい影響を及ぼす生物は，神性にとって神聖であるとして尊敬された。向日葵は，明らかに太陽との親近性が理解されるため，聖なる植物のなかでも高い位置が与えられていた。

のない特別な意味の、神的な象徴であると考えられていた。それはカピーリ人によって「禁断の秘密」と名づけられていた。多くのギリシアの神と女神は柘榴の実や花を手に持った姿で描かれているが、明らかにそれは彼らが生命と豊かさを与える者であることを意味する。柘榴の柱頭が、「ソロモン王の神殿」の前に立つヤキンとボアズの柱の上に置かれた。イェホヴァの命令によって柘榴の花は、大祭司の法衣の下部の刺繍として飾られた。

葡萄の果汁から作られた強い酒は、宇宙の偽りの生命、偽りの光の象徴と見なされた。それは偽りの過程（人工の発酵）によって生み出されるからである。理性的な能力は強い酒によって曇らされ、動物的本性が束縛から解放されて個人を支配する。それは必然的に最高の霊的意義を持つ事実である。劣等な本性は永遠の誘惑者であり、霊的能力を停止させる過剰へと人間を導くので、葡萄とそれから作られるものは「悪魔」を象徴するために使用された。

葡萄の果汁は他のいかなる物質より人間の血液に似ていると、エジプト人は考えていた。実際彼らは、葡萄がその生命を地下に埋められた死者の血から得ていると信じていた。プルタルコスによると、「ヘリオポリスの太陽の祭司はいかなる酒も神殿内に持ちこむことはない。……彼らが酒を神に捧げる神酒として利用したとしても、それはそれ自身の本性が彼らに受け入れられるためではなく、以前彼らに敵対して戦った敵の血として、酒を祭壇に注ぐためであった。彼らは、神々に対する戦争で敗れた者の死体によって肥沃な土地となったところに、最初に現われたのは葡萄の木であると考えていた。彼らの言うには、これこそその果汁を多量に飲むと、人が我を忘れて狂人のようになり、いわば先祖の血で満たされる理由である」（『イシスとオシリス』を見よ）。

ある宗派では酩酊の状態は、恍惚にやや似たものと考えられ、個人は「生命の宇宙的な霊」にとらえられると信じられていた。その選ばれた媒体が酒であった。「密儀」において葡萄はしばしば、情緒的な性質の品位を落とすという理由から、肉欲と放蕩を象徴するために使われた。しかし発酵は太陽の火の存在する確かな証拠であるという事実が認められており、そのために葡萄は、神的な熱狂を与えるものとしての「太陽霊」の正しい象徴として受け入れられた。やや同じような意味でキリスト教徒は酒をキリストの血の象徴として受け入れ、聖餐式でそれを飲んだ。「太陽霊」の一般的な象徴であるキリストは、「わたしは葡萄の木である」と述べた。それゆえ彼は、その異教の原型であるバッコス、ディオニュソス、アテュス、アドニスと同じように、恍惚の酒で崇拝された。

マンドラゴラは、最も著しい魔術的な力を持つとされていた。その麻酔作用はギリシア人によって認められており、彼らはそれを外科手術の際苦痛を鎮めるために使った。それはまた、ユダヤ人が悪霊を追い払うために使った神秘的な植物であるバーラスと同一視されていた。『ユダヤ人の戦い』でヨセフスはバーラスを取る方法について述べている。彼によると、ソロモン王自身によって定められたとされるある規則に従って進められないと、それは閃光を発して触れようとする者を滅ぼしてしまう。

マンドラゴラの秘密の性質はほとんど理解されていなかったが、その性質のゆえに、それと関係するものの価値や量を増す護符として採用された。男根の護符としてマンドラゴラは、不妊の確かな治療薬と考えられた。それは、聖堂騎士団が崇拝の対象としているとして非難されたプリアポス象徴のひとつでもあった。その根は人間の肉体に極めて似ており、しばしば人間の頭、腕、足の形を持っていた。人間の肉体とマンドラゴラの著しい類似は、自然科学の謎のひとつであり、この植物に払われている敬意の真の基礎である。『ヴェールを脱いだイシス』でブラヴァツキー夫人は、海の植虫とポリプのように、植物界と動物界が出会う地点にマンドラゴラが育っているようだと述べている。この考えは、動物のようなこの植物の性質についていろいろな推論を可能にする。

錬金術の木（『新訂ヘルメス博物館』より）

錬金術師は金属を木によって象徴するのが常であり，七つの金属すべてが太陽生命という一本の幹に依存する枝であることを示した。七つの霊が神に依存し，神を根とする木の枝，幹，根がその滋養物を得る霊的な大地であるように，神的な生命と力という一本の幹は，宇宙を構成するおびただしい数の存在に栄養を与える。

上図の出典である『世界の栄光』には，金属が植物のように生長する過程についての重要な思想が含まれている。「すべての動物，木，植物，石，金属，鉱物は，必ずしも人間の手を借りなくても，生長して完成へと到達する。種子は，自然の感応力だけで，大地から身を起こし，花を咲かせ，実を結ぶからである。植物と同様，金属についても同じことが言える。金属は自然の鉱石に含まれたまま大地の中心部にあり，日々四つの元素の影響によって生長発展する。その火となるのは太陽と月の輝きであり，大地はその子宮のなかで太陽の輝きをはらみ，畑の穀物のように，それによって金属の種子は十分にまた均等に暖められる。……野のそれぞれの木が固有の形，外観，実を持っているように，それぞれの山もそれ自身の鉱石を持っている。そしてこの石と大地は，金属を育てる土壌である（1893年の翻訳を見よ）。

俗信によると、マンドラゴラは触れられると縮んで人間の声で叫び、植えられている土地に必死になってしがみつく。それを引き抜こうとしているあいだにその叫びを聞いた者は、直ちに死ぬか気違いになった。この悲劇を避けるため、完全にぐらぐらになるまでマンドラゴラの根のまわりを掘り、それから紐の一方を茎に、もう一方を犬に結ぶのが習慣であった。主人の命令に従って犬はその根を地から引き抜き、マンドラゴラの呪いの犠牲となった。一度引き抜かれると、その植物は害なく扱うことができた。

中世においてマンドラゴラの護符は大変な価値を持っており、その根と人間の肉体の類似が大いに強調される術が発達した。大部分の迷信のように、マンドラゴラ特有の力についての信念は、植物の真の性質についての古い秘密の教義に基づいている。エリファス・レヴィは次のように述べている。「それは少しばかり麻酔作用を持ち、古代人はそれが催淫作用も持っているとした。テッサリアの魔術師が媚薬を作るために探し求めたのもこの植物であった。ある魔術的な神秘主義が暗示しているように、その根は人間が大地から生まれたことを示す臍の痕跡であろうか。我々はそれを本気で肯定するつもりはないが、それでも人間は大地の軟泥から生まれ、その最初の外見は粗い素描のような形をしていたことは真実である。『自然』の類似性を考えると、我々はその考えを、少なくともその可能性を認めざるをえない。この場合最初の人間は、巨大な感性を持つマンドラゴラ科に属し、太陽によって生命を与えられて、大地から切り離されて立ち上がったのである」(『超越魔法』を見よ)。

平凡な玉葱がエジプト人によって宇宙の象徴として尊敬されていた。その環と層が、「ヘルメスの密儀」によると創造物が分割される同心円的な世界を示すからである。それはまた、大変な薬効を持つと考えられていた。その刺激性から生じる特有の性質のため、大蒜《にんにく》は超越的魔術の強い作用剤であった。今日にいたるまで妄想の治療手段として、これ以上のものは発見されていない。吸血鬼やある種の狂気、特に霊媒や元素的な幼虫から生じるものは、大蒜の使用にすぐに反応する。中世において、家に置かれた大蒜は、悪霊を防ぐと信じられていた。

シャムロックのような三葉の植物は、多くの宗派によって「三位一体」の原理を示すために使用された。聖パトリックは、三位一体の「神性」の教えを説明するために、シャムロックを使用したと考えられている。第四の葉がもうひとつの神性を付け加えるという理由は、「三位一体」の第四の原理が人間であることにあり、それゆえにこの葉の存在は、人間性の救済を意味する。

「密儀」への参入儀礼や聖なる書物の朗読の際に花輪を身につけたが、それはこのような過程が神に捧げられていることを示すためであった。花輪の象徴体系についてリチャード・ペイン・ナイトは次のように書いている。「数珠のかわりに、一般に菩提樹、オリーヴ、ミルテ、蔦、樫の葉の輪が、象徴的人物を取り囲んだり、その頭部の花冠として、貨幣に現われた。これらすべては、神性のある特有な化身にとって聖なるものであり、固有の属性を表わしていた。一般にすべての常緑樹はディオニュソス的な植物であり、生殖力の象徴である。それは、数珠の円や王冠が存在の永続性を意味するように、若さと活力の永続性を意味する」(『古代芸術と神話の象徴言語』を見よ)。

前頁――哲学者の石

「哲学者の石」は、一連の浄化され、開示された媒体を介して、神性が光り輝く完成せる再生の人を表わす古代の象徴である。ダイアモンド原石は最初黒炭から分離されたときには光沢がなく、生彩がないのと同様に、「堕落した」状態の人の霊性の内なる輝度は、たとえあるにしても少ししか表われない。名宝石細工人の手にかかると、形もなさぬ石がキラキラ光る宝石へと変形され、その切り子面から多彩な火の流れがほとばしるのと全く同じように、宝石細工師の神の旋盤で人の魂は削られ、磨かれて、やがてその全原子により「創造主」の栄光を反射することとなる。「ダイアモンドのような魂」を哲学‐錬金術的技術によって完璧なものにすることは、ヘルメス学派的な薔薇十字思想の隠れた目的だった。

アルバート・マッケイは「哲学者の石」と「フリーメーソンの神殿」のあいだに照応があるとみている。両者ともに理想の実現と成就を表わすからだという。哲学上、「賢者の石」とは「至高の不変の『理性』である。『無限』の内なる『絶対』を不定と『有限』のなかに見つけること、これこそ『賢者』たちの『大事業』であって、ヘルメスはそれを『太陽の業』と呼んだ」(『規律と教義』を見よ)。「哲学者の石」を有する人は、あらゆる宝物のうちで最高のものたる「真理」を有しており、そのため、人間には計算できないほどに富んでいるのである。「理性」は死を考慮することもなく、人は「無知」――あらゆる病のうちで最も不快な病――を癒されているため、彼は不滅である。「ヘルメスの石」とは「神力」のことであって、人間は皆それを探し求めるが、死んでいかねばならないあの束の間の力をそれと交換するような人たちにして初めて見出されるものである。神秘主義者にとって「哲学者の石」とは完全な愛であって、その愛は卑しいもの一切を変質し、死せるもの一切を「高める」。

石・金属・宝石

初期の哲学者の教えによるところでは、四大元素は各々、地上の四部からなる人体と相似を成している。岩と土は骨と肉体に、水は各種の水分に、空気はガスに、火は体温に照応する。骨は人体を支える枠組ゆえ、霊——心と魂と体の合成組織を支えるあの神的基礎——の適切な象徴とみなされよう。密儀参入者にとっては、骨ばかりの指に大きな草刈鎌を握る死の骸骨は、実父ウラノスの手足を切った鎌を持つ、神々の父サトゥルヌス（クロノス）を表わしている。

「密儀」の言葉を使うと、人々の霊はサトゥルヌスの骨が粉になったものである。この神は常に土台か足場の象徴に隠れて崇拝され、そのため宇宙を支える下部構造と考えられるまでになった。サトゥルヌス神話は、古代のヒュペルボレア大陸を支配していた同名の王に関して初期のギリシア人とフェニキア人が保存しておいた断片的な記録のなかに歴史的な基盤を有している。ポラリスとヒュペルボレアとアトランティスは、近代世界の大陸と大洋の下に埋まっているため、広大な表面に新しい陸地と民族と帝国を支えている岩として実によく象徴されてきた。スカンディナヴィア半島の「密儀」によれば、石や崖は沸きかえる土から出来た原始時代の巨人イミルの骨から作られ、ギリシアの神秘主義者にとっては岩は大地母神ガイアの骨だったという。

鉄器時代の終りに神々が人類を破滅するために起こした洪水の後には、デウカリオンとピュルラだけが生きて残された。彼らが祈禱のために廃墟と化した聖所に入ると、神託により、神殿を出て、頭にヴェールをかぶり、衣の紐は解いたまま、母の遺骨を背後に投げよ、との指示を受けた。神の謎めいたお告げの意味は土が全創造物の「大母」だということと解釈して、デウカリオンは落ちている岩を拾うと、ピュルラにも同じようにしろと命じ、背後にそれを投げた。これらの岩から新しい、信念の固い人種が生まれ出て、デウカリオンの投げた岩は男、ピュルラの投げた岩は女になったという。この寓話には、人類の進化の謎が集約されている。それというのも、霊は、物質に魂を吹き込むことにより、徐々にではあるが順々に続いて、鉱物を植物の位へ、植物を動物のレヴェルへ、動物を人間の位階へ、人間を神々の地位へと高める、あの内在せる力となるからである。

太陽系は偉大な土星環から内へと働きかける力によって組織されたものである。そして、万物の初めはサトゥルヌスの支配下にあったのだから、最も道理にかなう推論は、最初のあらゆる形態の崇拝は彼と彼に固有の象徴――石――へ捧げられたとするものである。それで、サトゥルヌスの内的本質は「太陽神殿」の不朽の基礎たる、あの霊を宿した岩と同義なのであって、岩角の鋭い表面に世の多種多様な生命体を支えている土から成るあの岩――地球――に、その本質の予表ないしはオクターヴの低音を有しているのである。

岩石学の起りは不確定だけれども、それは疑いもなく最も初期の宗教表現形態のひとつを成している。「全世界にわたって」とゴッドフリー・ヒギンズは書いている、「『偶像崇拝』の最初の対象物は、自然の生殖力ないしは出産能力の表象としての、地中にある飾りのない、細工のしてない石だったように思われる」(『ケルトのドルイド教』を見よ)。石崇拝の遺跡は地表の大部分に分布し、その注目すべき一例はブルターニュのカルナックのメンヒルであって、磨かれていない数千の巨大な石が整然と十一列に並べられている。この巨石のモノリスの多くは、それが埋められている砂地から高さ二十フィート以上あり、比較的大きな石のなかには二十五万ポンドもの重いものもあると計算されている。人によっては、メンヒルのなかには宝物の埋蔵場所を示すものがあると信じているが、一番もっともらしい意見は、カルナックを古代天文学の記念碑とみるものである。これらの石塚、ドルメン、メンヒル、石棺は英国諸島とヨーロッパ一帯に散在しており、今では絶滅した諸民族の存在と成果を無言ながらも雄弁に証明するものとして立っている。

特に興味深いのは揺るぎ岩であって、それはこの初期の諸国民の力学技術をはっきりと表わしている。これらの遺物は、ほんの少し押すだけで揺れるが、この上なく努力してもひっくり返すには足りないように、小さな一点あるいは二点の上で平衡を保つ巨大な丸石から成っている。これはギリシア人、ローマ人により生き石と呼ばれ、最も有名なものはジブラルタル海峡のギュゴリ岩である。この岩は完全に平衡が保たれていて、喇叭水仙の茎でも動かすことができるけれども、大勢の人が一緒に乗っても倒すことはできなかった。ヘラクレスは戦って殺したボレアスの二人の息子の墓の上に揺るぎ岩を立てたという伝説もある。この石は実に精巧な釣り合いを保ち、風で前後に揺れるが、どんなに力を使ってもそれをひっくり返すことはできなかった。いくつかの揺るぎ岩が英国で見つけられたし、今はもう立っていない揺るぎ岩の痕跡がストーンヘンジで発見された（『ケルトのドルイド教』を見よ）。ストーンヘンジの内側の環を形作っている緑石はアフリカから持ってきたものだと信じられていることに注目するのも興味深いことである。

多くの場合、モノリスには彫刻や銘がない。モノリスが疑いもなく道具の使用と写字法の両者より古いものだからである。場合によってはルーン文字の見られる記念碑やヒンドゥー教の男根像とシャクティ像の石のように、石が円柱やオベリスクに作られたもの、また、場合によっては、イースター島の像のように大ざっぱに人体に似せたもの、あるいは中央アメリカのインディアンとカンボジアのクメール人のあいだにあるように精巧な彫像に作られているものもある。初期の原石像が特定の神像と考えることはまずできず、むしろ原始人が石の持つ不朽の特質のなかに抽象的な「神」の出産能力的な属性を表現しようとした未熟な労作と考えられる。原始人から近代文明に到るまでの全時代を通して、「神」は安定したものだと直観的に認識され続けてきた。キリスト教信仰にあっても石崇拝が残存している十分な証拠は、加護の岩、キリスト教会が建てられることとなる岩、大工たちが受け入れなかったすみ石、ヤコブが立て、聖油で清めた石柱、ダヴィデの石矢、「ソロモン王の神殿」の祭壇が設けられたモリア山の岩、「啓示」の白石、「万世の岩」という隠喩によって提供される。

石は主に有用なために、先史時代の諸民族から高く崇められた。ぎざぎざの石のかけらは、多分、人類最初の武器だったであろうし、岩ばかりの断崖やそそり立つごつごつした岩は最初の要塞を成し、この有利な地点から落ちている丸石を略奪者たちへ投げつけた。洞窟や厚い岩の板で作った荒作りの小屋のなかで、最初の人類は自然の厳しさから身を守った。原始時代の成果の目印や記念碑として石が組み立てられたし、また、多分、野獣による破壊を防止するための予防措置としてであろうが、死者の墓の上にも置かれた。一民族の故国や出生地は神聖視されたから、これらの石は全民族が誕生の地へ寄せたあの普遍的な尊敬の念を象徴するものだった。移動中に原始民族たちが元の居住地の石を持ち運んでいたことは明らかに慣習によるものだった。火は二個の石をたたき合わせると起こすことができるという発見は、石に対する人間の尊敬の念を増したが、結局は、この四大元素のひとつたる新発見の火が明るみに出した、以前は存在するとも思われなかった不思議な世界は、火信仰をして石崇拝に取って代わらせることとなった。暗い冷たい「父」——石——から、明るい、光り輝く「息子」——火

——が生まれ、新生の炎は、親に取って代わることにより、万世に普及している、不朽の宗教‐哲学的な全象徴のうちで最も感銘の深い、神秘的な象徴となったのである。

万物の体は立方体に切るか、もっと装飾を凝らして鑿を入れ台座の形にするか、そのいずれかにした岩にたとえられたが、万物の霊はその岩の上に登った、精巧な彫りの像にたとえられた。それゆえ、祭壇は下位世界の象徴として設けられ、あの霊的本質が凌駕している体にその光明を与えていることを表わすために、火は祭壇上で燃え続けるようにされていた。正方形は実は立方体の一面にすぎず、平面幾何学上では立方体に照応する形、また、立方体にふさわしい哲学上の象徴である。そのために、ギリシア人、バラモン教徒、エジプト人は、地球そのものは球体だと十分に知ってはいたが、地球を体ではなくて元素と考えるときには、常にその四つの角に言及した。

ユピテルに代わる石を呑み込むサトゥルヌス
（カルタリの『古代の神像』より）
サトゥルヌスは両親から，実の子どものひとりが自分を退位させることになろうとの警告を受け，子を各々誕生の度に喰い殺した。最後に彼の妻レアは第六子ユピテルを救うために，おむつでくるんだ岩を子の代りとした——サトゥルヌスはぺてんにかけられたとは知らずに，それをすぐに呑み込んだ。ユピテルはクレタ島に隠され，成人に達すると，力ずくで父が喰った五人の子を吐き出させた。サトゥルヌスが末子の代りに呑み込んだ石はユピテルによりデルフォイに安置され，そこで大いに尊崇を受け，毎日聖油を注いで清められた。

「密儀」の教理はあらゆる知識の確実なもといであり、意識的に不死を獲得する第一歩だったために、「密儀」はよく立方体ないしはピラミッド形の石で表わされた。逆に、これらの石自体が神性を自ら成就したあの状態の象徴になった。石は変化しがたいために「神」――不動不変の「存在源」――の、また、神的な諸学問――人類に対する「神自身」の永遠の啓示――の、適切な象徴ともなった。人間生活の真のもといである理性の権化として、メルクリウスもしくはヘルメスも同様に象徴された。ヘルメスの鬚をつけた顔を上にのせた、ヘルメス柱と称する四角の柱や円柱が公共の場所に立てられた。一種のユピテルで境界と公道の神テルミヌスの名から近代語のターミナルは由来するが、彼も時には神の顔で飾られる直立した石で象徴され、国境と幹線道路の交差点とに置かれた。

哲学者の石は本当は哲学の石である。哲学は、正しくも、卑しい物質に接触して貴重な宝石に変質させる魔法の宝石にたとえられるからである。知恵は、その内なる重い、ひどい無知を、貴重な、光明ある実体へと何千回も変質させる錬金術師の投入粉末なのである。

律法の石板

モーゼはシナイ山頂にあって、イスラエルの神の御指が記した十戒の文字を有する二枚の石板をイェホヴァから拝受した。これらの石板は神々しい青玉《サファイア》のシェティヤーで造られ、「至高の主」は王座からはがした後、全世界のもといにして生成者ならしめんと、混沌たる深みへ投げ込まれた。天露から作られたこの聖なる石は「神」の息により二分され、その上に黒い火により「律法」の文字が記された。天来の光彩に輝くこれらの貴重な銘文は「主」によって安息日にモーゼの手に渡され、モーゼはこの大宝石が透明なために裏側より光明の文字を読むことができたのだった（この伝説の詳細については『イスラエルの秘密教義』もしくは『ゾハール』を見よ）。

「十戒」は「聖なる一者」が「存在」の青玉のような海に置いたピカピカと光る十個の宝石であり、物質界の深みにあってこれらの宝石の反射光が現世界を支配する律法であるのが看て取れる。それらは「至高の神」が「自然」の表面に御心を刻み付けた聖なる十である。他ならぬこの十こそピュタゴラス学派の人たちによりテトラクテュス――密儀参入者へ宇宙計画の全作用を啓示する、あの精子のような点を有する三角形――の形式の下に崇められた。十は完全数、創造の鍵、「神」と人と宇宙の適切な象徴だからである。

イスラエルの民は偶像を崇拝したため、モーゼは彼らが青玉の石板を受けるに値しないと考えて、「イェホヴァの密儀」が侵犯されないように石板を破壊した。モーゼは原板の代りに荒材の二枚の石板を使い、その表面に

EXODUS CHAP. XXXI.
Moyses receiveth the two Tables.
EXODUS 31. Verse 18.
The Lord gave unto Moses, when he had made an end of communing with him upon mount Sinai, two tables of testimony &c.

律法の石板を拝受するモーゼ（古い聖書より）十二世紀のユダヤの大哲学者モーゼ・マイモニデスは，神の指で書かれた律法の石板を説明するなかで，全産物を二種類に，つまり，「自然」の産物と学芸の産物とに大別した。神は「自然」を通じ，人は学芸を通じて業をなす，と彼は『途方に暮れている人への手引』で主張している。こうして「主の言葉」は手もしくは活動的な原理であって，それによって「創造主」の心は被造物の顔面からたどることができるのである。タンナイム，つまり，ユダヤ人の「密儀学校」の参入者たちだけは十戒の意義を完全に理解していた。これらの律法は，「恍惚の道」を成す十段階の観想と秘教的には関連づけられており，その上り道は曲がりくねりながら四界を通って，燦然と輝く「アイン・ソフ」で終りとなる。

十の古字を刻み付けた。前の石板は――「生命の木」の神性を帯びて――永遠の真理を放ったが、後の板は――「善悪の木」の本質を帯びて――一時的な真理しか啓示しなかった。こうしてイスラエルの古き伝統は再び天へ戻っていき、十二支族の子たちにはただその影しか残らなかった。

「大律法家」が信者たちへ伝えた二枚の石板のうち一枚は口伝、今一枚はラビの学派のもといとなった書き伝えを表わすものだった。これら価値の低い石板の大きさと材料に関する専門家の意見には大変な相違がある。石板は非常に小さく、人の手の甲で握ることができるほどだと説明する人がいるし、各板の長さは十ないしは十二キュビットで、非常に重かったと断言する人もいる。石板が石製だったことを否定までして、モハメッド教徒によれば「天国」に林立しているというセドルと称する木でできていたと主張する人も少数だがいる。

二枚の石板は各々、上位世界と下位世界――父なる生成原理と母なる生成原理――を表わしている。二分されない状態にあっては男女「両性具有の宇宙」を表わす。石板の二分は上位世界と下位世界の分離、また、男女の性の分裂を曖昧ながらも表わすものである。ギリシア人とエジプト人の宗教的な行列にあっては、生殖過程を表象する石板、円錐その他色々な器を載せた箱舟や船が運ばれた。イスラエル人の「箱舟」は――「イシスの密儀」の神聖な箱にならって作られ――三種の聖物を載せていたのであって、各々、男根にまつわる重要な意味を有し、そのマナの鉢と芽のある若枝と「律法の石板」は、「創造の鼎」の第一、第二、第三の「原理」だった。マナと花開かんとする棒と石板は、また、各々、カバラとマシュナと成文法――ユダヤ教の霊と魂と体――の適切なイメージでもある。ソロモン王の「永遠の家」に置かれたとき、「契約の箱」には「律法の石板」しか入っていなかった。このことは、あの初期ですら秘密の伝統は失われてしまっていて、啓示の文字しか残っていなかったことを暗示するものなのか。

下位世界、つまりデーミウルゴスの世界を作り上げた力を表わすものとして石板は、上位世界もしくは天界を創造した力を表わす青玉の板と区別対照して、イェホヴァに捧げられた。疑いもなくモーゼの石板の原型は、異教の神殿の入口の両側に置かれた石板やオベリスクにあった。これらの柱は、人々が十二宮中の双子宮を介して「創造主」を崇拝したあの遠い昔のものかもしれず、その象徴は今なお双子宮の男根を表わす柱なのである。「十戒は」とハーグレイヴ・ジェニングズは書いている、「各々五つずつ二つのグループで縦列に銘打たれている。（祭壇から見て）右の五つは『律法』を意味し、左の五つは『預言者たち』を意味している。右の石は男性的、左の石は女性的である。それらは全ての大聖堂と異教時代の全神殿との正面にある二本の相離れている石柱（もしくは塔）に照応している」（『薔薇十字団、その儀式と密儀』を見よ）。同著者は、その「律法」は直接「神」から伝えられたために男性的であるのに対し、「預言者」もしくは「福音書」は人間の本性を介して生まれたために女性的だった、と述べている。

さらに、右側の「律法の石板」はヤキン――光の白柱――を、左の「石板」はボアズ――闇の暗い柱――を表わしている。これらは「ソロモン王の神殿」の入口に立てられた、黄銅で鋳造した二本の柱の名前だった。その高さは十八キュビットで、鎖細工の花輪、網、柘榴で美しく飾られていた。それぞれの柱上には大鉢――今では間違って球や宝珠と呼ばれている――があって、多分、その一鉢には火、もう一鉢には水が入れてあっただろう。天球（元来は火の鉢）が右手の柱（ヤキン）の上に載っているのは、神聖な人間を象徴し、地球（水の鉢）が左手の柱（ボアズ）の上に載っているのは世俗の人間を表わした。また、この二本の柱は各々、「神力」の能動的な表われと受動的な表われ、太陽と月、硫黄と塩、善と悪、光と闇を示してもいる。柱のあいだには「神の家」のなかへと通じる戸口があり、こうして柱は「聖域」の門に立ち、イェホヴァが男女両性具有の神であり、同じく、人間の形をした神でもあることを思い起こさせるものなのである。対をなす二本柱ゆえ、誕生と死――肉体的生命の両極端――を表わすために昔は密儀参入儀礼室に置かれていた十二宮中の巨蟹宮と磨羯宮を示している。そのために柱は、今日フリーメーソン団の人には比較的近代の呼称である「二人の聖ヨハネ」として知られている、夏至と冬至を表わすものである。

ユダヤ人の神秘的な十位格をそなえた木（セフィロトの木）にあっては、この二本柱は「慈愛」と「厳正」を象徴している。これらの柱は「ソロモン王の神殿」の門前に立ち、エジプトの聖所の前のオベリスクと同じ象徴的な意味を持っていた。カバラ学派の解釈でいくと、二本柱の名前は「大勢によりて『わが家』は築かれよう」という意味である。光り輝く知的、霊的光明のなかで、「大祭司」は平衡――あらゆる極端から等距離にあるあの仮定上の点――という完璧な美徳の無言の証人として柱のあいだにたたずんでいた。こうして彼は人の合成組織の中心にある神性――一対の存在のなかにある神秘的なピュタゴラス流のモナド――の化身だった。一方には英知の巨大な柱が、他方には肉体の青銅の柱がそびえていた。この二本の真中に栄光につつまれた賢者が立っているものの、彼とてもこれらの柱をつないで作った十字架でまず苦しんでおかないと、この高い地位へ達することはできない。初期のユダヤ人は時にはヤキンとボアズの二本柱をイェホヴァの脚として表わしたので、近代哲学者にとっては、最も高揚せる意味での「知恵」と「愛」は創造物――俗と超俗の両者ともに――の全秩序を支えていることを意味するものとなった。

聖杯

青玉のシェティヤー同様、魔王ルシフェルの王冠についた宝石不毛の石は天から落ちた。太陽の主天使でイスラエルの隠れたる神ミカエルは天使軍の先頭に立って、ルシフェルと反逆天使軍を急襲した。戦いの続くあいだに、ミカエルは焔の剣でもってピカピカ光る不毛の石を敵の宝冠からたたき落とし、緑石は天球層を通って、暗い測り知れない「深淵」のなかへ落ちていった。ルシフェルの光り輝く宝石から「聖杯《サングレール》」が作られ、キリストは「最後の晩餐」のときにそれで飲んだと言われている。

「聖杯」が杯かそれとも大皿だったのかについては議論があるけれども、絵画では一般に相当大きい、極めて美しい聖餐杯として描かれている。伝説によれば、アリマテアのヨセフは「聖杯」を磔場へ持ってきて、死にゆくナザレ人の傷から流れ落ちる血を受けたという。その後、ヨセフは聖宝――「聖杯」と「ロンギヌスの槍」――の守護者になり、それらを遠国へ運んだ。ある説明によれば、彼の子孫たちは最後にこれらの聖宝を英国のグラストンベリ大修道院に、また別の説明によれば、天使たちがたった一夜で築いたスペインのサルバト山の不思議な城に、安置したという。プレストン・ジョンという通名で、聖杯王の最後の王パルシファルは「聖杯」を持ってインドへ行き、それは永遠に西欧世界から姿を消したという。その後の聖杯探求は、アーサー王伝説の武者修行や円卓の儀式の多くのもののモチーフとなった（『アーサーの死』を見よ）。

「聖杯の密儀」について十分な解釈がなされたためしは一度もない。人によっては、「聖杯の騎士」たちは、神託のように謎に満ちた杯の祭祀と秘蹟の下に古代の「知恵」を不朽のものとするキリスト教神秘主義者の有力団体だった、と信じている者もいる。「聖杯」探求は真理を得ようとする永遠の探求であり、アルバート・G・マッケイはその探求のなかに、フリーメーソン団員たちが随分長いあいだ探し求めてきた「失われし言葉」にまつわるフリーメーソンの伝説の変形をみている。また、「聖杯」物語は、キリスト教崇拝に植え付けられた巧妙な方法のために保存されることとなった初期の異教の「自然」神話を精巧にしたものだ、という主張を支持する証拠もある。この特殊な観点からすると、「聖杯」は疑いもなく、世の生命が保たれる箱舟ないしは器の原型であって、そのため、「大地母神」――「自然」の女神――の体を表わすことになる。緑色をしているために聖杯は、ウェヌスや生殖の神秘に、また、聖なる色が緑で、安息日がウェヌスの日たる金曜日であるモハメッド教にも関係があるとされる。

「聖杯」は下位（もしくは非理性の）世界と、人体両者の象徴である。なぜなら、両者ともに上位世界の生きた本質を受ける容器だからである。死の状態にまで下って、不滅の魂を全物質へ吹き込むことにより最後の敵を圧倒する、贖罪の血の神秘とはそのようなものである。神秘主義的な信仰のため愛の要素を特に強調するキリスト教徒にとって、「聖杯」は永遠なる生命の活気に富む水が絶えず渦を巻いている心臓を象徴する。その上、キリスト教徒にとっては、「聖杯」探求は、発見した暁には「大事業」の完成となる、あの真の「自我」の探求でもある。

『聖杯』は、感覚的存在の限界を超えた高みへ達した者にして初めて発見可能なものである。神秘主義的な詩『ローンフォル卿の幻視』でジェイムズ・ラッセル・ローウェルは、「聖杯」は霊的意識のある状態にあって初めて目に見えることを示すことにより、その真の本質を明らかにしている。尊大な野心を追求して無駄に終わり、戻ってきて初めて、年老いた傷心の騎士は癩患者に変身した者が持つ杯に生涯の夢とした光り輝く聖餐杯を目にすることとなった。著者によっては、「聖杯」伝説と、その血が天から地へ降り、物質という杯で受けとめられ、密儀参入の儀式によって杯から解放された、あの殉死せる「太陽神」の物語とには、類似の跡があると見る人もいる。また、「聖杯」は古代「密儀」にあって、発芽と再生の象徴として実によく用いられた種子の入った莢なのかもしれず、もし「聖杯」の杯のような形が花から由来するとしたら、それは人間にある生殖能力の再生と霊化を意味することになろう。

　石像作りに加えられる材料と、作成に伴う儀式とからして、石像が、似せて作った神々によって魂を吹き込まれた話は多数ある。そのような石像には言語や思考の能力、さらには運動能力といった多様な人間の能力と力量があるとされた。背

ヘルメス柱像の例

（クリスティーの『ギリシアの絵入り花瓶研究』より）

山のように石を積んだ形で神々を崇拝する原始時代の習慣は，神々を称えて男根を表わす柱や円錐体を立てる慣行へと変わっていった。これらの柱の大きさと外観の相違は大きかった。なかには巨大な大きさのもので，銘文や神々，英雄の似顔で豪華に飾られたもの，また，なかには——バビロニア人の奉納物のように——ほんの数インチの高さしかなく，装飾もなく，柱を用意した目的を記す簡単な記述や，柱を置いた神殿の神を称える讃歌があるだけのものもあった。これらの小さな，土を焼いた円錐体の象徴的意味は，路傍その他の公共の場所に立てられた，もっと大きなヘルメス柱像と同じだった。その後，柱の上端には人頭が付けられた。しばしば，人の肩に照応する二つの突起もしくはほぞが柱を飾る花輪を支えるために，両側にひとつずつ置かれた。供物は通常は食物だが，ヘルメス柱像の近くに置かれた。時折，これらの柱は屋根を支えるために使われ，裕福なローマ人の別荘を飾る芸術品のひとつに数えられた。

教の司祭たちは疑いもなくぺてんの力を借りた――その一例は『ベルと龍』という題名で、『ダニエル書』の最後から削除されたと想像される。奇妙な外典の断片のなかに物語られている――が、聖別された像や聖宝に関して記録されている現象の多くは、超自然力の作用が認められないと、ほとんど説明不可能なのである。

たたくと、その音を聞く者すべてを恍惚状態に陥らせる石があった、と史書の記録にある。また、部屋そのものが物音ひとつしなくなった後、何時間ものあいだささやくようにこだまする像や、最高に甘美な調和の音楽を奏でる楽石もあった。ギリシア人とローマ人は石は神聖なものであると認め、誓いをたてるときにはある聖なる柱の上に手を置いた。古代にあっては石は訴えられた人たちの運命を決定する上で一役を演じた。それというのも判事たちは小石を袋のなかへ落として判決に達するのが習慣だったからである。

石占いはギリシア人によく用いられ、ヘレナは石占いによってトロイの破滅を予言したと言われている。石にまつわる民間の多くの迷信はいわゆる「暗黒時代」の後も続いている。このうちで主なものは、ヤコブが枕に使った本物の岩だと断言されている、ウェストミンスター大寺院の戴冠式用の椅子の座部の有名な黒石にまつわるものである。黒石は、また、宗教の象徴表現としても数回出てくる。それはシリア－フェニキアの太陽神エラガバルから由来すると想像されるヘリオガバルスと呼ばれた。この石は太陽の使いとされ、偉大かつ多様な特性を有していると断言された。メッカのカーバ神殿の黒石はイスラーム世界全体で今もなお崇敬されている。それは元来は白くて、メッカから何日も旅をした後でも見えるほどに光り輝いていたと言われるが、時代が経るにつれて、巡礼者たちの涙と世の罪障によって黒くなっていったとされる。

金属と宝石の魔力

「密儀」の教えによれば、天体の放つ光線は下位世界の晶化力とぶつかり、色々な元素になった。これらの元素は元の天界の効能を帯び、平衡を失ったある種の天体活動を偏りのないものとし、またお互いに正しく結合すると、人の幸福に大いに貢献するという。今日ではこれらの魔力に関してはちょっとしか知られていないが、近代世界といえども今後は、これらの関係を広範囲の実験によって決定した初期の哲学者たちの発見を考慮するのが有益だと分かるかもしれない。そのような研究から色々な神々の骨でもって金属の鑑定をする習慣が生まれたのだった。例えば、マネトによれば、エジプト人は鉄をマルスの骨、天然磁石をホルスの骨と考えたという。類推でいくと、鉛はサトゥルヌスの、銅はウェヌスの、水銀はメルクリウスの、金は太陽の、銀は月の、アンチモンは地球の骨となろう。ウラニウムがウラヌスの金属、ラジウムがネプトゥヌスの金属だと判明することもありうるところである。

ギリシアの神秘主義者の四つの時代――黄金時代、白銀時代、青銅器時代、鉄器時代――は、万物の生命の主要な四つの磁気に言及した比喩表現である。一日の区分にあてれば、それらは曙、真昼、日没、真夜中を表わし、神々や人類、宇宙の存続期間に当てれば、誕生、成長、円熟、衰退を示す。また、ギリシアの四時代はヒンドゥー教の四時代《ユーガ》、つまり、黄金《クリタ》時代、薄明《トレタ》時代、薄暗《ドバパラ》時代、暗黒《カーリ》時代と密接に照応している。その算出法は次のようにウラムディアンにより説明されている。「十二宮各々に一八〇〇分あり、この数に十二をかけると二万一六〇〇、つまり1800×12＝21600となる。この二万一六〇〇に八〇をかけると一七二万八〇〇〇となり、それが黄金時代と呼ばれる最初の時代の期間である。他ならぬこの数に六〇をかけると、第二の時代の薄明時代の年数一二九万六〇〇〇となる。またその四十倍は第三の時代の薄暗時代の期間八六万四〇〇〇になる。またその二十倍は四三万二〇〇〇年の第四の時代の暗黒時代である」（これらの倍数がピュタゴラス学派のテトラクテュスたる一、二、三、四では逆の割合で減少することは注目されよう）。

H・P・ブラヴァツキーは、オルフェウスが信者たちに天然磁石によって全会衆を感動させる方法を教えた、そしてピュタゴラスは宝石の色と性質に特別の注意を払った、と断言している。彼女は付言していう。「仏教徒は、青玉は心の平安、平静をもたらし、体内に健康によい血行を確実にもたらすことによりあらゆる悪い考えを追い払う、と主張している。現代の電気技術者は直流電池もその作用があると言う。『青玉は』と仏教徒は言う、『かんぬきで締めた扉や住居を（人の霊のために）開けてしまうし、祈禱したいという願望を生み、他のいかなる宝石にもまして平安をもたらすが、それを身に着けようとする人は清浄かつ神聖な生活を送らなければならない』」（『ヴェールを脱いだイシス』を見よ）。

神話には魔法の指輪や護符の宝石の話が豊富である。『共和国』第二巻で、プラトンは、環を内側へ回すと、それをはめている人が見えなくなるという指輪のことを述べている。これでもって羊飼のギュゲスは、リディアの王位を獲得した。また、ヨセフスはモーゼやソロモン王がデザインした魔法の指輪のことを述べており、アリストテレスもその所有者へ愛と名誉をもたらした指輪のことに触れている。同問題を扱った章で、ハインリヒ・コルネリウス・アグリッパは、他ならぬ魔法の指輪のことに触れるばかりでなく、フィロストラトゥス・イャルクスを典拠として、テュアナのアポロニウスは東インドの王子から贈られた七個の魔法の指輪の力を借りて百三十歳余りまで寿命を延ばした、と言明している。この七個の指輪には各々、一週を支配する七惑星のひとつの性質を帯びた宝石がちりばめてあり、毎日指輪を変えることによりアポロニウスは惑星の影響の介入で病と死から身を守ったという。この哲学者は、また、これらの護符の宝石の効能といった知識が神のような業をなす人には不可欠だと考え、それを弟子たちに教えた。アグリッパは魔法の指輪を作る予備となるのは次のようだと述べている。「星〔惑星〕が幸運にも月と幸運な座相もしくは同じ黄経上にあって上ったとき、その星の下にある石と薬草を取り、この星にふさわしい金属で指輪を作り、その指輪の内側に石を縛り付け、薬草もしくは根を指輪の下に置かなければならない——像や名前、文字を刻み込むこと、また、適当に下からいぶすことも省いてはならない」(『隠秘哲学三巻』を見よ)。

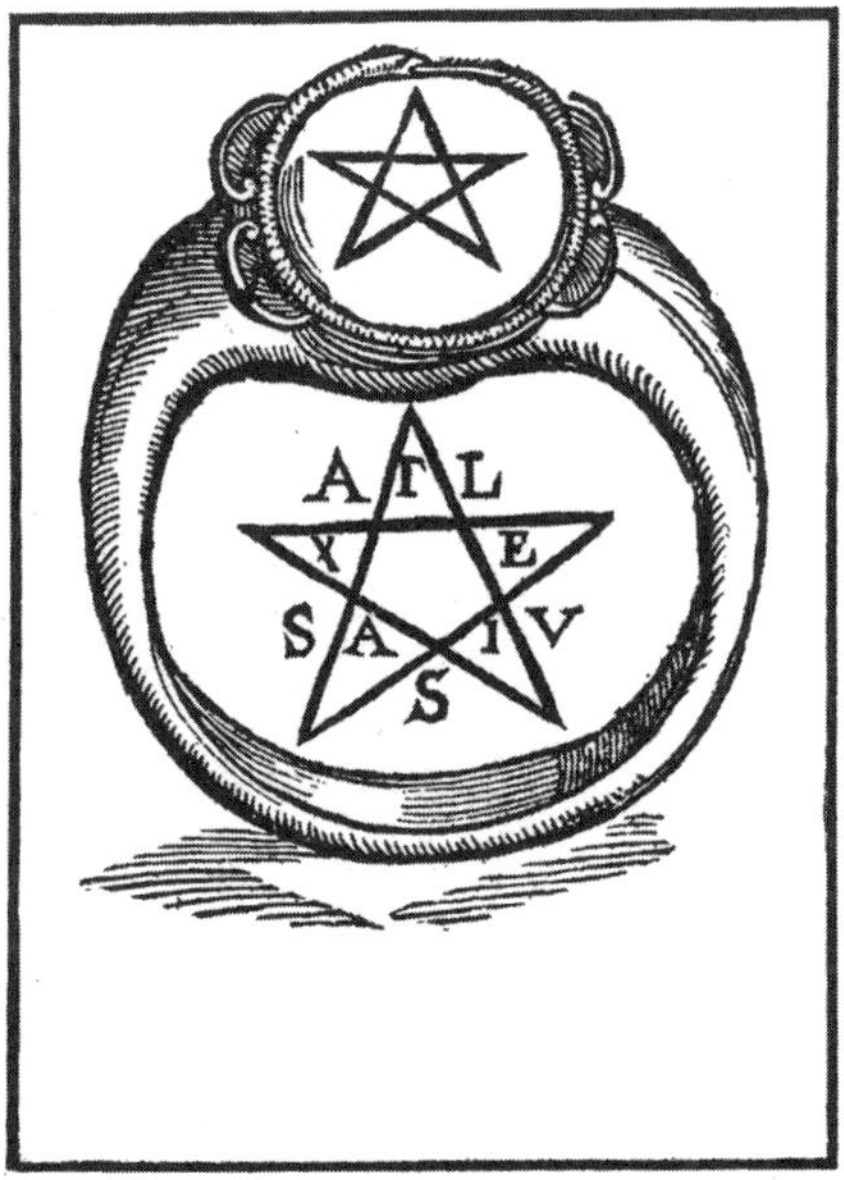

ピュタゴラス学派の認め印つきの指輪
(カルタリの『古代の神像』より)

五という数はピュタゴラス学派の人たちにより医術と特に関連があるとされ，ペンタグラム，つまり五芒星形は彼らにとって健康の象徴だった。
上図は，ペンタルファ，つまりギリシア語のアルファ（Alpha）の相異なる五つの場によってできる星をつけた護符の宝石をちりばめた魔法の指輪を表わしている。この問題についてアルバート・マッケイは書いている。「ピュタゴラスの信奉者たちこそこの本当の発明者であって，指輪の内側の各角のなかにギリシア語のティエイア（TIEIA）か，ラテン語のサルス（SALUS）と，両者とも健康を意味する語を付け，こうしてそれは健康の護符にされたのである。彼らは文通相手のゆるぎない健康を祈願するための挨拶として，それを手紙の初めに付けた。しかし，その使用はピュタゴラスの信奉者に限られなかった。護符として，悪霊に抵抗する魔除けとして東洋全域で使われたのである。」

指輪が達成、完成、不滅の象徴とみなされてから久しい——不滅の象徴であるわけは貴金属の円周には初めも終りもなかったからである。「密儀」では、口に尾をくわえる蛇に似た打出し模様の指輪は、密儀参入者たちが結社のなかにあって到達した地位を示す物的証拠として参入者たちが身に着けたものだった。ある秘密の表象を刻んだ認め印付きの指輪は密儀の解説者たちが着けたものだし、使者が、主人の指輪の印や認め印そのものを伝言とともに持ってきて、君主その他の高位者の公式の代理であることを証明するのは何も異常なことではなかった。結婚指輪は、元来、それを身に着ける人の本性のなかで平衡と完成の状態が達成されたことを暗に示すように意図されていた。そのため、無地の金糸の帯は「上位の自我」（「神」）と下位の自我（「自然」）の合一の証拠となったし、密儀参入のなった神秘主義者の一なる本性のなかで「神性」と人間性とのこの解きがたい混合を完成させる儀式は、「密儀」のヘルメス的結婚を成すものだった。

魔術師たる者の標章を説明してエリファス・レヴィは、魔術師は日曜日（太陽の日）には紅玉《ルビー》もしくは橄欖石をちりばめた金杖を右手に持ち、月曜日（月の日）は真珠と水晶と透明石膏とから成る三本の縄の首飾りをし、火曜日（マルスの日）は磁性のある鋼の杖を持ち、紫水晶《アメジスト》をちりばめた鋼の指輪をはめ、水曜日（メルクリウスの日）は水銀を含む真珠もしくはガラス玉の首飾りと瑪瑙をちりばめた指輪とを着け、木曜日（ユピテルの日）はガラスもしくは樹脂の杖を持ち、翠玉《エメラルド》もしくは青玉をちりばめた指輪をはめ、金曜日（ウェヌスの日）は磨いた銅の杖を持ち、土耳古玉《トルコ》をちりばめた指輪をはめ、青金石と緑柱石で飾った王冠もしくは王冠形髪飾りをし、土曜日（サトゥルヌスの日）は縞瑪瑙《オニックス》の飾りのある杖を持ち、縞瑪瑙をちりばめた指輪をはめ、首には鉛で作った鎖を巻くこと、と断言している（『王権神授の魔法の祭祀』を見よ）。

パラケルスス、アグリッパ、キルヒャー、リリーその他多数の魔術師や占星術師たちは、色々な惑星と黄道十二宮に照応する宝石や石を表にした。次の一覧表は彼らの著作から集めたものである。太陽には紅水晶、紅玉、柘榴石《ガーネット》――特にクバンザクロ石――その他きらきら光る石、時にはダイアモンドが、月には真珠、透明石膏その他の種類の水晶が、土星には縞瑪瑙、碧玉《ジャスパー》、黄玉《トパーズ》、時には青金石が、木星には青玉、翠玉、大理石が、火星には紫水晶、風信子《ヒヤシンス》、天然磁石、時にはダイアモンドが、金星には土耳古玉、緑柱石、翠玉、時には真珠、雪花石膏《アラバスター》、珊瑚、紅玉髄が、水星には貴橄欖石、紅玉、色々な大理石が割り当てられている。

黄道には同権威者たちは次のような宝石や石を割り当てた。白羊宮には紅縞瑪瑙、血玉髄、紫水晶、ダイアモンド。金牛宮には紅玉髄、土耳古玉、風信子、青玉、苔瑪瑙、翠玉。双子宮には黄玉、紅玉、緑玉髄、水晶、藍玉。巨蟹宮には黄玉、玉髄、黒瑪瑙、月長石《ムーンストーン》、真珠、猫目石《キャッツアイ》、水晶、時には翠玉。獅子宮には碧玉、紅縞瑪瑙、緑柱石、紅玉、水晶、琥珀、電気石、時にはダイアモンド。処女宮には翠玉、紅玉髄、翡翠、貴橄欖石、時には桃碧玉と風信子。天秤宮には緑柱石、サージウス、珊瑚、青金石、蛋白石《オパール》、時にはダイアモンド。天蠍宮には紫水晶、緑柱石、紅縞瑪瑙、藍玉、紅玉、天然磁石、黄玉、孔雀石。人馬宮には風信子、黄玉、貴橄欖石、翠玉、紅玉、土耳古玉。磨羯宮には緑玉髄、紅玉、孔雀石、黒縞瑪瑙、白縞瑪瑙、黒玉、月長石。宝瓶宮には水晶、青玉、柘榴石、ジルコン、蛋白石。双魚宮には青玉、碧玉、貴橄欖石、月長石、紫水晶。

魔法の鏡と水晶玉の両者はわずかしか理解されていない象徴である。それらにまつわる、世に流布している物語を文字通りに受け取る無知蒙昧な人は情ない。彼とても――しばしば正気と健康を犠牲にして――魔術と哲学とはよく混同されるけれども、ひとつとして共通点がないことを発見するであろう。ペルシアのマギは、鏡を「神」の全身を映す物質界の象徴として持ち歩いた。水晶玉は心霊の力を養う媒体として長いあいだ誤用されてきたが、三重の象徴である。（一）それは万物がその透明な深みのなかに存在している水晶のような宇宙卵を表わす。(二) それは物質界に浸入する以前の「神」の適切な姿である。(三) それは、地上の一切の活動がその半透明の本質のなかに刻みこまれ、保存されている、あのエーテル界を表わす。

流れ星もしくは天来の岩は神々の恩寵のしるしと考えられ、神々と落下した地域とのあいだの契約の証しとして祀られた。奇妙なしるしがあったり、削り取ったような自然の石も時折発見される。中国には龍に酷似した形の粒からなる厚い板状の大理石がある。オーベルアンメルガウの石は「自然」によって削られ、一般に考えられているキリストの顔に酷似していて目立つため、ヨーロッパの王侯たちでさえ、それを見るという特権を求めたほどだった。このような性質の石は原始民族のあいだで最高に尊重され、今日でさえ宗教心のある人たちへ広汎な影響を及ぼしている。

前頁――メフィストフェレスの招喚

メフィストフェレスは悪霊のなかで最も悪名高い存在で、ファウスト博士の業績と密接な関わりを持っている。ゲーテは、メフィストフェレスを「常に悪を志しながら結局は善のために働くあの力の一部」と定義している。オペラの愛好者にお馴染みの堂々たる悪魔の姿は、『魔法秘伝書』に現われるメフィストフェレスではない。昔の魔法の秘書のなかにはあらゆる四大の精の名前をあげたり、その姿を述べたり、彼らを支配する方法が含まれている。メフィストフェレスについてはこう書かれている。「彼はユピテルの権威のもとにあり、彼の支配者の名はザドキエル、聖なるイェホヴァの座天使のひとりである。彼は水曜日の朝早く（ユピテルの日と時間）か同じ日の夕方遅くに出現させることができる。まず最初彼は火のような熊となって現われる。だが数は少ないが、もっとお気に入りの姿は黒いマントを身につけた小さな禿げた男の姿をして現われることである。」典礼魔法のメフィストフェレスは呼び出す者の声に応じて、不可視の世界から現われ、グロテスクな小人として目に見えるようになるのだが、この小人の支配下に入ってしまった軽率な魔法使いの最期は悲惨である。童話で知られた「青髭」――ジル・ド・ラヴァルは実在の人物で、伝説に記録された通りの悪業を行なっていたことはあまり知られていない。この犯罪の真の動機が黒魔術であったこともこれまで隠されてきた。しかし青髭が使った礼拝堂や悪魔の像をのせた祭壇が発見されている。彼の城の到る所に黒ミサで使った典礼用具が散らばっていたのである。

典礼魔法と妖術

典礼魔法とは、ある種の儀式を科学的に駆使することによって精霊たちを招喚したり、統御したりする古代の技術である。魔法使いというものは、荘厳な法衣に身をつつみ、神聖文字を刻みこんだ杖を手にすれば、ある言葉と象徴のなかに込められた力によって、四大元素やアストラル世界の目に見えない住人たちを思うがままに支配することができたのである。古代の精密な典礼魔法は必ずしも悪ではないのだが、その倒錯から間違った妖術の宗派がいくつか出現した。これが、すなわち、黒い魔法である。

エジプトは学術の偉大な中心地であり、厖大な技術や学問が誕生した所である。そこは超越的な実験を行なうのにまたとない環境であった。ここでアトランティスの黒い魔法使いたちは、その超人的な力を発揮し、はては原初の「密儀」の品位を完膚なきまでに貶しめ、穢すに至った。彼らは祭司階級を確立することによって、以前は密儀参入者が持っていた地位を簒奪し、霊的世界の支配権を掌握した。こうして黒い魔法は国家宗教を独占して個人の知的、霊的な活動を麻痺させてしまった。祭司階級の政略に則った教義に全く無条件で従うように要求したのである。ファラオーは「緋衣の枢密院」——祭司階級によって権力の座に祭り上げられた大妖術師たちからなる諮問機関——の手に操られる人形にすぎなくなった。

これらの妖術師たちは次に古代の知恵に近づくあらゆる鍵を大々的に破壊し始めた。その結果、まず、彼らの階級の一員にならなければ、誰も霊的完成に到達するために必要な知識に近づくことができなくなってしまった。彼らは「密儀」の儀式を保存していると称している。だが、実は支離滅裂に解体してしまったのである。そのため、新参者はいくつかの階梯を経ても、自分に授けられた知識が本物かどうか得心ができなくなってしまった。そこでさまざまな図像崇拝が勧められ、偶像崇拝が始まった。これは、最初、賢者が単に研究や瞑想のための象徴として使ったにすぎないものだったが、やがて間違った解釈が「密儀」の文様や図形に与えられ、彼らの信者の心を惑わすために精緻な神学が創作された。大衆は霊的世界を理解する生得の権利を奪われ、無知のままひれ伏すばかりで、結局は、霊的ぺてん師たちのみじめな奴隷になってしまった。迷信は到る所にはびこり、黒い魔法使いたちは完全に国家体制を支配した。その結果、人類はいまだにアトランティスやエジプト流のいかさまの宗門政治に苦しんでいるのである。

中世の無数のカバリストたちは、『聖書』が承認していると完全に信じ込んで、生涯を典礼魔法の実践に打ち込んだのである。カバリストたちの高踏的態度は、ソロモン王の古代的な魔法の流儀に基づいている。ユダヤ人たちは長いあいだこの王を典礼魔法の第一人者と見なしてきた。

中世のカバリストたちのあいだにもたくさんの黒い魔法使いたちがいる。彼らは『セフェール・イェツィラー』の高貴な理念から足を踏み外して、悪魔崇拝と魔女崇拝の邪道に踏み込んでしまった。彼らは魔法の鏡だの、曰くありげな短剣だの、棺に打ち付ける釘のまわりに描く円などに熱中したあげく、かの求道的人生、つまり煩瑣な儀式や魑魅魍魎の助けがなくても、間違いなく真の個人的完成状態へと近づくことができるような生き方を忘れてしまったのである。

自然の精霊を典礼魔法によって統御しようとする人は、大部分は見えない世界から稀少な知識や超自然的な力を得たいと思っていた。ナポレオン・ボナパルトの小さな赤い魔物や、ド・メディチの悪名高い予言する頭像は、自然霊たちに人間的行為の道程を左右させるとどんな悲惨な結果となるかというよい例証である。

ソクラテスの博識にして神妙なダイモンは例外かもしれない。だが、これとて実は魔法使いの知的・道徳的地位は彼が呼び出し得る自然の精霊がどのようなものかに大いに関係していることを証明しているのである。だが、

メンデスの山羊，バフォメット
（レヴィの『超越魔法』より）
白魔術，黒魔術にかかわらず魔法の実践というものは，宇宙の生命力——エリファス・レヴィが呼ぶところによれば「偉大な魔術の執行者」あるいは「アストラル・ライト」——を統御することに熟達しているかどうかにかかっている。この流動的な実体を巧みに取扱うことによって超自然現象が起こるのである。有名な両性具有の「メンデスの山羊」は，この「アストラル・ライト」を象徴化するために種々の要素を合成して形造られた生物である。それは典礼魔法の修行者たる聖堂騎士団員が崇拝する神秘的な万有神バフォメットと同じである。彼らはたぶんそれをアラビア人から受け入れたのであろう。

このソクラテスのダイモンさえ死刑の判決が下るとこの哲学者を見捨ててしまった。

超越魔法およびあらゆる種類の幻術魔法は袋小路に過ぎない。それはアトランティス的妖術の末裔である。哲学の大道を捨ててそこにさまよい込んだ者は、大抵例外なくその愚行の犠牲者になってしまう。人間は自分自身の欲望を制御できなければ、激しくも荒々しい自然霊たちを支配するという仕事はとうてい不可能なのである。

多くの魔法使いが魑魅魍魎の跳梁を許す羽目に陥って、その結果、命を落としている。エリファス・レヴィがテュアナのアポロニウスの亡霊を呼び出したとき、一体何をしようと望んだのか。好奇心の満足ということが一生涯をかけて危険で無益な研究に没頭することを説明するに十分な動機になるだろうか。生前のアポロニウスが俗世間に秘密を漏らすことを拒んでいたとすれば、死後、好奇心の旺盛な人にその秘密を打ち明けるという可能性はどこにあろう。レヴィ自身、彼の前に現われた亡霊を実際にその偉大な哲学者だと主張したわけではない。レヴィは自然の精霊が死んでしまった人間になりかわって現われる傾向のあることを十分承知していたからである。現代の霊媒を使った霊の出現は、大部分が自然の精霊のなせる業にすぎない。肉体を失った死者の幽霊を見たがってその場に集まった人々はその亡者の姿や形を思い浮かべる。自然の精霊がその思念の力の作りあげた姿や形に扮装して現われるのである。

黒い魔法の理論と実践

典礼魔法の錯綜した理論と実践について多少の理解を得ようとすれば、その根底にあるいくつかの前提について手短に考察しておくべきであろう。

第一。目に見える世界は、それに対応する目に見えない世界を持っていて、その上層には善い美しい精霊たちが住んでいる。下層は暗く不吉な所で、悪しき精霊たちと魔群が「堕天使」と十人の「魔王」の統率下に暮らしている。

第二。典礼魔法という秘密の手続きを使ってこの目に見えない生きものに接触し、人間の事業に彼らの助けを求めることができる。善き精霊は価値のある企画なら喜んで助けるけれども、悪い精霊は事をひっくり返したり、壊したりするために生きている人を助ける。

第三。この精霊たちと契約を結ぶことが可能である。それによって魔法使いは一定の契約期間中ある自然霊の主人となる。

第四。真の黒い魔法は悪魔的な精霊の助力のもとに行なう。その悪霊は生前は妖術師に仕えるが、そのかわり、死後その魔法使いは悪魔の召使いになるという取り決めがしてある。そのため悪い魔法使いは不老不死という途方もない目的を追求しようとする。墓に入ったら最後、彼には破滅しか待っていないからである。

黒い魔法の最も危険な形態は、個人的な欲望を満足させるために隠れた力を巧妙に悪用することである。それほどこみ入ってないがもっと一般的な形態は、人間の利己心である。利己心こそあらゆる世俗的な悪の根本原因である。ある人間が自分の永遠の魂を売り渡して一時的な力と替えようとすると、時間がたつにつれてある神秘的過程が進行して、実際にこの交換ができるようになってしまう。この黒い技法はそのさまざまな分野にあらゆる種類の典礼魔法、降霊術、魔女崇拝、妖術、吸血鬼信仰などを含んでいる。この大項目のもとに催眠治療や催眠術も含まれる。医学的に使われる時は例外だが、その時でも関係者すべてに危険の要素が存在する。

中世の悪魔崇拝はすっかり消えたかに見えるが、多種多様の近代思想——「繁栄」の心理学、「意志力を強化する」形而上学、「やる気をおこす」販売促進術など——の形で、黒い魔法は未だに生き延びている。単に変身したにすぎない。その名が変わってもその本性は依然として変わらない。

中世の有名な魔法使いのひとりはヨハネス・ファウストゥスである。彼は一般にファウスト博士の名で知られている。魔法文献を研究したおかげで、彼は長年のあいだいろいろな能力で彼を助けたひとつの自然の精霊と雇傭契約を結ぶことができた。ファウスト博士の持っていた魔法の力に対していろいろと奇妙な伝説が伝えられている。あるとき、この哲学者は茶目気をおこして、マントを市場のおかみさんのバスケットのなかに詰まっている卵の上に投げた。すると、たちまち卵は一斉に孵ったという。別な折、小さな船から落ちてしまった。彼は救い上げられ、船に戻ったが、そのとき着ている物は全然濡れていなかった。しかし、魔法使いの例に漏れず、ファウスト博士にも破滅の時がきた。ある朝、彼の背中にはナイフが刺さっていた。おかかえの精霊が彼を殺したのだと信じられている。ゲーテのファウスト博士は普通単なる架空の人物と見られているが、この昔の魔法使いは十六世紀に実際に生きていた。ファウスト博士は精霊たちとの体験を認《したた》めた一冊の本を残している。以下にその一節を抄録しよう（ファウスト博士を印刷業者ヨハン・フストと間違えてはいけない）。

ファウスト博士の本より抜粋　ウィッテンベルク、一五二四年

（破棄命令を受けたドイツ語原書の抄訳。）

「若い頃から私は魔法の技術と理論を追求し、読書に飽きることがなかった。私の手にした書物のなかには、あらゆる呪文と魔法の祭式が掲載されている一冊の本があった。この本で私は精霊を支配することができれば、それが火の精であろうと、水の、地の、風のであろうと、魔法使いの意志通りに従わせることが可能だという趣旨のことを知った。また、ある精霊が他の精霊より大きな力を持つ分野に応じ、それぞれが別々の活動に適応して、ある超自然的な現象を生み出すことができるということも分かったのである。」

「この驚くべき本を読んだ後、私はいくつかの実験をしてみた。この書のなかに記述されていることが本当かどうか試してみようと思ったのである。最初、私は書かれていることが実際に起こるとは、ほとんど信じていなかった。しかし、初めて呪文を唱えたとき、巨大な精霊が私の前に現われ、なぜ自分を呼び出したのかを知りたがった。彼の出現に私はすっかり肝をつぶし、何と言ってよいのか、一言も口がきけなかった。だが、やっとのことで魔法研究のために私に仕える意志があるかどうか尋ねてみると、彼はある条件が認められるなら仕えようと答えた。その条件とは、私が彼とある契約を結ぶということであった。このことは私の望むことではなかった。だが、無知ゆえに円で自分を守ることをしていなかったし、実際のところその精霊のなすがままで、あえて彼の

要求を拒否するわけにはいかなかった。私はマントを風の吹くままに翻えさせておくのが最も賢明と考えて、このぬきさしならぬ事態に身を委ねることにした。」

「そこで、私は彼に、もしある一定期間私の希望や要求の通りに仕えるなら契約に署名しようと言った。契約がなされると、この巨大な精霊アステロトは私をマルビュエルという名の別の精霊に紹介した。彼は私の召使いに任命されていたのである。マルビュエルが私の要求にふさわしいかどうかは疑問であった。そこで彼にどれほど敏速か尋ねると、『風と同じほどに敏速でございます』と答えた。このことは私を満足させるものではなかったので、こう返事をしてやった。『お前は私にふさわしくない。来た所へもどれ。』すぐに別の精霊が姿を現わした。名をアニギュエルという。同じ質問をしたところ、彼は『空を翔けめぐる鳥と同じくらい速うございます』と答えた。私は言った。『お前もまだ遅すぎる。今来た所へ行ってしまえ。』と同時に、また別の精霊アシエルが現われた。三度私が同じ質問をすると彼は返答した。『私は人間の思考と同じほどに敏捷でございます。』そこで私は『私に仕えさせてやろう』と答えてやった。この精霊は長いあいだ忠実に仕えた。だが、これだけの長さの

魔法の剣
（レヴィの『魔法儀礼』より）
エリファス・レヴィが述べるところによれば，魔法の剣を実際に準備するには以下のようにして行なう。剣の刃は火星の時間に新しい道具で作らなければならない。柄がしらは水銀を混ぜた銀で中を空洞にして作り，表面には水星と月の象徴，ガブリエルとサマエルの符号を彫らなければならない。柄は錫で包み，表には木星の象徴とミカエルの記号を刻み込む。銅で作った三角形は柄から刃に沿って両側に少しのばす。こうして両側に水星と金星の象徴が現われるようにする。鍔の部分には図に示すように五つのセフィロトの名前を彫り，刃そのものには一面にマルクト，他面にクイウト・ウト・デウス〔誰が神の如くあるか〕という言葉を彫刻する。剣を浄めるのは日曜日でなければならない。

記録で彼が私にいかにして仕えたか伝えるのは不可能である。だから、ここでは、精霊たちをどんな方法で呼び出すべきか、守護の役割を果たす円をどのように準備したらいいかを示唆するにとどめておきたい。人間に呼び出されて召使いになることを許されている精霊たちは多種にわたっている。そこで、これらの一部を以下に収録しておこう。」

「アシエル。人間に仕える精霊たちのなかで最強。彼は三フィートほどの身長で、愛嬌のある人間の形をして現われる。準備された円のなかへ彼が出現する前に三度呼び出す必要がある。彼は魔法使いの意志通りに富を供給したり一瞬のうちに遠方からいろいろな物を持って来るであろう。人間の思考ほどに敏捷なのである。」

「アニギュエル。奉仕好きで最も有能。十歳の少年の姿をして現われるが、三度呼ばれなければならない。彼の特殊能力は地中に隠された宝物や鉱物を発見することである。彼はそれらを魔法使いに供給するだろう。」

「マルビュエル。山の真の主人で空飛ぶ鳥と同じくらい速い。彼は反抗的でやっかいな制御しにくい精霊である。彼に対しては四度呼び出さねばならない。彼は軍神マルス〔重い甲冑を纏った勇士〕の姿をして出現する。彼は魔法使いに地上高いところや地下で生育しているものを提供することができる。彼は、とりわけ、春の根草の支配者である。〔春の根草とは多分赤味がかった色の神秘に包まれた草本である。中世の魔法使いたちはこの春の根草についてはっきりと、それが触れるものならどんなものでも引き出したり開けたりする特性を持つと言っている。鍵の掛かった扉に対して置かれるなら扉を開けるだろう。錬金術師たちは鶏冠《とさか》の赤い啄木鳥《きつつき》が春の根草を発見する才能を特別に賦与されていると信じていた。そこで彼らはこの鳥が巣の方へ飛んでいくのを追い、後で子鳥たちのいる木の穴を塞いでおく。すると鶏冠の赤い啄木鳥はすぐに春の根草を探しに行く。そして見つけ出すと嘴に銜えて巣のある木へやって来る。即刻塞いである栓を巣の入口から引き抜く。そのときとっさに魔法使いは鳥から春の根草を取ってしまうのである。また、次のようなことも明らかに述べられている。春の根草のエーテル体は、構造上の理由で、何かを引き出したり開けたりする性癖を通じて自らの出現を明らかにする自然霊たちに、その伝達手段として利用されることがある。」」

「アシエベル。海の大統治者で水中水上を支配している。彼は難破した船や水底に沈んだ宝物など、河や湖、大洋になくしたり沈んだものを与える。鋭い声で招喚すればするほど彼は速やかに使命に赴くであろう。」

「マキエル。美しい乙女の姿で現われるが、魔法使いは彼女の助力で名誉と威厳を呼び醒まされる。彼女は自分の仕える人々を立派で高貴に、慈悲深く親切にし、訴訟や裁判に関するあらゆる問題に援助の手をさしのべるのである。彼女は二度呼ばないと出て来ないであろう。」

「バルエル。全技術の親方。彼は熟練工として登場するが、その際にはエプロンをかけている。彼は世界中の熟練工が協同で二十年のうちに成し遂げる以上のことを一瞬のうちに魔法使いに教えることができる。彼は三度呼び出さなければならない。」

「これらは人間に最も役立つ精霊たちである。まだ他にもたくさんいるのだが、余白不足で記述することができない。さて、もし君があれこれのものを手に入れるために精霊の助力を望むなら、まず最初に呼び出したい精霊のサインを描かなければならない。描写は日の出前に作られた円の直前でする必要がある。そして君と助手たちはそのなかに立つことになるだろう。もし財政的援助を欲するのであれば精霊アシエルを呼び出さねばならない。円の前でアシエルのサインを描け。他のものが必要なら、そのときにはそれらを供給することのできる精霊のサインを描く。円を作ろうとする場所には最初に、かつて誰をも傷つけたことのない大きな剣で大十字を描かなければならない。そして三つの同心円を作る。一番内側の円は細長く切った未使用の羊皮紙で作り、茨の木でできた十二の十字架の上にかぶせる。真新しい羊皮紙の上には後述の図にあわせて名前と象徴を書く。この最初に作った円の外側に二番目を次のようにして完成する。」

「まず最初に、既に紡いであって右方向にではなく左に巻いてある赤い絹の糸を手に入れよ。それから、月桂樹の葉でできた十二の十字架を地面に置き、さらに新しく白い細長い紙切れも準備する。未使用のペンで記号と象徴をこの白い紙の第二の円の上によく分かるように書くこと。次に赤い絹の糸で細長い紙のまわりを巻きつけ、十二の月桂樹の葉で作った十字架の上に押さえるようにして置く。この第二の円の外側に新品の羊皮紙で第三の円を作り、清められた棕櫚の葉を材料とした十二の十字架の上にきちんと載せる。君がこれらの三つの円を作ったら、最初に描いた大十字のなかにペンタグラムを書いて、最後にその中央に立つまで円の方に

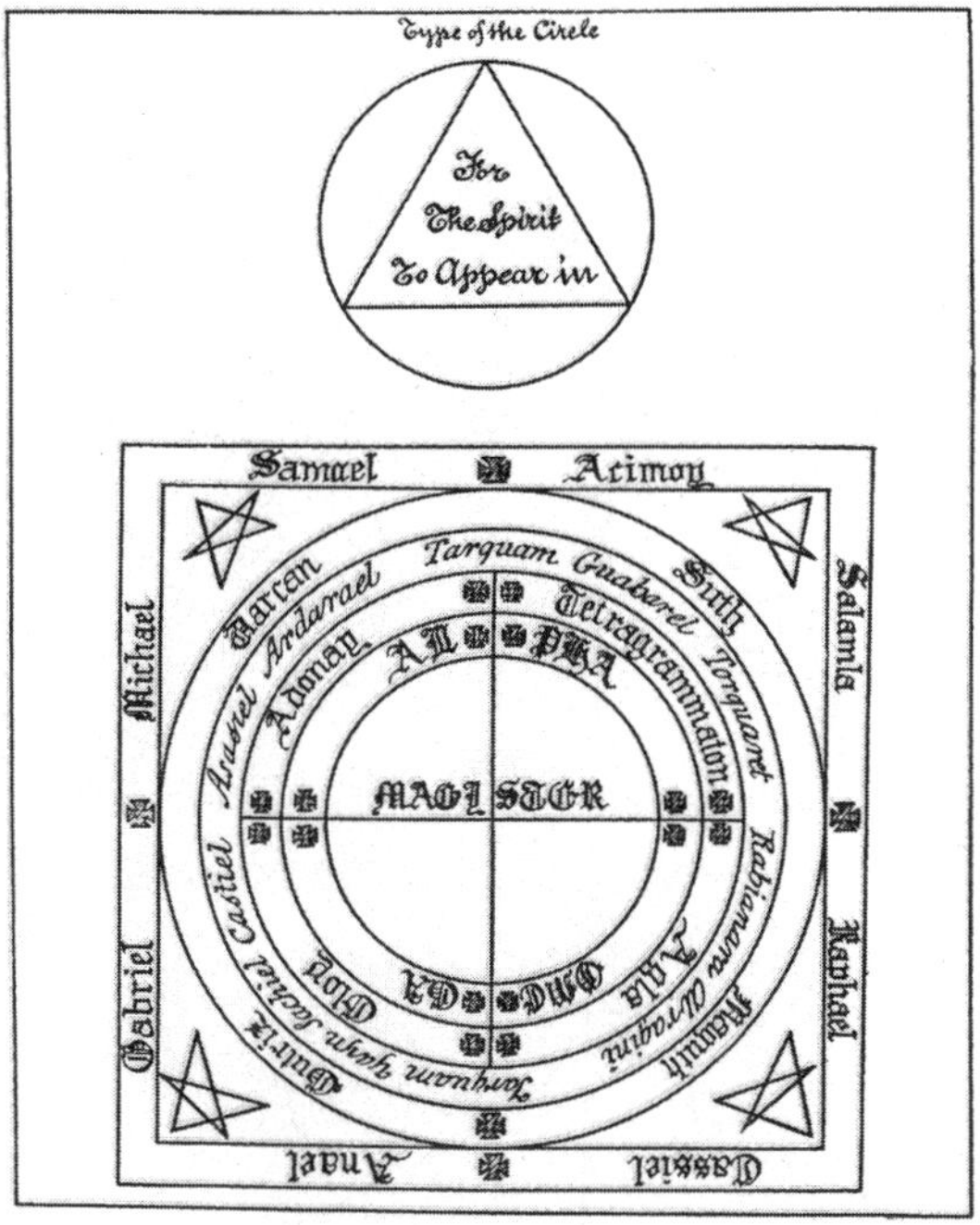

魔法の円（『魔法科学大全』〔未刊草稿〕より）
上図は中世の魔法使いが精霊を招喚するために設計した魔法の円を，完全かつ正確に再現したものである。魔法使いは助手を同伴して中央の二線が十字に交わる「マギステル」と記されている地点に位置する。円の周囲に書いてあるのは姿を現わさない霊の名前である。小さないくつかの十字架は祈禱と呪文が行なわれる場所を示す。さらに別の小さな円があるが，これは呼び出された精霊に準備されたものである。招喚を行なうときには三角形のなかに自分の望む霊の符号を書く。

ペンタグラム（レヴィの『超越魔法』より）
ペンタグラム（五芒星形）は魔術的に表現した人間の形，つまり小宇宙の象徴である。それは四大元素から生じるもの——動物の本性の束縛から逃れ向上しようとする人間の魂——である。それは真の光「明けの明星」である。ペンタグラムは五つの神秘的な力の中枢の位置を示す。これらの力を覚醒させることは白魔術の最高の秘密である。

退いていること。さあ、成功を確かなものにするために記述通りくまなく取り行なうがよかろう。そして、君は聖なる呪文を読み終わったら現われてほしい精霊の名前を発音するのだ。その際はっきり発音することは絶対必要なことである。また、その日時も記録しなければならない。というのは、どの精霊もある一定の時にのみ呼び出すことが可能だからである。」

　黒い魔法使いは、自然霊との契約期間中には、自分はいつまでも自分の思い通りに精霊たちを支配できるほど強いのだと信じて疑わないかもしれない。だが、同時に彼は非常な速さで迷夢を醒されていくのだ。何年もたたないうちに彼は全エネルギーを自己保存の問題に向けなければならなくなる。貪欲さによって自らを調和させてきた恐怖の世界は毎日刻々と迫ってくる。泥水の深みに吸い込まれることを今か今かと待ち受けながら逆巻《さかま》く大渦巻の縁で生きながらえるようになるまで。死を恐れる——なぜなら、その時には今自分に仕えている悪魔の召使いになるのだから——魔法使いはこの哀れな地上での生存を引き延ばすために次から次へと罪を犯していく。黒い魔法使いは、生命がすべての生物に共通の財産である不可思議な宇宙に充満する生命力の助けのもとに維持されていることを知っているので、しばしばオカルト的な意味での吸血鬼となって他のものからこのエネルギーを盗む。中世の迷信によると、黒い魔法使いは狼男に変身して夜中に地上を徘徊し、無防備の犠牲者を襲撃して彼らの血のなかにある生命力を奪ったという。

精霊の招喚方式

以下は古代の草稿から要約引用したものであるが、典礼魔法の儀礼体系の代表的なものとしてこの機会に再び示しておきたい。引用は未刊草稿『魔法科学大全』(原典は大英博物館に保存)で、彩色されたペンタグラムがついており、フランシス・バレットが『魔術師』という本のなかで言及している。

「最初の祈禱」

「おんみへの讃美と栄光と人類救済のために天地創造をお命じになった全能にして永遠なる神よ、心よりおんみに願いたてまつる。ユピテルの指揮下にある一精霊ザドキエルと、おんみが目下蒼穹の統治者に任命しているザドキエルの使者のうちのひとりを最高の誠意により快く派遣下さり、私の依願、命令あるいは要求に応じ忠実に願望を履行することになるこれらの精霊たちを私の前に出現させて下さいますよう。しかも、ああ『最高の神聖を有する神』よ、私の意志ではなくおんみの意志が、おんみの唯ひとりの息子でありわれわれの主人であるイエス・キリストの助けにより遂行されますように。アーメン。」

「呪文」

〔法衣と法具をすっかり浄めてしまった魔法使いは円に守られている。今度は精霊たちに姿を現わし要求に応じるよう依頼するのである。〕

「精霊たちよ、私は汝らの援助を必要としている。このサインと全き力を有する『神の神聖な御名』を見よ。われわれのこの五芒星形の力に従うのだ。身を隠している洞穴や陰鬱な場所から出よ。絶え間なく汝らが苦しめている不幸な死すべき運命の者たちをこれ以上傷つけるのはやめよ。『神の慈愛』がわれわれを合体させたこの場所に来るのだ。われわれの命令を謹しんで聴き神の義に適った要求を知れ。抵抗すればわれわれは実行を断念するだろうと信じるな。いかなるものもわれわれに従うのを免れることはできない。神秘に包まれた御名エロヘー・アグラ・エロヒム・アドナイ・ギボルトにかけて汝らに命じる。アーメン。」

『『父』と『子』と『聖霊』、聖なる『三位一体』、名状しがたき『統一体』の名にかけて、汝ザドキエルに命令する。」

「今この時刻に汝ザドキエルに請い願う。『神聖な神の御名』エロヘー・エル・エロヒム・エリオン・ゼバオト・エスケレヒエ・イアー・アドナイ・テトラグラマトンにかけて、今日私がこれから使う誓いの言葉と呪文に耳を傾けることを。」

「精霊ザドキエルよ、『光々しき御名』ハギオス・オ・テオス・イスキュロス・アタナトス・パラクレトス・アグラ・オン・アルファ・エト・オメガ・イオト・アグランブロト・アビエル・アナティエル・テトラグラマトンに誓って、さらにその他の偉大で輝かしく神聖にして言語を絶し、神秘に包まれ強大な力を有して無限であらせられる『神の御名』に誓って、汝が私の口から出る言葉に耳を傾け、汝の下で仕えているパピエルか他の精霊を私のもとに派遣せんことを願う。『父』と『子』と『聖霊』の御名において私が要求するものを眼前に見せてくれよう。」

「汝パピエルに請う。天の全天使、熾天使、智天使、座天使、主天使、力天使、能天使、権天使、大天使、天使、神聖にして偉大なる誉高き天使たちオルファニエル・テトラ－ダギエル・サラムラ・アシモイ－パストル－ポチにかけて、直ぐさま出て来て、われわれがしかと見聞できるよう快く姿を現わし、われわれにそのことを明かした後、望みを履行してくれんことを。そして、汝の星である木星、天に煌く星群、汝の従う一切のもの、および汝の賦与し、提示し、確証せし性格に誓って、私が『全能の神』に捧げた祈り通りに私の言うことに耳を傾け、快く忠実に私の願望すべてを遂行できる精霊を汝の召使いのうちから直ちに私のもとに派遣せよ。しかも、美しい天使の姿で現われ穏やかに、礼儀正しく丁寧に、従順に私と話し合い、決して、僅かでも危害を加えようと邪悪な精霊が近寄って私を脅かしたり驚かすのを黙認したり、少しでも私を欺くことのないよう指図すること。私がその御名に仕えているわれわれの主人イエス・キリストの徳により汝の出現を心から待っている。フィアト「そうしてく

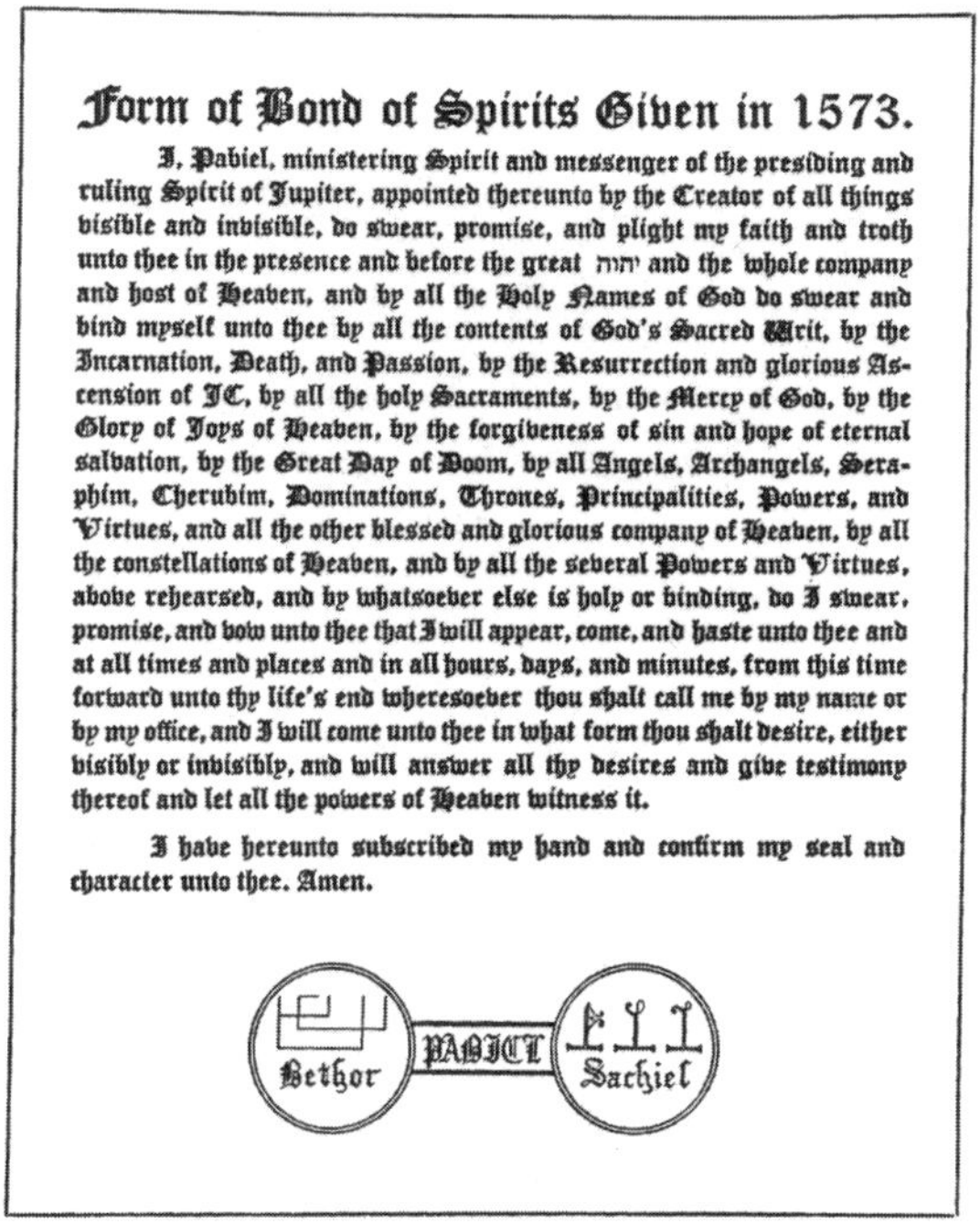
Form of Bond of Spirits Given in 1573.

I, Pabiel, ministering Spirit and messenger of the presiding and ruling Spirit of Jupiter, appointed thereunto by the Creator of all things visible and invisible, do swear, promise, and plight my faith and troth unto thee in the presence and before the great יהוה and the whole company and host of Heaven, and by all the Holy Names of God do swear and bind myself unto thee by all the contents of God's Sacred Writ, by the Incarnation, Death, and Passion, by the Resurrection and glorious Ascension of JC, by all the holy Sacraments, by the Mercy of God, by the Glory of Joys of Heaven, by the forgiveness of sin and hope of eternal salvation, by the Great Day of Doom, by all Angels, Archangels, Seraphim, Cherubim, Dominations, Thrones, Principalities, Powers, and Virtues, and all the other blessed and glorious company of Heaven, by all the constellations of Heaven, and by all the several Powers and Virtues, above rehearsed, and by whatsoever else is holy or binding, do I swear, promise, and vow unto thee that I will appear, come, and haste unto thee and at all times and places and in all hours, days, and minutes, from this time forward unto thy life's end wheresoever thou shalt call me by my name or by my office, and I will come unto thee in what form thou shalt desire, either visibly or invisibly, and will answer all thy desires and give testimony thereof and let all the powers of Heaven witness it.

I have hereunto subscribed my hand and confirm my seal and character unto thee. Amen.

木星の精霊との契約形式（『魔法科学大全』より）
「前述の『精霊の証文』は真新しい羊皮紙の上に書き，さらに惑星守護神の印形と符号を加えなければならない。精霊が現われたら（署名のために）それを前に置く。そのとき招喚者は自信を失ってはならない。忍耐強く，堅実しかも大胆かつ不撓不屈であれ。そして神の栄光と人類の幸福を得るためにのみ精霊に命令するのだということに留意せよ。精霊が要求を遂行し終えたら，招喚者は出発の許可を与えてもよい。」

れ」・フィアト・フィアト。アーメン、アーメン、アーメン。

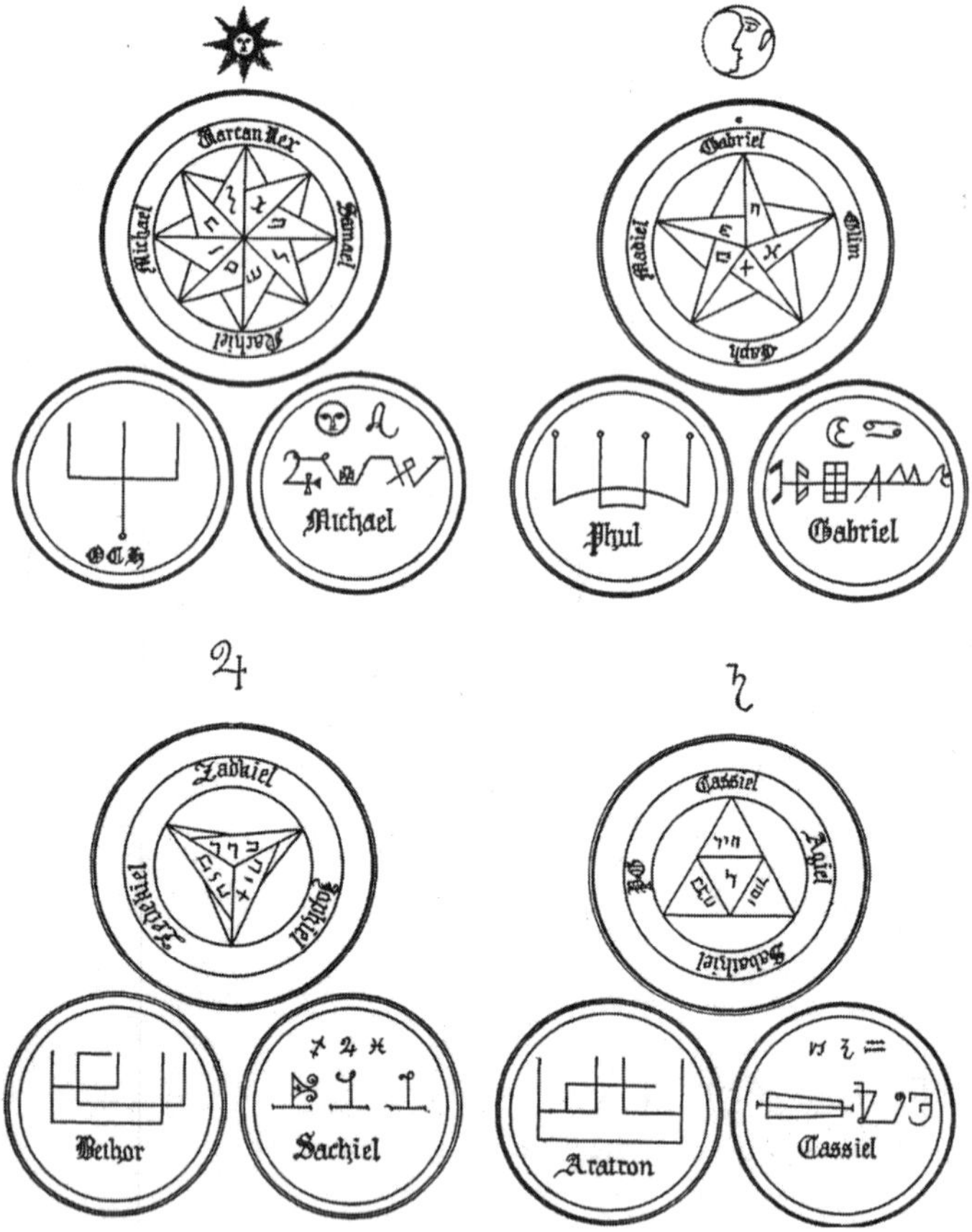

（中世の『精霊の本』未刊草稿より）
な円は惑星を統御する精霊の印形と符号を示している。

「問答」

〔精霊が招喚されて眼前に現われたならば魔法使いは次のように質問すべし。〕

『父と子と聖霊の名において心安らかなままに来たか。』〔すると精霊はこう答えるだろう〕『はい』

『よく来てくれた。気高き精霊よ。汝の名は何か。』〔精霊はこう言うだろう〕『パピエルです』と。」

『私は汝をナザレのイエスの御名において呼

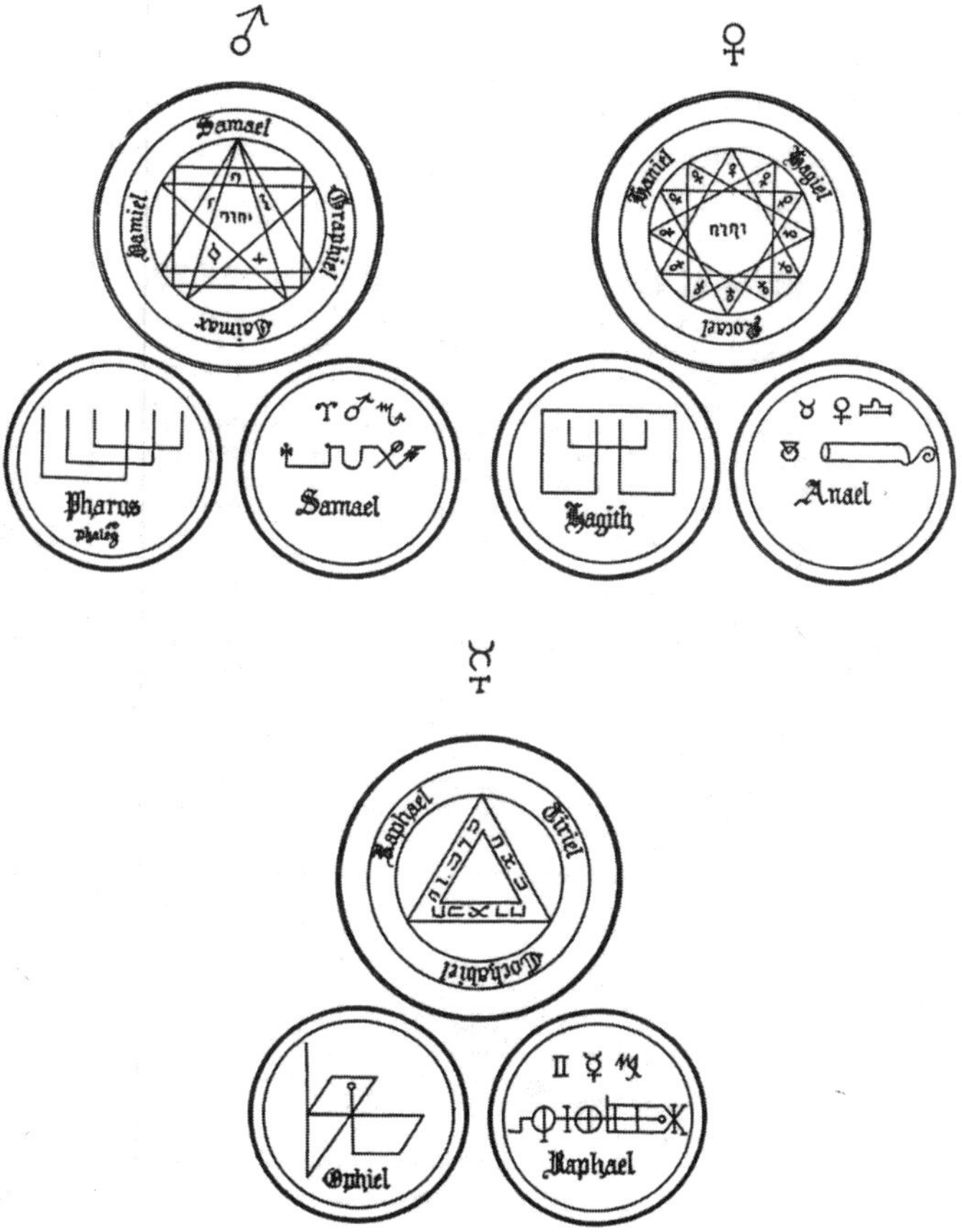

七惑星の星型と惑星守護神の印形と符号
七つの大きい円は惑星の星型を表わし，それぞれの下に位置する二つの小さ

んだ。天国でも地上でも地獄でもその御名にすべてのものが跪くであろう。そして誰でも、イエス・キリストの救世を信じる者たちにとってもまさしくその通りであるが、最も聖なる御名においていかなるものとも契約を結んだり解いたりする能力を、人類に授けたイエスという御名に並ぶ名はないと白状するであろう。』」

『汝はザドキエルの使者であるか。』〔精霊は答える〕『はい、そうでございます。』」

「『今汝は私に仕えるものだと認め、この後で私が知ろうと欲することすべてを知らせ、さらにいかにしたら知恵と知識をふやすことができるかを教え、私が全能の神の栄光を説明することが可能な魔術や自由学の奥義をすべて明かしてくれるか。』〔彼は返答する〕『はい、よろしゅうございます。』

「『では、どうか私が汝を呼べるよう汝の象徴を示して確認させてくれ。このことを誓ってほしい。そうすれば私も細心の注意を払って誓約を守ろう。万能の神にかけて。そして、汝が私の前に姿を現わすときはいつでも慇懃に迎えよう。』」

「出発の許可」

「『汝は心安らかにやって来て私の願いに応じてくれた。だから、私がその名において呼びその名ゆえに汝が姿を現わした全能の神に僅かではあるが心から感謝を申し上げよう。さあ、先に仕えていた所へ安らかなまま出発するがいい。そして、汝の誓約により、あるいは汝の名、階級、あるいは創造者から授けられている任務において私が招喚するときにはいつでも復帰するのだ。神の御力が私と汝とともにあり、神の全子孫にも及びますように。アーメン。』

『父と子と聖霊に栄光あれ』」

〔注解〕「許可の文句を朗唱したあとで二、三分円のなかにとどまることは、呪文を唱える者に勧めてよいことである。実行場所が空地なら円などの跡をすべて消し、静かに家へ帰ること。だが、家で人目につかない所やそれに類する場所で行なったのなら、そのままにしておいてよい。今後実行する際に役立つだろうから。だが、室や家屋は局外者の侵入を避けるために鍵をかけておく必要がある。」

前述したのは全く典礼魔法の規約である。黒い魔法の場合、契約にサインしなければならないのは魔法使いであって悪魔ではない。黒い魔法使いが自然霊に奉仕の義務を負わせると、知恵の戦いが必ず起こり最後に勝つのは悪魔なのである。魔法使いは自分の血で悪魔との契約にサインする。というのは、魔法の奥義では「相手の血を支配する者はその魂をも支配する」と謳われているからである。魔法使いがやりそこなわない限り、自然霊は契約に従って、義務を文字通りに遂行するであろう。だが、悪魔はあらゆる手段で、魔法使いが果たすべき契約を実行するのを妨げようとするのだ。円のなかに身を安置している魔法使いが、支配したい精霊を呼びおこして意向を知らしめるとき、その精霊は次のように答えるだろう。「私はあなたの要求に従うことも履行することもできません。五十年後、あなたが私に肉体も魂もすべて委ね、私の欲するままになるのでなければ。」

もし魔法使いが拒否するなら、別の条件が出されるだろう。精霊はこう言うかもしれない。「あなたが毎金曜日の朝ルシフェルの名において公道へ出て施しをする限り、私はあなたに仕えましょう。この義務を怠った最初のとき、あなたは私の所有となるのです。」

それでもなお、悪魔がその契約履行を邪魔するだろうと思って拒絶すると、また他の条件が検討されることになる。契約が成立するまで続くのだ。おそらく、契約の文句は次の通りであろう。「かくして私は『デーモンの君主』、『大精霊』ルシフェルに、毎年欲するがままに仕える人間の魂を献じることを誓います。その代わりルシフェルはこの世の宝物を私に贈り、私がこの世に存命するあいだは望み事は何でも叶えることを約束するのです。私が毎年先に述べた献納を果たさなければ、そのときには私自身の魂を奪取するものとします。署名済み……」

「魔法使いは自分の血で契約にサインする」。

ペンタグラム

象徴記号体系では、逆さにした象徴はいつも邪道の力が込められていることを意味する。普通の人は、この象徴的なペンタグラムがオカルトの小道具であると気づくことさえない。このことに関して偉大なパラケルススは書いたことがある。「きっと多くの人はこれらの本に記述されている紋章、それらの記号や効果を嘲笑うであろう。なぜなら、彼らにとって、生命力を持たない金属や記号が何らかの力と効き目を持っているとは、信じ難いことだからである。だが、私たちの知っている金属や記号が生命力を持たないなどと未だかつて証明されたためしはない。塩や硫黄、純金属は人間の生命を守る最高の防腐剤であり、他のどんな薬草よりずっとすぐれているのだ」(ドイツ語原典より翻訳)。

黒い魔法使いは白い魔法の力のもとに自分を置くことなくして、白い魔法の象徴を使うことはできない。そんなことをすれば自分の体系の命取りになるだろう。だから、神聖文字を歪めなければならない。このことはその象徴が表わす原理を歪曲しているのだという魔法上の真相をも象徴する。黒い魔法は正統な技術ではない。それは技術の誤用である。そのため独自の象徴を持たず、白い魔法の象徴図形を使用しているにすぎない。そして、それらを逆さにしたり裏返しにしたりして邪道であることを表わしているのである。

このことの実際のよい例としてペンタグラム、つまり五本の線が結ばれて出来た五角の星型に見られる。この図形は昔ながらの由緒ある象徴で、「大魔力」の五つの特性、人間の五感覚、自然界の五大構成要素、人体の四肢と頭部を象徴している。人間は魂に内在するペンタグラムを用いることにより、人間より下等のあらゆる生物の主人となって統治できるだけでなく、より優れたものたちから慎重な意見を要求することもできるのである。

ペンタグラムは黒い魔法でも広く使われている。だが、実際に使われるときには、その形は次の三つの方法のどれかによりいつも違っている。頂点に集まる線には触れないようにして星の一頂点を崩してもよい。また、一頂点を下にし二頂点を上にすることによって逆さにしてもよい。あるいは、頂点間の間隔を変えて歪めるのも一方法である。黒い魔法で利用されるときには、ペンタグラムは「分趾蹄のしるし」とか「悪魔」の足跡と呼ばれる。二つの頂点が上を向いている星型は「メンデスの山羊」とも名付けられている。逆さになった星型が山羊の頭と同じ形をしているからである。真直ぐに立った五芒星型が傾いて一番上の頂点が最下部に沈むとき、それは「明けの明星」の堕落を意味する。

前頁——四大の精を呼び出す魔法使い

この図のなかの魔法使いは、円陣を描いた後でさまざまな四大の精を呼び出しているところである。彼らがそれぞれの住み処から姿を現わしている。足許の地から地の精（グノーメー）が、水からは水の精（ウンディーネー）、火からは火の精（サラマンデル）、風からは翼を持った風の精（シルフェー）が現われる。奇妙な幽霊のような魔物も現われて魔法使いの呼びかけに応えている。アーサー・コナン・ドイル卿はその著『妖精の出現』のなかで、「自然」霊の存在を力説しているが、何百年ものあいだ「自然」霊は単なる作り話と見なされていた。

古代「密儀」の教義によれば、四大の精を支配するために降霊術師は、四大元素そのものを恐れてはならないという。火を恐れる者はそのなかに住む火の精を統御することはできないだろう。水を恐れる者は水の精に対して権力を行使する見込みは持てない。それゆえ多くの非キリスト教圏の密儀のなかでは、それぞれの精を呼び出す厳しい試練が課されていた。たとえば地の参入儀礼のなかで、志願者は薄気味悪い洞窟を渡り歩いた。水の参入儀礼のなかでは、屋根のない小さな舟にのって薄気味悪い海を漕いで渡ったり、渦巻く流れを泳いだりした。火の参入儀礼では彼は煙や炎の輪をくぐり抜けた。風の参入儀礼のなかで彼は大地の裂け目に渡された輪にぶら下がったり、狭い険しい山道に沿った絶壁を登ったりした。さらに四大世界に特有な悪徳をその性質のうちに持つ人々は誰も四大の精を支配することはできないということが主張された。自分の情熱を抑えることのできない人は火の精のおもちゃになってしまう。物質欲に駆られた人は地の精を支配することはできない。彼らは利己心のない人にだけ従うからである。地の精を統御するには陽気で寛大に振舞わなければならない。水の精は断固たる決意をもって、火の精は冷静で、風の精は節操をもって支配する必要がある（A・E・ウェイトの『オカルト科学』を見よ）。

四大元素とその住民

オカルト的プネウマトロギー（霊的物質を扱う哲学の一分野）についての最も包括的で明晰な著述に関するかぎり、人類はフィリップス・アウレオルス・パラケルスス（テオフラストス・ボンバストゥス・フォン・ホーヘンハイム）に多くを負っている。彼は錬金術とヘルメス哲学の大宗であり、王者の秘密（「哲学者の石」および「霊薬」）の真の所有者である。パラケルススは古代人によって知られた四大元素のひとつひとつ（地・火・風・水）が微細な靄のような原理的力であり、完全に物質的存在であると信じていた。

それゆえ風は二重の性質を持っている。ひとつが感覚可能な空気である。もうひとつは感覚不可能な把えどころのない根元物質であり、霊的な風と名付けることができよう。火には見えるものと見えないもの、感知できるものと感知できないものとがあり、後者は物質的な炎を通して現われるエーテル的、霊的炎である。この類比をさらに押し進めると、水は粗大な液体と流動的な性質を持つ潜在的な精髄からなる。同様に、地も二つの本性を持つ。低い方は固定し、大地的な不動的存在であり、高い方は純粋な、可動的な、力を持った存在である。四大元素という一般的な呼び方はこの四つの根元的要素の低次の、つまり物質的な局面をさしているにすぎない。一方四大の精という言い方は目に見えない霊的な本質をさしているのである。鉱物、植物、動物および人間はこれら四大元素の粗大な面によって構成される物質界に生きており、そのさまざまな組合せから有機体を構成している。

ヘンリー・ドラモンドは『霊的世界の自然法則』のなかでこの過程を次のように描いている。「もしあらゆる生物の出発点であるこの物質的な面を研究していけば、やがてそれがはっきりとした形をとらないゼリーのような物質から構成されていることが分かるだろう。これは蛋白質つまり卵の白味によく似ている。これらは『炭素』、『水素』、『酸素』、『窒素』からできており、プロトプラズムという名で呼ばれている。それは構造的な一単位で、そこからあらゆる生命体が生命活動を開始するばかりでなく、その後もずっとそれによって構成されているのである。『プロトプラズムとは単純な原形質的な物体であって、あらゆる生命の外形を決定する。それは「壺」における粘土にあたるものである』とハックスレイは言っている。」

古代哲学者の水は現代科学の水素に姿を変えてしまった。風は酸素、火は窒素、地は炭素に変身した。目に見える「自然」のなかに無数の生き物が住んでいるように、目に見える「自然」（目に見える元素のあまり重要でない原理的力で構成されている）と対応している目に見えない霊的な「自然」のなかにも、パラケルススによれば奇妙な生き物が住んでおり、それを彼は四大の精と名付けた。後世はこれを「自然」霊と呼ぶ。パラケルススはこれら四大世界の住民を四つの群に分け、それぞれ「地の精《グノーメー》」、「水の精《ウンディーネー》」、「風の精《シルフェー》」、「火の精《サラマンデル》」と呼んだ。彼らは本当に生きている実在であって、多くの点で人間と似た姿をしており、それぞれの世界に住んでいる。多くの人間に分からないのは、その未開発の間隔が粗雑な四大元素の限界を超えたところにまで行き届かないからである、と彼は教えた。

ギリシア、ローマ、エジプト、中国、インドの文明は、サテュロスや妖精や魑魅魍魎の類を暗黙のうちに認めている。海には人魚、河や湖にはニンフェー、空中には妖精、火には竈の神「ラールとペナトゥス」が住んでいた。そして地には森の神《ファウヌス》、木の神《ドリュアデス》、木の精《ハマドリュアデス》がいたのである。これら「自然」霊は最高の尊崇を集めており、彼らをなだめるためには貢物が捧げられた。ときには、その場の雰囲気や信者の敏感な感覚に応じて姿を現わすこともあった。多くの著作家は、「自然」の精妙な領域に彼らが住んでいることを、実際に見たかのような口ぶりで書いている。多くの権威者は、非キリスト教圏で崇拝されている神々の大半はこれら四大の霊であるという意見を持っている。この目に見えない存在は巨大な姿と荘厳な風采をしているからである。

ギリシア人はこれら四大の精のうち特に位階の高いものにダイモンという名をつけて崇拝した。おそらくこのダイモンのうち最も有名なものは、ソクラテスを教唆した神秘的霊であろう。これについてこの偉大な哲学者は最高の讃辞を捧げている。人間の目に見えない面の研究に没頭した人なら誰でも気づくことであるが、ソクラテスのダイモンやヤコブ・ベーメの天使は、実は四大の精などではなく、哲学者自身の神性の影であろう。アプレイウスの『ソクラテスの神について』を論じながら、トーマス・テイラーは次のような注を付している。

「それゆえソクラテスのダイモンは迷うかたなく最高の位階を持った者である。このことはソクラテスがギリシア第一の賢者と言われたことから推察できよう。とすればアプレイウスがこのダイモンを神と呼んだことは間違いではないのである。さらにソクラテスのダイモンが、事実、神性を持っていたことは、『アルキビアデス（I）』におけるソクラテス自身の証言から明らかである。この対話篇のなかで彼ははっきりとこう言っている。『長いあいだ私は、君と話を交すことを神がまだ許していないと考えていた。』『弁明』のなかで、ソクラテスは誤解の余地なくこのダイモンが神聖な超越性を持っており、ダイモンの位階に属しているということを言明している。」

パラケルススによる火の精（サラマンデル）
（パラケルススの『三十の魔法図像』より）
エジプト人，カルデア人，ペルシア人はよく火の精（サラマンデル）と神とを混同していた。それは輝かしい光を発し，偉大な力を持っているからである。ギリシア人も古代民族の例に従って，火の精を神とし，香を焚き，永遠に燃える火を祭壇に祀って崇拝した。

かつては、大地を取り巻き浸透し合っている目に見えない四大元素の領域があり、そこには生きた叡智的存在者が住んでいると誰でも考えていた。この考えは現代の散文的精神から見れば馬鹿らしく思われるかもしれない。しかし世界の最も叡智的な人々のなかでも幾人かは、この教義を固く信じていたのである。ミラノの哲学者ファチウス・カルダーノは風の精《シルフェー》を見た。ベンヴェヌト・チェリーニは火の精《サラマンデル》、聖アントニウスは山の精《パン》、ナポレオン・ボナパルトは「小さな赤い男《グノーメー》」を見た。これらは歴史のそれぞれの頁に記された事実である。

文学のなかにも自然霊の観念は繰り返し現われている。シェイクスピアの『真夏の夜の夢』に出てくるいたずら者のパック、アレキサンダー・ポープの薔薇十字的な詩『髪盗み』の四大の精、リットン卿の『ザノニ』の神秘的な霊、ジェイムズ・バーリーの不死なるティンカー・ベル、リップ・ヴァン・ウィンクルがキャッツキル連山で出遭った有名な球ころがしの小人たちなどは、文学愛好家によく知られた例である。あらゆる民族の民話や神話のなかにはこれら神秘的な小さな霊に関する伝説があり、古い城に出没したり、地の底にある宝を守ったり、毒茸の傘の下に住み処を作ったりする。妖精は子どもたちのお気に入りである。子どもたちは誰でもなかなか妖精の世界から離れようとはしない。世界の偉大な人物が妖精の存在を信じていたこともそれほど昔のことではない。プラトンやソクラテスやイアンブリコスがその実在を認めたとき、彼らが間違っていたかどうかは依然として疑問である。

パラケルススは四大の精の体を構成する実体を記述するにあたって、二種類の肉に分けている。第一の肉はアダムからわれわれが受け継いできたものであり、目に見える物質的な肉である。第二はアダムから受け継いだのではない肉であって、もっと稀薄な肉である。これは第一の肉が持っているような限界性を持たない。四大の精の肉体はこの超物質的な肉から成っている。パラケルススは人間の体と「自然」霊の体のあいだには、物質と霊とのあいだにあると同じだけの相違があると述べ、さらに次のように付け加えている。

「とはいえ、『四大の精』は霊ではない。彼らは肉と血と骨を持っているからである。彼らは生き、子孫をふやし、食べ、しゃべり、行ない、眠る。したがって彼らを『霊』と呼ぶことはふさわしくない。彼らは人間と霊の中間に位置する存在である。そして人間にも霊にも似ている。彼らの体の成り立ちや姿は人間の男や女に似ているし、どこでもたちどころに場所を移動できる点では霊に似ている」（フランツ・ハルトマン訳『オカルト哲学』）。後に同じ著者はこのような生き物を合成物と呼んでいる。彼らを構成する実体が霊と物質の合成物のように見えるからである。彼はこの考えを説明するのに色を使っている。たとえば青と赤を混ぜると紫になる。紫は新しい色で、それを構成する赤とも青とも似ていない。「自然」霊についても同じことが言える。彼らは霊的な存在とも物質的な存在とも似ていないが、霊的物質というべき実体、つまりエーテルから合成されているのである。

パラケルススはさらに加えてこう言っている。人間はいくつかの要素（霊・魂・心・体）から合成され一体となっているが、一方四大の精は一つの原理的な要素エーテルしか持たない。それはエーテルによって構成され、エーテルのなかに生きているのである。ここで読者に思い出してもらいたいことは、エーテルとは四大元素がそれぞれ持っている霊的本性だということである。元素の数だけエーテルがあり、「自然」霊の異なった種類の数だけ存在する。それぞれの種類は完全に孤立して、自分のエーテルのなかに存在し、他のエーテルの居住者とは交わろうとしない。だが人間はその本性のなかに意識の中心を持ち、四大の全てのエーテルの衝撃を感じ取ることができる。したがってある特定の条件のもとに四大世界の何者かが人間と交流することは可能である。

「自然」霊は、物質的な火・土・風・水のような粗大な元素によって破壊することはできない。彼らは地上的物質より高い比率の波動によって活動しているからである。ひとつの根元的元素（彼らの活動するエーテル）からできているので、彼らは不死なる霊を持たず、死ぬときには彼らがそこから分かれてきたところの元の要素に解体していくのみである。死後には個々の意識はなくなってしまう。その意識を包む上位の器がないからである。ひとつの実体から構成されているので、異なった要素間の摩擦はない。それゆえ肉体的機能から生じる疲れもなければ、苦しみもない。だから彼らは非常に長生きをする。地のエーテルから構成されているものは、最も寿命が短い。風のエーテルから構成されているものが、最も長い寿命を持っている。平均寿命は三〇〇年から一〇〇〇年である。パラケルススの主張によれば、われわれの地上の環境と似たような条件のもとに暮らしており、病気にかかることがある。これらの生き物は霊的向上が不可能だと考えられているが、彼らの大半は高い道徳的な性格を持っている。

「自然」霊が存在している四大のエーテルに関してパラケルススはこう書いている。「彼らは四大元素のなかに生きている。ニンフェーは水のなかに、シルフェーは風のなかに、ピグミーは地のなかに、サラマンデルは火のなかに住んでいる。彼らはまたそれぞれウンディーネー、シルヴェステル、グノーメー、ヴルカーノなどと呼ばれている。それぞれの種族はそれの属する元素のなかでのみ動いている。どれも自分に適した元素の外に出ることはできない。ちょうどわれわれが風のなかに、魚が水のなかに生きているように、それぞれにふさわしい元素がある。他のものに属する元素のなかに生きることはできない。四大の精それぞれにとって自ら生きている元素は、われわれにとって大気がそうであるように透明で、不可視で、呼吸可能である」（『オカルト哲学』）。

読者はここで「自然」霊と不可視の世界を貫いている真の生命の波動とを混同しないようにしなければならない。四大の精は唯一のエーテル的（原子的）精髄から構成されているが、一方天使、大天使、その他の高級な超越的存在者は、合成された有機的組織を持ち、霊的本性と一連の器を持っており、その点人間と似ていなくもない。ただし肉体は持っていないし、それに伴う限界性も持っていない。

「自然」霊の哲学はふつう東方的な起源、おそらくはバラモン教哲学に淵源すると言われている。パラケルススはその知識を東洋の賢者から手に入れた。彼は哲学的遍歴時代に東洋の賢者たちと交わった。エジプト人やギリシア人も同じ源泉からその知識を集めたのである。「自然」霊の四大区分のそれぞれをこれから別々に考察しなければならない。以下はパラケルススとアベ・ド・ヴィラールの教説および手に入る限りの他の著者によるごく僅かな著作にしたがったものである。

地の精《グノーメー》

地のエーテルと呼ばれる地の稀薄な領域のなかに住んでいる霊は、一括してグノーメーという一般的呼称のもとに分類されている（この名称はおそらくギリシア語のゲーノームスから派生したものであろう。これは「大地に住む者」を意味する。『新英語辞典』を見よ）。

「自然」の客観的側面、すなわち物質的元素を通して進化してきた人間に多数の類型があるように、「自然」の主観的側面、つまりエーテル体を通して発展してきたグノーメーにも多くの類型がある。これら地の精は物質的な地と非常に近い振動数を持った元素のなかで活動する。それゆえ彼らは鉱物や植物に絶大な力を発揮し、また動物や人間界のなかにある鉱物的要素をも支配する。ピグミーのような地の精は石や宝石や金属に関係し、隠れた財宝の守護者であると考えられている。彼らは洞窟に住んでいる。そこをどこまでも下っていくと、スカンディナヴィア人が「ニーベルンゲンの国」と呼ぶところに達する。ワーグナーの傑作オペラ『ニーベルンゲンの指輪』のなかで、アルベリッヒは自ら「ピグミーの王者」となって、この小人たちを強制して大地の下に隠された宝を集めさせる。

ピグミー以外にも木の精とか森の精と呼ばれる他の地の精たちがいる。シルヴェステル、サテュロス、パン、ドリュアデス、ハマドリュアデス、ドゥルダリス、エルフ、ブラウニー、森の小人の老人などはみなこの類いである。パラケルススの述べるところによれば、地の精は自分の成分によく似た雪花石膏《アラバスター》、大理石、セメントのような材料で家を建てるが、その材質が実は何であるかは知られていない。物質界に対応するものがないのである。ある種の地の精は一箇所に集まって村落を作っているが、自分たちが働きかけそのなかに住む物質に寄生している者もいる。たとえば木の精《ハマドリュアデス》は自らその一部となっている植物とともに生き、かつ死ぬ。あらゆる灌木と花は自分自身の「自然」霊を持っていると言われている。この霊はその植物の物体を自分の住居として使っているのである。古代の哲学者は叡智の原理的な力が「自然界」のどの部分にも等しく顕現していると考えていたので、有機的な知能を持たない生物が高度な自然の選択力を示すのは、実は「自然」霊そのものが決断しているのだと信じていた。

C・M・ゲイリーは『古典神話』のなかでこう言っている。「古代世界では自然のあらゆる働きに神の介入をみる傾向があった。想像力豊かなギリシア人は、大地や海にさまざまな神々を住まわせ、近代哲学だったら自然法則に帰する現象をこれらの神々の仕業であると信じていたのである。」たとえば自分が関係する植物のために、地の精は栄養物を受け入れたり、拒絶したりする。染色物質をそのなかに沈殿させ、種を保存保護し、その他多くの有益な働きを果たす。さまざまな種に応じて異なったそれにふさわしい「自然」霊が仕えているのである。たとえば毒を持った木に関係する地の精は、攻撃的な風采をしている。毒人参の「自然」霊は小さな骨だけの人間によく似ており、そこに薄く半透明の肉がかぶさっているだけであると言われている。彼らは毒人参のなかでまた毒人参を通じて生きる。もし毒人参が刈り取られてしまうと、壊れた新芽とともに生き残るが、やがて本体ともども死んでしまう。毒人参のなかにある生命が宿っている証拠はほとんどないが、このことは地の精が守護者として存在していることを示していよう。

巨大な木もその「自然」霊を持っている。だがそれは小さな植物の精よりはずっと大きい。ピグミーの仕事のなかには岩石のなかで水晶を刻むことや鉱脈をのばすことも知られている。地の精《グノーメ》は動物や人間のなかに働くとき、その作業は自分の本性に対応した組織に限られている。それゆえ彼らは骨に働きかける。それは鉱物界に属しているからである。古代人は傷ついた肢体を直すには四大の精の協力抜きには不可能であると信じていた。

地の精《グノーメ》はいろいろな大きさを持っている。その大半は人間よりずっと小さい。だが自由自在にその背の高さを変える者もいる。それは彼らが働いている元素の極端な可動性の結果である。彼らについて、アベ・ド・ヴィラ

伝統的な地の精（グノーメー）
（シェレラップの『古代エッダ歌謡集』より）
最もよく見られる地の精（グノーメー）はブラウニー，もしくはエルフと名づけられた。いたずら好きのグロテスクな小人である。背の高さは十二インチから十八インチ，ふつう緑かくすんだ褐色の衣服を着ている。彼らの大半は非常に年をとっており，しばしば白く長い髯をはやし，丸々と肥っている。木の切株の穴から飛び出たりするのを目撃することができる。また実際に木そのもののなかに溶けこむようにして姿を消すことがある。

ールはこう書いている。「地球の中心に到るまで限なく地の精《グノーメー》が住んでいる。彼らは背の小さな人々で、宝や鉱物や宝石を守っているのである。彼らは勤勉で人間の味方であり、支配しやすい。」

地の精《グノーメー》は可愛らしい性質を持っていることについて、必ずしもすべての権威者が一致しているわけではない。彼らはずるく悪賢い性質で、手なずけにくく、裏切りやすいと述べている人も多い。しかし多くの作家たちは、ひとたび彼らの信頼を勝ち得れば、忠実で信頼がおけるということについては一致している。古代の哲学者や密儀参入者たちはこの神秘的な小人についての教えを受け、どのようにすれば彼らと交わり、重要な企てにおいて協力を得ることができるかについて、その方法を教わった。しかし魔法使いは常に四大の精たちの信頼を裏切ってはならぬと戒められていた。そうした場合、この目に見えない生き物は人間の主観的な面を通して働きかけ、魔法使いに無限の悲惨をもたらし、おそらく最終的な破滅をもたらすことがあるからである。その神秘家が他人のために奉仕する限り、地の精《グノーメー》も彼に奉仕するだろうが、少し一時的な力を得ようとして彼らの助けを自分のために使おうとすると、彼らは容赦なく怒り狂って彼らに飛びかかってくるであろう。同じことは彼らを騙そうとしたときにも起こる。

地の精は一年のある時期に数回秘密の大会議に集まってくる。このことはシェイクスピアが『真夏の夜の夢』で描いている通りである。そこで地の精たちはみんな集まって、「自然」の美と調和を喜び、豊かな実りを期待して楽しむ。地の精たちはひとりの王に治められている。彼は皆から非常に愛され、尊敬されている。その名をゴブといい、そのことから臣下たちはゴブリンと呼ばれている。中世の神秘家が創造の一角（東西南北のひとつ）に四種の「自然」霊を配置した。地の精はその地的な性格ゆえに北に配当された。この場所を古代人は闇と死の源と考えていたのである。人間の四つの主要な気質のうちひとつが地の精《グノーメー》に配当されている。彼らの大半が洞窟の暗闇や森の木陰に住んでいるので、彼らは憂鬱な暗い絶望的な性質を持つといわれていた。とはいえ彼ら自身がこのような気質を持っているわけではない。むしろ同じような恒常的性質を持つ元素に対して特殊な支配権を持っているということを意味する。

地の精《グノーメー》は結婚して家族を持っている。女性の地の精はグノーミデスと呼ばれる。彼女たちのなかには自分の生きている元素で織った衣を身につけている者がいる。別の例ではその衣服は彼ら自身の一部であり、動物の毛皮と同じように彼らとともに成長する。地の精はあくなき食欲を持ち、その時間の大半を食事に費やすといわれている。だが彼らは勤勉かつ真面目な労働によってその食物を手に入れる。彼らの大半はけちくさく、秘密の場所に物を蓄えるのが好きだ。小さな子どもがしばしば地の精《グノーメー》を目撃するという事実に関しては無数の証言がある。子どもたちはまだ「自然」の物質的側面に完全には接触していないし、多かれ少なかれ目に見えない世界に生きているからである。

パラケルススによれば、「人間は外的元素のなかに生きているが、『四大の精』は内的元素のなかに生きている。後者は彼ら自身の住まいと衣服、礼儀と習慣、言語と政府を持っている。これは蜜蜂が女王蜂を持ち、動物の群れが指導者を持っているのと同じ意味である」(『オカルト哲学』)。

パラケルススは「自然」霊に割り当てられた環境の限界に関して、ギリシアの神秘家たちと多少意見を異にする。このスイスの哲学者は微細な不可視のエーテル界に彼らの生息場所を設立する。この仮説によれば、「自然」霊はある一定のときだけ、しかもそのエーテルの波動と関わりを持つ人にだけ姿を見せる。他方ギリシア人は明らかに、多くの「自然」霊が物質界に作用し得る物質的組成を持っていると信じていた。よくあることだが、夢を非常にはっきりと思い出すことがある場合、醒めたときその人は物理的な体験をしたのだと信じ込んでいるものだ。肉眼の視覚の終りとエーテル的視覚の始まりを正確に区別することはむずかしい。いろいろな意見があるのはそのためである。

しかしこう説明してみても、満足に解明できないことがある。聖ヒエロニムスによれば、コンスタンティヌス大帝の治世にサテュロスが生け捕りになって、人々の見せ物になったという。それは人間の姿をしているが、二本の角と山羊の足を持っている。その死後、塩漬けになって保存され、その真偽を確かめるために皇帝に捧げられたという。(この興味ある話は現代科学で畸型と呼ぶ現象のなかで解釈できる範囲にあろう。)

水の精《ウンディーネ》

地の精《グノーメ》が地の元素だけにその働きが限られているように、水の精《ウンディーネ》(水の妖精の一族すべてに与えられた名前)は湿り気のある(または液体的)エーテルと呼ばれる目に見えない霊的精髄のなかで活躍する。その波動比率が水という元素に近いので、水の精《ウンディーネー》は「自然」におけるこの液体の運動と機能をかなり統御することができる。水の精の基調音は美であるといえよう。絵画や彫刻のなかに描かれたものはどれでも均整のとれた優雅な姿をしている。水という元素は常に女性の象徴であった。だから水を支配する水の精がたいていの場合、女性で象徴されるのはゆえなきことではない。

水の精《ウンディーネー》にもさまざまな種類がある。あるものは滝壺に住んでおり、水しぶきのなかに見ることができるし、またあるものは急流の川に住んでいる。じめじめした湿地帯に住んでいるものもいるし、澄みきった山中の湖を住み処とする者もいる。古代の哲学者によれば、あらゆる泉はその精を持ち、あらゆる海の波は海の精を持っている。水の精は次のような名前を持っている。オレアデス、ネーレイデス、レイモニアデス、ナイアデス、水の精、海の乙女、人魚《マーメイド》、川の精《ポタミデス》。水の精の名前はよく彼女たちの住んでいる川や湖や海にちなんでつけられている。

人魚（マーメイド）（リュコステネスの『前兆と奇跡の歴史』より）
おそらく最も有名な水の精（ウンディーネー）は神話によく現われる人魚（マーメイド）であろう。古代の水夫は七つの海でこれを目撃している。上半身が人間で下半身が魚という生物は，ペンギンやアザラシの群を遠くから見て，その存在を信じるようになったのであろう。中世の人魚の記述によれば，髪の毛は海草のように緑で，水面下に咲く花や海アネモネの花で編んだ花環を身につけていたという。

その姿を描くにあたって古代人はいくつかの目立った特徴をあげている。一般にほとんどすべての水の精は姿、大きさとも人間によく似ている。ただ小さな流れや泉に住むものは、それぞれに応じて小さくなっている。これらの水の精は時に応じて普通の人間の姿をとることができ、実際に人間の男女と交わることがあると信じられていた。これら水の精にはたくさんの伝説があり、漁夫たちはみな信じている。だが大抵の場合、水の精は水の呼びかけをきくと、「海の王」ネプトゥヌスの領域に帰ってしまう。

男性の水の精は実際にはほとんど知られていない。水の精は地の精のように住まいを作らないが、海の底の珊瑚礁や川の堤、湖の岸辺にはえている葦のあいだに住んでいる。ケルト族のあいだにはある伝説が伝わっていて、アイルランドは現在の住民が入ってくる前に、ある半神的な奇妙な種族が住んでいたという。今のケルト族が侵入するとともに彼らは沼地や沢のなかに隠れ、今でもそこに住んでいると信じられている。ごく小さな水の精は百合の葉の下や滝のしぶきの当たる苔の小さな家のなかに住んでいる。水の精《ウンディーネー》は植物、動物、人間の生命力や液体的要素に働きかけ、水を含んだところにはどこにでも存在する。姿を現わす場合、水の精は一般にギリシア彫刻の女神によく似ている。霧で体を覆いながら水から姿を現わすが、そこから長く離れていることはできない。

水の精《ウンディーネー》にはいろいろな種族がある。その各々が特殊な限界を持っている。ここで詳細を論じることはできない。彼女たちの支配者は「ネクサ」と呼ばれる。彼女たちは女王を愛し、敬い、仕えて倦むことはない。水の精は活気にみちた気質を持つと言われている。水の精の占める方角は伝統的に西とされてきた。彼女たちはどちらかというと感情的である。人間に友好的で、人類に役の立つことを好んでいる。ときにはイルカやその他の大きな魚に乗った姿で描かれることがある。花と植物には特別な愛着を抱いているようだ。彼女たちは地の精と同じように献身的に、知的に植物の世話をやく。古代の詩人たちは「西風」のなかに水の精《ウンディーネー》の歌がきこえると言ったり、その生命は物質的な大地を美化することにあると言っている。

火の精《サラマンデル》

四大の精の第三番目は火の精サラマンデルである。「自然」の不可視な火の元素である稀薄な霊的エーテルのなかに住んでいる。彼らがいなければ物質的な火は存在し得ない。火の精《サラマンデル》の助けがなければ、マッチをすることもできないし、火打ち石や鋼鉄も火を発しようとしない。火の精《サラマンデル》は（中世の神秘家たちが信じていたことによれば）摩擦によって呼び起こすとすぐに現われる。人間はなかなかうまく火の精《サラマンデル》たちと交流することはできない。彼らが住んでいるのは火の元素であるため、現われるやいなや一切を灰にしてしまうからである。古代世界の哲学者たちは特殊な処方で薬草と香料を練り合わせ、多種多様な香を作った。香を焚くと靄があがるが、これが火の精を出現させる媒体に最適なのである。彼らは香の煙からエーテル的流出物を借りることによって、自らの存在を感知せしめるのである。

火の精《サラマンデル》はいろいろな種類があり、住む場所も異なっている。その点地の精や水の精と変わることはない。多くの種族があり、異なった姿、大きさ、位階を持っている。時に火の精《サラマンデル》は小さな光の玉として現われることがある。パラケルススはこう言っている。「火の精《サラマンデル》は火の球の形をとって現われる。ときに炎の舌となって現われ、燎原の火の如く走り、家々を一なめする」（『オカルト哲学』）。

中世の「自然」霊の考察者の意見によれば、火の精《サラマンデル》の最もありふれた形は蜥蜴のような形をしており、長さは一フィートかそこら、光を発するウロデラのように見え、火の真只中で身をくねらせて這いずりまわる。別種の火の精は巨大な炎に包まれた巨人の姿をしており、なだらかに垂れた衣装を着て、火と燃える鎧に包まれている。ある中世の権威者、特にアベ・ド・ヴィラールはツァラトゥストラ（ゾロアスター）はヴェスタ（ノアの妻と信じられている）と、巨大な火の精《サラマンデル》オロマシスの子どもであったと主張している。それゆえそのとき以来、ペルシアの祭壇にはツァラトゥストラの炎上する父のために、不滅の火を燃やしているのである。

火の精《サラマンデル》の最も重要な種類はアクトニコイである。この霊的存在はぼんやりした球体のようにしか見えない。彼らは夜、水面に浮かび、ときには二叉の炎となって船の帆先や綱に現われると考えられている（セント・エルモの火）。火の精《サラマンデル》は四大元素のうち最も強く、最も力を持っている。その王は威厳に満ちた炎上霊であって、「ジン」と呼ばれている。その形相は恐ろしく、畏怖するに足る。火の精は危険なので、賢者たちは彼らを敬遠するように戒められていた。彼らを研究することから得られる利益は、しばしば支払った代償を埋めてくれないからである。古代人が熱と南方を結びつけていたので、この方角を火の精の座として割り当てた。彼らは火や嵐のような気質のものすべてに特殊な影響を行使した。動物のなかでも人間のなかでも、火の精は感情面を通して働き、体温、肝臓、血液の循環などを通して支配する。彼らの助力がなければそもそも熱が存在しないのである。

風の精《シルフェー》

賢者たちは四大の精の第四番目シルフェーを風の元素のなかに住むものと語っているが、この風という言葉で大地を取り巻く自然の大気のことを語っているのではなく、目に見ることも手に触れることもできない霊的媒体、われわれの空気に似た組成を持っているがもっとずっと精妙なエーテル的実体のことを言っているのである。プラトンが『パイドン』のなかで記録したソクラテス最期の対話のなかで、死を宣告された哲学者はこう言っている。

「この大地の上には動物や人間が住んでいる。あるものは中間領域に住み、またあるもの〔四大の精〕は、われわれが海の周辺に住むように風の周辺に住んでいる。本土に近い風でかこまれた島に住むものもいる。一言でいえば、われわれが水や海を使っているように、彼らは風を使っているのだ。エーテルとは彼らにとって、われわれにとっての空気のようなものである。そのうえ、天候がよいので、彼らは全く病気をしない〔この点、パラケルススは反論している〕。そしてわれわれよりずっと長生きであり、視覚、聴覚、嗅覚、その他あらゆる感覚を持ち、空気は水より純粋で、エーテルは空気より純粋である。それだけに彼らはわれわれよりずっと完璧である。彼らはまた神殿や聖域を持ち、そこには本当に神々が住み、彼らの声を聞き、彼らの答えを受けている。そして神々は彼らのことを気遣い、彼らと会話を交わす。彼らは太陽と月と星をそのあるがままに見、それに伴うその他の幸福も享している。」風の精《シルフェー》は雲のなかや大気圏のなかに住んでいると信じられているけれども、その真の住み処は山の頂上にある。

サルヴェルトの『オカルト科学』編注のなかでアンソニー・トッド・トムソンはこう書いている。「風の精フェイやフェアリーは明らかにスカンディナヴィア起源である。ただしフェアリーの名はペルシア語のペリの変化したものだと考えられており、多分そうであろう。ペリは想像上の幸福の神で、人間を悪霊の災から守ることを司っていた。だがもっと確実そうなのはゴート語のファッギュールに結びつけることである。これはエルフという言葉がアルファつまり種族全体の一般的呼称に由来するのと同じである。フェアリーのこの語源を認めるとすれば、イギリスにおけるフェアリーの民間信仰の起源はデーン族の征服期に遡ることができよう。彼らはごく小

風の精（シルフェー）
（ハワード・ウッキイの素描より）
風の精（シルフェー）は落ち着かない，変り身の早い精霊で，雷のような速さであちこちに飛び交う。彼らは大地のガスやエーテルのなかで活躍し，人間には親切にしてくれる。大抵は翼を持つ姿で表わされ，時には小天使，時には妖精の姿で表わされる。

さな風のような存在で美しく、可愛らしい。そして人間と交わって、善いことを行なってくれる。フェアリーの国とかアルフ-ハイナーと呼ばれる領域に住み、普通、間隔をおいて地上に現われる。——彼らが訪れた後には美しい緑の輪が残る。月夜の晩に彼らは踊り、露にぬれた芝草に踏み跡を残すのである。」

風の精《シルフェー》に対して古代人は、雪の結晶を作ったり、雲を集めたりする働きを帰している。後者は霧を供給する水の精《ウンディーネ》との共同作業で行なわれる。風は彼ら特有の乗り物で、古代人たちは風を風の霊とも呼んでいる。四大の精のうち彼らは最高の位階を占めている。住んでいる元素が最高の波動率を持っているからである。彼らは数百年生き、ときには千年に達する場合もある。そして年とったようには見えない。風の精《シルフェー》の指導者はパラルダと呼ばれ、地上最高の山の上に住んでいる。女性の風の精はシルフィデスと呼ばれる。

風の精・火の精・水の精は古代人の神託所に大いに関わりを持っていた。事実彼らは大地の深みや、風のなかから語った。

風の精《シルフェー》はときに人間の形をとることがある。だがほんの僅かのあいだでしかないことは明らかである。大きさはまちまちで、大抵の場合人間ほど大きくなく、かなり小さなものが多い。風の精《シルフェー》は人間を彼らの仲間に受け入れ、かなり長いあいだ一緒に過ごすことを許すことがあると言われている。事実パラケルススはこのようなことを書いているが、もちろん人間の訪問者が肉体を持っているあいだはこのようなことは起こり得ない。一説によればギリシアの芸術神ムーサイは風の精《シルフェー》だったと信じられていた。彼女たちは夢みる人、詩人、芸術家の心のなかに集い、彼に自ら熟知している「自然」の美や機能を教えたと言われるからである。風の精《シルフェー》には東方が割り当てられている。その気質は陽気で、変り身が速く、奇抜である。天才的人間に共通な性質は多分風の精《シルフェー》の協力の結果なのであろう。風の精《シルフェー》の助けは同時に風の精《シルフェー》のような気まぐれを伴うからである。風の精《シルフェー》は人体の気体に働きかけ、間接的に神経系統に関わりを持つ。ここでも彼らの移り気が現われる。彼らは特定の住み処を持たず、あちこちに移り住む。——彼らはエーテル界の遊牧民なのである。彼らは宇宙の知的活動において目には見えないが到る所でその力を発揮している。

総論

パラケルススと意見を異にして、ある古代人は、四大元素界では、お互いに戦争を起こすこともあると主張している。彼らは「自然」霊の世界で、各元素のあいだに起こる不一致を四大の精たちの争いのなかに認めるのである。稲妻が岩を打ち砕くとき、彼らは火の精が地の精を攻撃しているのだと信じていた。四大の精たちはそれぞれ独自に持つエーテル的本性の次元では攻撃することはできない。四つの世界を構成するエーテル間の波動率がどれも一致しないからである。したがって、公分母である物質界の物質的実体の助けをかりて攻撃しなければならない。彼らはそこにある程度の力を発揮しているからである。

戦争はそれぞれの世界の内部でも起こる。地の精の一群が他の集団を襲い、内乱が激化していくというようなことがあるのである。古代の哲学者は、「自然」界の明白な不一致に関わるさまざまな問題が起こるのは「自然」の持つ諸力が個別化し、具現化したためであると考えている。また彼らは、人間と全く同じ気質を持ち、人間の移ろいやすさを象徴的に示しているとした。ゾディアックの四つの静宮《フィクスド・サイン》は四大の精の世界に当たる。地の精は金牛宮の性質を持つといわれている。水の精は天蠍宮の性質を持ち、火の精は獅子宮的体質を典型的に示し、風の精は宝瓶宮が放射する影響力を司る。

キリスト教会は四大の精をすべてデーモンという呼称のもとに一括する。このことは見当違いもはなはだしい誤りである。ふつうデーモンという言葉は悪魔を意味するが、「自然」霊は本来鉱物・植物・動物と同様、悪意を全く持っていないからである。初期キリスト教の教父は、四大の精と会って議論したことがあると明言している。

すでに述べた通り、「自然」霊は不死たることを望みえない。だが幾人かの哲学者によれば、不可視世界の精妙な原理を理解した達人や密儀参入者によって不死が「自然」霊に与えられることがあるという。分解が物理的世界で起こるように、物質的実体に対応するエーテル的実体においても解体はある。正常な状態で「自然」霊が死ぬと、彼らはそこから分かれてきた元の透明な始源元素に還る。生存中になされた進化的発達は始源元素の意識に記録されるのみで、一時的に個別化された個々の精には反映されない。「自然」霊は人間のように合成された有機体ではなく、霊的・知的器官を持たないので、知能においては人間以下であり、その働きは自分の元素に限られているけれども、自分が存在している元素に特有なものを追求することにかけては、人間をはるかに超えた特殊な知性を持っている。

男性夢魔《インクブス》と女性夢魔《スクブス》という名はキリスト教教父たちによって、区別もつけずに四大の精の一種であるとされてきた。しかし男性夢魔《インクブス》と女性夢魔《スクブス》は悪辣で不自然な存在者だが、一方四大の精は四大元素界に住むすべての住民を指す集合名詞である。パラケルススによれば、男性夢魔《インクブス》と女性夢魔《スクブス》はアストラル体の悪い思念や感情に巣くう寄生物である。この両者はまた妖術使いや黒魔術師の生霊を意味することがある。このような寄生虫は決して想像上の存在物などではない。むしろ想像力が生んだ鬼子なのである。古代の賢者はそれらが悪徳の隠れた原因であるとみなしていた。彼らは道徳的に弱い者のまわりを取り巻くエーテルにとりつき、たえず扇動して堕落させようと目論んでいるからである。それゆえ彼らは麻薬窟、博打場、売春宿のまわりにしばしばやってくる。そこで彼らは悪徳に身を委ねた不幸な人間にとりつくのである。麻薬や酒類の刺激に中毒して感覚を麻痺させてしまうと、その人は一時的にこのようなアストラル界の住民と関わりを持つようになるのである。大麻や阿片の常用者に現われる妖しげな美女や精神錯乱者を苦しめる不気味な怪物は、このような低次アストラル界の存在者の例である。彼らを見ることができる人には、悪行が彼らを引きつける磁石のような役目を果たしているのである。

四大の精とも夢魔とも全く異なった存在に吸血鬼《ヴァンパイアー》がいる。パラケルススはこれを生きている人間か死んでいる人間（普通は後者）のアストラル体だと定義している。吸血鬼は生気を持った生者にとりつき、その生気を自分のために横領することによって少しでも長く物理的次元に存在し続けようとしているのである。

パラケルススは『霊界の存在者について』のなかで、このような悪霊たちを次のように書いている。「健康で高潔な人に彼らがとりつくことはあり得ない。このような寄生虫は人々が彼らにつけ入るすきを作った場合にのみ入り込むことができるからである。健康な精神こそ、その持主の意志抜きにはいかなる者も侵入できない城なのである。もし彼らの侵入を許す場合には、その男や女の情熱をかきたて、渇望を生み、頭脳に不正に働きかけて邪な考えを作り出す。彼らは動物的知性を鋭くし、道徳的感覚を窒息させる。悪霊は動物的本性が支配している人間にのみ憑依する。真実の霊に明るく照らされた心は決してとりつかれることはない。ただ彼らの低次の欲望に常に導かれているような人だけが、彼らの影響力を受けるようになるのである」(パラケルススを見よ)。

奇妙な多少常軌を逸した妊娠がある。ド・ガバリ伯爵は処女懐胎について論じた書物のなかで、処女懐胎とは人間と四大の精との結合を意味すると言っている。このような結合の結果生まれた子どものなかに、彼はヘラクレス、アキレウス、アエネーイス、テセウス、メルキゼデック、かの神々しきプラトン、テュアナのアポロニウス、魔法使いマーリンなどの名をあげている。

前頁——偉大な作業の達成

偉大な薔薇十字団員であったロバート・フラッドが、「普遍的な石」についての錬金術的推論を、聖書からの引用によって確証したとき、彼は怒った司祭の異端排斥を招いた。フラッドが聖書を化学的な公式の書に歪めようとしていると述べて、十七世紀の敬虔な教師たちは厳粛に、この博学な博士の前提と一致するものから手を引いた。フラッドが、宇宙は巨大な化学実験室であり、その内にあるさまざまな生物は進化に対応するある錬金術的な過程の結果であると述べたとき、ガッセンディという名の人物はもはや自らを抑えることができず、一六三〇年に一冊の書物を公刊した。そのなかで彼は、はからずも聖書が理性的、論理的、哲学的なものを何ひとつ含まず、ただ「神」の直接の霊感であることを証明しようとした。「神」はただその「神的な」特権の活動によって、無から宇宙を構築したことを証明しようとする知的な幼稚さを憐れに思い、フラッドは薔薇十字団の錬金術についての深い原理を説明する学問的な小冊子を用意した。

キリストは錬金術の神殿の隅石であり、それと接触するすべての卑しい物質を変える神秘的な投入粉末であると、彼は主張した。それぞれの魂の内におけるキリストの展開こそ偉大な作業であり、それが達成されると哲学者は「薔薇十字団の兄弟」あるいは「黄金の石の騎士」となる。前図では、老齢の哲学者は知恵の成熟、彼の前の開かれた書物は「自然」、レトルトのなかの人物は錬金術の達成を意味する。哲学者の石に頭をおいて族長ヤコブは、三つの世界を通って上昇し、イェホヴァの玉座に終わる錬金術の梯子を見た。「自然」は「神」の縮図であり、人間は「自然」の縮図であることを理解し、哲学者はレトルトのなかで小さな宇宙を創造し、それを研究することにより生と死を支配する法則を発見する。この知識によって彼は自分の魂を解放するばかりでなく、世界の再生に貢献するのである。

ヘルメスの薬学・化学・治療学

治療術はもともと聖職者が所有する秘密の学問のひとつであり、その源泉の謎は、宗教的信仰の発生をおおっているのと同じ帳で隠されている。すべての高次な知識は元来聖職者階級の手に握られていた。神殿は文明の揺り籠であった。聖職者たちはその神的な特権を用いて法律を作り実施し、支配者を指名して彼を支配し、人々に必要なものを供給し、死者の運命を支配した。すべての分野の学問は聖職者たちに独占され、彼らは知的にまた倫理的にその神秘を永続化する資格のある者だけを自分たちの仲間として迎えいれた。プラトンの『国家』からの次の引用は、その主題に関するものである。「……エジプトにおいて王は、聖職者の力を持たないかぎり統治することは許されなかった。もし彼が他の階級の出身であり、暴力によって王権を得たとすると、彼はまず聖職者に登録されなければならなかった。」

宗教的集団の一員となろうとする志願者は、その真価を証明するために厳しい試験を受ける。この試練は密儀参入と呼ばれた。首尾よくそれに通過した者は聖職者に兄弟として迎えられ、秘密の教えに通じた。古代人のあいだでは、哲学、科学、宗教は分離した部門とは考えられず、それぞれが全体を構成するのに必要欠くべからざるものと見なされた。哲学は科学的、宗教的であり、科学は哲学的、宗教的であり、宗教は哲学的、科学的であった。完全な知恵は、精神的倫理的な活動の現れであるこれら三つのものを調和する以外に達しがたいものと考えられた。

現代の医者はヒポクラテスが医学の父であると信じているが、古代の医師は治療術の創設者たる栄誉をヘルメスに与えている。アレキサンドリアのクレメンスはヘルメスによって書かれたと主張される本を説明して、彼の著作を六つの一般的な種別に分類している。そのうちのひとつがパストポルスであり、それは医学に献じられている。エブロンの谷で発見され、一般にヘルメスのものと信じられているスマラディン（エメラルド）表は、実際には高次で秘密の秩序についての化学公式である。

著名なギリシアの医者であるヒポクラテスは、紀元前五世紀に治療術を神殿の他の学問と切り離し、学問の分離の先例を作った。その結果のひとつが、現在広く拡がっている愚鈍な科学的物質主義である。古代人は学問の相互依存性を知っていたが、現代人はそうでない。その結果として学問の不完全な体系は、孤立した個別主義を維持しようとしている。今日の科学研究の前に立ちふさがる障害は、主として人間の主要な五感の具象的な知覚を越えるものを受け入れようとしない者によって強いられる有害な限界のために生じるのである。

医学的哲学についてのパラケルススの体系

中世において、長いあいだ無視されていたヘルメスの知恵の原理と祭文がもう一度集められ、記録にとどめられた。そしてその正確さをためす体系的な試みがなされた。自分をパ、ラ、ケ、ル、ス、ス（「ケルススより偉大な」という意味の名前）と呼んだホーヘンハイムのテオフラストスに、世界が現在所有する古代医学体系の多くの知識を負うている。パラケルススは、自分の全生涯をヘルメス哲学の研究と説明に捧げた。すべての概念と理論が彼の製粉機ですりくだかれる穀物であった。医師会の会員たちは当時彼の体系に反対し、現在は彼を過小評価しているが、秘教世界は彼がやがて古今の最大の医者と認められることを知っている。パラケルススの異端的、異国的気質は彼の反対者たちに敵視され、彼の旅行癖は単なる放浪癖と呼ばれたが、彼は、知的に治療術を異教とキリスト教の哲学的、宗教的体系と和解させようとした数少ない人物のひとりであった。

世界の各地に、また社会のあらゆる階層に知識を求めることの正当性を弁護して、パラケルススは次のように述べている。「それゆえ、私がこれまでかなりの旅をしたということは、賞讃されるべきことであっても非難されることではないと考える。このため私は自然について次のような証言をする。自然の有様を研究しようとする者は、自分の足で自然の書物を渡り歩かねばならない。書かれていることはその文字を通じて研究されるが、自然は各地を——書物の頁と同じように多くの土地を旅することにより研究される。『自然の写本』とはこのようなものであり、その頁はこのようにめくられなければならない」（ジョン・マックスソン・スティルマンの『パラケルスス』）。

パラケルススは偉大な観察者であり、彼を知っている者は彼を「第二のヘルメス」、「スイスのトリスメギストス」と呼んだ。彼はヨーロッパを隅々まで旅行し、東方の国々にまで足をのばしたが、その間に迷信と失われたと思われていた教えを探し出したのである。ジプシーから薬草の使用法を、そして明らかにアラビア人から護符の作り方と天体の感応力について学んだ。パラケルススは病人を治すことが正統的な医学の立場を守ることよりはるかに重要であると感じており、事情が別であれば立派な医師として大成したと思われるのにそれを犠牲にした。彼は生涯にわたる迫害を覚悟して、当時の治療体系を厳しく攻撃した。

彼の精神の中核となっていたのは、宇宙にあるすべてのものは何かの役に立つという仮定であった。このような立場から彼は墓石から菌類を取ったり、真夜中にガラス板についた露を集めたりしたのである。彼は「自然」の神秘の真の探究者であった。多くの大家たちは彼が催眠術の発見者であり、一般にその創始者とされるメスメルはこの偉大なスイスの医者の著作を研究してその術を展開したのだという意見を持っていた。

パラケルススの時代に流行していた偏狭な医学体系に対して彼が感じた真の軽蔑と、その不十分さについての彼の確信は、次のような風変りな方法でよく表現されている。「未知の原因から生じる病気の数は、機械的な原因によるものよりはるかに多い。その原因が分かっていないためそれを除去することはできないので、医者たちはどうしたらその病気を治すことができるか知らないのである。彼らが用心深くすることといえば、患者を観察し、その状態について憶測することである。患者の方も、与えられた薬が重大な害を及ぼして病気の回復を妨げることがなければ満足する。人気のある医者のなかで最良の者は、最も害を及ぼすことのない者である。しかし不幸なことに、ある者は水銀を与えて患者を毒したり、またある者は患者に下剤をかけて死に到らしめたりする。多くのことを学んだためその学識に常識が欠けていたり、患者の健康より自分の利益をはるかに重んじる医者もいる。病気が医者の知識に順応してその状態を変えるのではなく、医者が病気の原因を理解すべきである。医者は『自然』の僕であり、その敵ではない。彼は生命のために戦う自然を導く能力を身につけるべきであり、理にかなわない干渉をして回復の過程に新しい障害物を投げ入れるべきではない」（フランツ・ハルトマン訳『パラグラヌム』より）。

ほとんどすべての病気が人間の目に見えぬ本性（アストラム）にその原因を持つという信念は、ヘルメス医学の基本原則である。ヘルメス主義者は決して物質的な肉体を考慮しないわけではなく、人間の物質的な構成は目に見えない霊的原理の流出あるいは客体化であると信じていた。パラケルススのヘルメス的原理の、簡単な（といってもかなり包括的であると考えられる）要約は次のとおりである。

「自然」には、万物を養う生命物質がある。それはアルケウスすなわち生命力と呼ばれ、古代人の星の光あるいは霊気と同義語である。この物質についてエリファス・レヴィは次のように書いている。「その振動が万物の運動と生命である光、創造的な力。宇宙のエーテルに潜在し、吸収する中心のまわりに放射する光、その中心は光に浸されて今度は運動と生命を投射し、創造的な流れを作る。星において星となり、動物において動物となり、人間において人間となる光。すべての植物を生育させ、鉱物のなかで輝き、『自然』のすべての

De

LAPIDE PHILOSO-
PHICO
PERBREVE OPUS-
CULUM,
QUOD AB IGNOTO ALIQUO GER-
manico Philoſopho, pene ante ducentos annos,
conſcripum & LIBER ALZE nuncupatum fuit,
nunc vero in lucem editum.

FRANCOFURTI
Apud HERMANNUM a SANDE.

Anno M DC LXXVII.

『アルゼの書』の表紙（『新訂ヘルメス博物館』より）
この表紙は，ヘルメス的，錬金術的な象徴主義のさらに進んだ例である。七つの先端を持つ聖なる金属の星が配置され，黒い先端は下を向いて，破壊者土星を象徴する。黒い先端の左から始めて時計回りに読んでいくと，外側の円のなかの七つのラテン語の頭文字によって，VIT-RIOL（硫酸）という秘密の文字が現われる。

形を生み、宇宙的な共感法則によってすべてを釣り合わせる光——これはパラケルススによって予言された磁気現象を表わす光であり、血に色を着け、肺というヘルメスのふいごによって吸い込まれ吐き出される際に空気から解放されるものである」(『魔法の歴史』)。

この生命エネルギーは地球の霊的本体にその起源を持つ。すべて創造されたものは、目に見える実体的なものと、目に見えず超越的なものの二つの本体を持っている。後者は物質的な形式のエーテル的な相対物であり、アルケウスの媒体を構成し、生命体と呼ばれる。このエーテル的な影の鞘は死によって霧散せず、物質的な形式が完全に解体するまで残っている。墓地で見られるこの「エーテル的な生霊」が幽霊信仰のもととなった。その実体において地上的な肉体よりはるかに精妙であるため、エーテル的な生霊は衝動や不調和の影響を受けやすい。多くの病気が引き起こされるのは、この星光体が混乱するためである。パラケルススは、病的な精神態度を持つ人は自分のエーテル的本性を毒するのであり、この病毒が生命力の流れをそらし、後に物質的な病気として現われると教えた。すべての植物、鉱物はこの「アルケウス」から成る目に見えぬ本性を持つが、その現れ方は個々のものによって違っている。

花の星光体についてジェイムズ・ガファレルは、一六五〇年に次のように書いている。「私は答えて言う。かりにそれが切り刻まれて、乳鉢のなかですり潰され、焼かれて灰となっても、(自然のある秘密、驚異の力によって)その汁と灰のなかに、前と同じような形と姿を保っている。そこでは目に見えなくても、術によって引き出され、術師によって目に見えるものとされる。書物の表題しか読まない者にとってこのことは、多分馬鹿げた話に思われるだろう。しかしそれに満足し、われわれの時代の生んだ最高の化学者であるチェスニ侯爵(ヴィオレットの聖人)の著作を頼りにさえすれば、彼はこの真理を確信するであろう。彼はクラコヴィアの優れたポー

ヨハニス・バプティステ・フォン・ヘルモント（フォン・ヘルモントの『薬学の出発』より）

十七世紀初頭，ベルギーの錬金術師フォン・ヘルモントは，A……の根で実験をしていて，それを舌の先端で触れてみた。その物質を呑みこむことはなかったが，その結果を次のように述べている。（ちなみに，空気とは区別されるガスという今では普通の用語は，彼に由来する。）

「すぐに私の頭は，紐できつく縛られているような感じになり，まもなく私がかつて経験したことのないような奇妙な状態が生じた。私はもはや頭で感覚したり思考することはなくなり，まるで意識が胃にその位置を占めたかのように，胃によって感覚したり思考することを驚きをもって認めた。この異常な現象に恐れを抱き，私は自分自身を注意深く調べた。しかし自分の知覚能力がより大きく，より包括的になったということを，ますます確信するだけであった。この知的な明瞭さは，大きな喜びと関連していた。私は眠ることも夢みることもなく，完全に醒めており，健康状態も完全であった。私は以前恍惚状態に入ったことがあるが，それは胃のこの状態とは何ら共通するところがなかった。この場合，胃自体が思考し，感じるのであり，頭の働きとともに機能することは決してなかった。やがて友人たちは私が気違いになるのではないかという恐れを抱いた。しかし私の神への信仰，彼の意志への服従のため，まもなくこの恐れは消えた。この状態は二時間続き，その後私はめまいに襲われた。後に私はしばしばA……を試してみたが，このような感覚を再び得ることはできなかった」（フォン・ヘルモントの「デメンスの観念」，P・デイヴィドソンの『宿り木とその哲学』に再録）。

フォン・ヘルモントは，初期の聖職者の秘密の術に偶然出会った者のひとりにすぎない。しかし今日，古代のヘルメス的な秘密を十分に理解している形跡を示す人はいない。フォン・ヘルモントの記述から判断すると多分，彼の言う植物が一時的に脳と脊髄の神経組織を麻痺させ，その結果，意識がそれと共感する神経組織（腹腔神経叢）を通じて機能するに到ったのであろう。

ランド人医師を自分の目で見たと主張している。ガラスの容器に知られているほとんどすべての植物の灰を保存しており、だれかが好奇心からその容器に入っている何かの花、たとえば薔薇を見たいと言うと、彼は薔薇の灰が保存されているものを取り出してくる。それを火のついた蠟燭の上に置くと、その熱を感じた灰がただちに動き出すのが観察される。それはやがて立ち昇り、容器のまわりに分散し、すぐに暗い雲のようなものが観察される。それは多くの部分に分裂して、ついに一本の薔薇となる。大変美しく、新鮮で、完全なものであるため、薔薇の木に育つ本物の、香気のある薔薇と見まちがえるほどである」(『ペルシア人の不思議な彫刻についての異聞』)。

パラケルススは、エーテル的な生霊の混乱が病気の最も重要な原因であるとした。彼はそれを、その生命エネルギーが必要な元素を供給するか、患者の霊気のなかに存在する病的な状態を克服するほど強力な他の物質と接触させることにより、再び調和しようとした。目に見えない原因がこのようにして除かれると、病気は速やかに消滅した。

アルケウスすなわち生命力の媒体を、パラケルススはムミアと呼んだ。物質的なムミアの良い例は、半ば星気体的なウィルスの媒体であるワクチンである。有機的であれ無機的であれ、真に物質的であれ部分的に霊的であれ、アルケウスの伝達のための媒体として機能するものはムミアと呼ばれた。ムミアの最も一般的な形式はエーテルであり、現代科学はそれを、生命エネルギーの領域と有機的無機的物質のあいだの媒体として機能する仮定的な物質として受け入れてきた。

生命エネルギーの制御は、その媒体(ムミア)による他は実質的に不可能である。この良い例は食物である。人間は死んだ動物あるいは植物の有機体からは栄養を取ることはできないが、自らの肉体のなかにその物質を同化するとき、彼は初めて動物あるいは植物のムミアすなわちエーテル的な生霊を制御できるのである。この制御の方法を身につけると人間の体は、アルケウスの流れを転じて自分を益するようにする。パラケルススは、「生命を構成するものは『ムミア』のなかに含まれ、『ムミア』を伝えることにより、われわれは生命を伝える」と述べている。これが護符やお守りの持つ治療上の性質である。それを構成する物質のムミアが、その所有者と、普遍的な生命力の現れとを結ぶ通路として機能するからである。

パラケルススによると、動物や人間が吐き出す二酸化炭素を体内に取りこむことにより、植物が大気を浄化するように、植物や動物は人間によって移された病的元素を受け入れるのである。これらの下等生命は人間とは異なる組織と必要物を持っており、しばしば悪影響を受けることなくそれを同化することができる。時には植物あるいは動物が、より知的で有用な生物が生き残るために犠牲となって死ぬこともある。パラケルススは、どちらの場合にも患者は徐々に病気から救われることを発見した。下等生命が患者からの異質のムミアを完全に同化するか、そうすることができないために死滅し分解するとき、完全な回復がもたらされる。どの植物あるいは動物が最もよく種々の病気のムミアを受け入れるかを決めるために、多くの探究の年月が必要であった。

パラケルススは、多くの場合植物が人間の肉体のどの器官に最も有効に働くかは、その形によって分かることを発見した。パラケルススの医療体系は次の理論に基づいていた。患者の組織から病気になったエーテル的なムミアを除き、比較的価値の少ない関係の遠いものの本性にそれを受けとらせることにより、つねに病気に生気と栄養を与えていたアルケウスの流れを患者から逸らせることができた。表現の媒体がこうして移されると、アルケウスは必然的にそのムミアに同行し、患者は回復した。

病気の原因に関するヘルメス的理論

ヘルメス哲学者によると、病気には七つの主要な原因があった。第一は悪霊であった。それは堕落した行為から生まれた生物であり、それが取りついたものの生命エネルギーで生きていると考えられた。第二の原因は、霊的および物質的本性の混乱であった。この二つが正しく釣り合っていないと、精神的、物質的な異常を生んだ。第三は、不健全あるいは異常な精神的態度であった。憂鬱症、病的な情緒、感情過多たとえば情熱、肉欲、強欲、憎悪などがムミアに影響を及ぼし、再び物質的な肉体に逆戻りし、潰瘍、腫瘍、癌、熱病、結核となる。古代人は病菌を、接触した悪い感応力の流出物によって受胎したムミアの一構成単位と見なした。言い換えれば病菌とは、人間の邪悪な思考や行為から生まれる微小な生物であった。

病気の第四の原因は東洋人が業（カルマ）すなわち「応報の法則」と呼ぶものであり、それによると個人は過去の無分別と過失をすべて償わねばならない。医者はこの法則の作用に自分がどのように干渉しているか注意していなければならない。「永遠の正義」の計画を彼が妨害しないようにするためである。第五の原因は、天体の運動と位相である。星は病気を強いるのではなく、むしろそれを推進する。ヘルメス主義者は、強く賢い者は自分の星を支配するが、消極的で弱い者はそれに支配されると教えた。これら五つの原因はすべてその性質において超物質的である。それらは帰納的そして演繹的な推論と患者の生活と気質を注意深く考慮することによって評価されなければならない。

病気の第六の原因は、身体の一部や神経を酷使するなど、能力、器官、機能の誤用であった。第七の原因は、異質な物質、不純なもの、障害物が体内にあることである。この項目のもとで、食物、空気、日光、異物の存在が考慮されねばならない。この目録には偶発的な傷害は入っていないが、それは病気の項目には属さないからである。しばしばそれは「業の法則」が現われる方法である。

ヘルメス主義者によると、病気は七つの方法で予防されるか、首尾よく克服される。第一は呪文と祈りであり、医者はそれによって病気の原因である悪霊に患者から出て行くように命ずる。この手続は多分、悪鬼につかれた人についての聖書の説明に基づいている。イエスは悪鬼にその人から出て行って豚の群に入れ、と命ずることにより病気を治した。悪霊は時に、ある人を傷つけたいと願っている人の命令によって、その人に入りこむ。このような場合医者は、悪霊に命じてそれを送り出した者のもとに帰らせる。悪霊は煙のような姿で口から出たり、炎のように鼻から出たりすると記録されている。霊はまた鳥や昆虫の姿で出ていくとも証言されている。

第二の治療法は、振動によるものである。肉体の不調和は、呪文を唱えたり、聖なる名前を吟唱したり、楽器を奏したり歌を歌ったりすることで中和される。時には種々の色彩物が病人の目の前に置かれた。古代人は少なくとも部分的に、現在再発見されつつある色彩治療学の原理を認めていたからである。

第三の方法は、護符、魔除け、お守りの助けを借りるものである。古代人は惑星が人間の肉体の機能を支配しており、異なる金属から魔除けを作ることにより、さまざまな星の悪い感応力と戦うことができると信じていた。かくして、貧血症の人は鉄を欠いている。鉄は火星に支配されていると信じられていた。そのため火星の感応力を患者にもたらすため、鉄で作られた護符が彼の首に下げられた。その護符には、火星の霊を呼び下ろす力を持つとされる秘密の言葉が書かれていた。体内に鉄が多すぎる場合には、患者は、火星に反感を示す惑星に対応する金属から作られた護符の感応力の支配を受けた。この感応力は火星のエネルギーを補い、常態を回復する助けとなる。

第四の方法は、植物と薬草の助けを借りるものである。金属性の護符を使用しているものの、古代の大多数の医者は鉱物の薬を内服薬として認めることはなかった。植物が彼らの好みの薬であった。金属と同様に、それぞれの植物は惑星に割り当てられた。星によって病気とその原因が診断されると、医者は植物の解毒剤を与えた。

第五の治療法は、祈りによるものである。すべての古代人は、人間の苦悩を和らげるために「神」が憐れみをもってとりなすと信じていた。パラケルススは、信仰がすべての病気を治すと述べた。しかし十分な信仰を持っている人はほとんどいない。

第六の方法は、(治療というより予防というべきであるが)、食事と日常習慣の規則化である。病気の原因となるものを避けることにより、個人は健康でいられる。古代人は健康が人間の通常の状態であり、病気は「自然」の命令を人間が無視するために生じると信じた。

第七の方法は、「実践的医学」であり、主として出血、下剤、そして同じような手当から成っていた。このような方法は適度に使用すれば有益であるが、度を過すと危険であった。多くの有用な市民が、思いきった下剤や体から血液を抜いてしまう結果、自分の死期を二十五年あるいは五十年も早めてしまった。

パラケルススはこの七つの治療法をすべて使用しており、彼の最悪の敵でさえ、その性質上奇蹟ともいえる結果を認めざるをえなかった。ホーヘンハイムにある彼の旧領地の近くでは、ある季節には露がおびただしくおりる。パラケルススは、惑星がある位置にあるときに露を集めると、驚くべき薬効を持つ水になることを発見した。その水は天体の性質を吸収しているからである。

ヘルメス的な本草学と薬学

神が人間の病気を治すために植物を作ったと信じている初期の異教徒にとって、野草の薬用植物は神聖なものであった。正しく準備され、適用されると、それぞれの根と灌木は苦痛を和らげたり、霊的、精神的、倫理的あるいは肉体の力を発達させるために使うことができた。

ニコラス・カルペパー
（カルペパーの『セメイオティカ・ウラニカ』より）
この有名な医師，本草学者，占星術師は，その有益な生涯の大部分を，イギリスの山や森を歩きまわり，文字通り数百の薬草の目録を作った。当代の医者の不自然な方法を軽蔑して，カルペパーは次のように書いた。「これは私にとって満足できるものでも，有益なものでもなかったので，私は『理性』博士と『経験』博士という二人の兄弟と相談し，『自然』という私の母のもとに旅をし，その忠告と『勤勉』博士の助力によって，私はついに自分の望みを得た。今日においては見知らぬ人である『正直』氏によってそれを世に公表するようにと促されたので，私はそうした」（『植物全誌』1835 年版の序文より）。ジョンソン博士は，カルペパーについて後代の人の感謝を受けるに値すると述べている。

『宿り木とその哲学』でP・デイヴィドソンは、植物に次のような美しい讃辞を捧げている。「花や草の言葉について多くの本が書かれ、詩人は昔から美しく情のこもった会話を花や草と交し、王たちは喜んで芳香を身につけるため、間接的にその香油を手に入れた。しかし『自然の大祭司』である真の医者には、花や草はより高尚な調子で語りかける。その性質の究極を科学者に明かした植物や鉱物はない。すでに発見されているすべての性質の他に、多くの力が植物の内的本性に隠されていないなどと、彼らはどうして自信を持って感じることができようか。花は『大地の星』と呼ばれてきたのに、なぜそれが美しくないなどということがありえようか。花は生まれたときから、昼は太陽の輝きのもとで微笑し、夜は星の輝きのもとでまどろんだのではなかったか。神が『野の植物を、それが大地に置かれる前に、また野の草を、それが育つ前に』作ったことを考えると、花は別のもっと霊的な世界から地上に来たのではないだろうか。」

多くの古代人は植物による治療法を用い、驚くべき効果をあげた。中国人、エジプト人、アメリカ・インディアンは、現代科学が治しえない病気を、植物で治していた。一六五四年にその意義ある人生を閉じたニコラス・カルペパー博士は、おそらく最も有名な本草学者であった。当時の医学体系が極めて不満足なものであることを知り、カルペパーは野の植物に注目して治療の手段を発見した。そのために彼は国民的な名声を得ることになった。

カルペパー博士は占星術と本草学を関連づけ、それぞれの植物はひとつの惑星あるいは星の支配下にあるとした。彼はまた、病気が天の星位によって支配されると信じていた。彼は自分の治療体系を要約して、次のように述べている。「病気を起こす惑星とは反対の惑星に対応する植物によって、その病気に対抗することができる。たとえば木星の病気は水星の植物によるか、あるいはその反対。太陽と月の病気は土星の植物によるか、あるいはその反対。火星の病気は金星の植物によるか、あるいはその反対。……時に共感による治療法があり、すべての惑星は自らの病気を治す。たとえば太陽と月はその植物によって目を、土星は脾臓を、木星は肝臓を、火星は胆汁の病気を、金星は生殖器の病気を治す」(『植物全誌』)。

中世ヨーロッパの本草学者は、エジプトとギリシアの古代ヘルメスの秘密を部分的に再発見したにすぎない。これらの古代民族は、ほとんどすべての現代芸術と科学の基本となるものを展開していた。その当時治療の際に使用される方法は、「密儀」の参入者に伝えられる秘密とされていた。聖油、座薬、媚薬、毒薬は、風変りな儀式に伴って作られた。これらの薬の有効性は、歴史的な記録の問題である。香煙と香水もまた多く使用されていた。

バレットは『魔術師』で、その理論を次のように説明している。「われわれの霊は、血の純粋、稀薄、透明、軽快、油質の蒸気であるために、われわれの霊に本質的に適合する同じような蒸気以上に、座薬として相応しいものはないのである。その類似性のゆえに、それはますます霊を刺激し、引きつけ、変形する。」

毒薬は徹底的に研究され、ある社会では、死罪を宣告された者に毒草の抽出物が与えられた。ソクラテスがその例である。イタリアの悪名高いボルジア家の人々は、毒薬の術を最高度にまで発達させた。多くの有能な男女が静かにまた確実に、数世紀のあいだボルジア家に維持されていたほとんど超人間的な化学の知識によって殺害された。

エジプトの祭司は、植物からの抽出物が一時的に透視能力を引き起こすことを発見しており、彼らはそれを「密儀」の参入儀式で利用した。薬は時々入門者の食物に混ぜられ、また時には聖なる飲物として与えられ、その性質の説明を受けた。薬が与えられるとすぐに、入門者はめまいの魔力に襲われた。彼は自分が空間を浮遊している気になる。物質的な肉体が完全に無感覚になっているあいだに(祭司たちは害が及ばないように見守っている）、入門者は多くの奇怪な経験をする。意識を取り戻した後、彼はそれを語ることができるのである。今日の知識から見ると、薬、香水、香煙によって望みのままの精神状況がほとんど瞬間的に引き起こされるほど高度に発達した術を認めることは困難であるが、それでもそのような術は初期の異教世界の祭司たちのあいだに実際に存在したのである。

この主題について、十九世紀の著名な神秘学者であるH・P・ブラヴァツキーは次のように書いている。「植物もまたすばらしい神秘的な性質を持っている。夢と魔法をもたらす植物の秘密は、ヨーロッパの科学に忘れ去られたにすぎず、また言っても無駄であるが、阿片やハシシュなど数少ない場合を除けば知られてはいない。そのうえこの数少ない薬が人体に与える精神的な影響は、一時的な精神の混乱と考えられていた。テッサリアとエピルスの女性たち、すなわちサバチウスの儀式の女性祭司たちは、その聖域の崩壊とともに秘密を持ち去ることはなかった。それは今なお維持されており、ソーマ（聖油）の性質に気づいている人は他の惑星の性質をも知る」（『ヴェールを脱いだイシス』）。

植物の混合物は、神託、特にデルフォイの神託に関して、一時的な透視能力を引き起こすために使用された。このような強いられた恍惚状態のなかで語られた言葉は、予言的であると見なされた。自ら強いた強硬症の状態にあって現代の霊媒は、古代の予言者とやや似た神託を与えるが、多くの場合その結果はほとんど正確とは言えない。今日の予言者は、「自然」の隠された力についての知識を欠いているからである。

「密儀」の教えによると、密儀参入の最高の段階において神々は、入門者の教育に直接加わるか、少なくともそこに姿を見せた。それはそれ自体でひとつの聖体降福式であった。神々は目に見えない世界に住み、霊的な体のなかにのみ現われるため、入門者が、その透視中枢（たぶん松果腺）を刺激する薬の助けを借りないでそれを認識することは不可能であった。古代「密儀」への多くの参入者は、不滅なるものと交わり、神々を見たと強調している。

異教徒たちの基準が崩れたとき、「密儀」の分裂が起こった。真に啓示を受けた者の一団は他の者と別れ、最も重要な秘密を守って、跡形もなく消えた。残った者たちは、退廃と分裂の岩山を、舵のない船のようにゆっくりと漂った。秘密の祭文のうちそれほど重要でないものが、世俗的な者の手に落ち、彼らはそれを堕落させてしまった。たとえばバッコス祭の場合には、薬が酒に混ぜられ、乱舞の酒宴の真の原因となった。

地上のある場所では、その水が途中で通り抜ける鉱物のために聖なる性質を帯びた、自然の井戸、水源、泉が維持されていた。神殿がしばしばその場所の近くに建てられ、場合によっては近くにある自然の洞窟がある神に献じられた。

「密儀参入を求める者と神の予言的な夢を求めに来る者は、まず多少長期にわたる断食によって身を整え、次に特別に用意された食物を取った。またレテの水、トロフォニウスの洞窟にあるムネモシュネの水のような謎めいた飲物を飲み、エレウシスの密儀においては、キケイオンの水を飲んだ。得ようと望む幻の性質、あるいはそこに到ろうとする精神的、肉体的な状態に応じて、異なる薬が容易に肉や飲物に混ぜ入れられた」(サルヴェルトの『オカルト科学』)。同じ著者は、初期のキリスト教のある宗派が、異教徒と同じ一般的な目的のために薬を使ったとして非難されたと述べている。

より一般的にはイェズィデ派として知られるアサッサン派は、薬の問題について幾分興味深い面を示した。十一世紀にこの結社は、アラモント山の要塞を占領し、イラクに居を占めた。「山の翁」として知られているこの結社の創設者ハッサン・サバは、麻酔剤の使用によって信奉者を支配したと思われている。ハッサンはその信奉

化学的音節（ド・モンテ・スナイデルの『惑星の変身』より）
ド・モンテ・スナイデルによると，上の記号のそれぞれが七つの音節を持つ言葉のひとつの音節を示し，言葉そのものは「第一質料」すなわち宇宙の第一物質を表わしている。すべての物質は，宇宙的な法則によって結ばれた七つの力から成立しているので，偉大な神秘は神，人間，宇宙の七重の構成のうちに隠されている。上の七つの記号について，ド・モンテ・スナイデルは次のように書いている。
「第一質料の真の名と性質を知りたい人は，上の記号の結合によって音節が生まれ，そこから『意味ある言葉』が生まれることを知っている。」

者に、自分たちが天国にいること、そして無条件に彼に従うならば、生きているあいだに天国に永住することになると信じさせた。ド・クインシーは『阿片常用者の告白』で、芥子から作られるものによって生まれる奇妙な心理的影響について述べている。同じような薬の使用が、イェズィデ派の人々の心を満たした天国の観念の基となったのかも知れない。

古今の哲学者たちは、目に見える宇宙が全体のわずかな部分にすぎず、それと同様に人間の肉体は実際には混成の人間の最も重要でない部分であると教えた。今日の大部分の医学体系は、ほとんど全くこの超物質的な人間を無視している。それは原因にはわずかな注意を払うだけで、結果を改善することにその努力を向けている。パラケルススは、同じ傾向が当時の医者にも見られるとして、次のような適切な言葉を述べている。「病気の目に見えない原因を除く力すなわち『魔術』と、外的な結果だけを消滅させようとするものすなわち『医術』、『妖術』、『いかさま治療』のあいだには、大きな差がある」（フランツ・ハルトマン訳）。

病気は不自然なものであり、器官や組織のあいだに、あるいはそのなかに不適応がある証拠である。永続的な健康は、調和が回復して初めて取り戻される。ヘルメス医学の目立った長所は、霊的、精神生理的な混乱がいわゆる肉体的な病気の状態の主たる原因であると認めていることである。暗示療法は古代世界の祭司兼医者に使用され、著しい成功をおさめた。アメリカ・インディアンのあいだでは、シャーマン（すなわち「医術者」）は謎めいた踊り、祈り、呪文によって病気を散らした。現代の治療法を知らないにもかかわらず、これらの魔術師が多くの病人を治したという事実は、十分に考慮される価値がある。

病気を治すためにエジプト人によって使用された魔術的な儀式は、人間の精神の複雑な作用と、物質的な肉体へのその反応についての深い理解に基づいている。エジプトとインドの世界は確かに、振動療法の基本原理を理解していた。ある母音と子音を強調する呪文と真言によって、彼らは振動作用を起こし、それによって充血を散らし、「自然」が損われた身体と消耗した組織を回復するのを助けたのである。彼らはまた、振動を支配する法則の知識を人間の霊的な体に適用した。祈りを唱えることにより、彼らは意識の潜在中枢を刺激し、主観的な本性の感受性を大いに高めた。

『日の下に出現するの書』において、エジプトの秘密の多くが今の世代にまで維持されてきた。この古代の巻物は明瞭に訳されているが、その魔術的な個所の秘密の意義を理解する人は少ない。東洋の諸民族は、音の力学を鋭く理解していた。彼らはすべての話し言葉が大きな力を持ち、言葉の配列によっては目に見えぬ宇宙に力の渦を作り出し、それによって物質的本体に深い影響を及ぼすことを知っていた。世界を創造した聖なる言葉、フリーメーソンが今なお求めている失われた言葉、A・U・Mによって象徴される三重の「神の名」（インド人の創造的な音）、これらすべては音の原理に与えられた敬意を示している。

現代科学のいわゆる「新発見」はしばしば、古代の異教世界の祭司や哲学者によく知られた秘密の再発見にすぎないことがある。人間の人間に対する不人情は、もしそれが維持されていたら現文明の多くの難問を解決したであろう記録や祭文が失われてしまったために生じた。剣と燃え木で人々は、先駆者たちの記録を消し去っているが、彼らは結局自分たちが滅ぼした知恵そのものを必要とする運命に遭遇することになる。

全巻総目次

第Ⅱ巻　秘密の博物誌

訳者略歴

大沼忠弘（おおぬま・ただひろ）

1940年埼玉県生れ。東京大学文学部卒。古代哲学専攻。名古屋大学助教授、宗教儀礼研究所所長を経て、現在、イシス学院理事長。

著書に『実践カバラ』（人文書院）、『実践　魔法カバラー入門』（学習研究社）、訳書に『神秘のカバラー』（ダイアン・フォーチュン著、国書刊行会）ほか。

山田耕士（やまだ・こうし、本名　幹郎）

1940年愛知県生れ。名古屋大学文学部卒。英文学専攻。現在、名古屋大学名誉教授。

著書に『レトリック用語小辞典』（編、名古屋大学生協）『女性・ことば・ドラマ——英米文学からのアプローチ』（共著、彩流社）、訳書に『イギリス道徳劇集』（共訳、リーベル出版）ほか。

吉村正和（よしむら・まさかず）

1947年愛知県生れ。東京大学文学部卒。ヨーロッパ文化史専攻。現在、名古屋大学名誉教授。

著書に『フリーメイソン』（講談社）、『フリーメイソンと錬金術』（人文書院）、『心霊の文化史』（河出書房新社）、訳書に『薔薇十字団』（マッキントッシュ著、筑摩書房）ほか。

Printed in Japan
ISBN978-4-409-03083-7 C0010

新版象徴哲学大系Ⅱ　秘密《ひみつ》の博物誌《はくぶつし》

一九八一年　三月一〇日　初版第一刷発行
二〇一四年一一月二〇日　新版第一刷発行

著　者　マンリー・P・ホール
訳　者　大沼忠弘
　　　　山田耕士
　　　　吉村正和
発行者　渡辺博史
発行所　人文書院
京都市伏見区竹田西内畑町九
電話　〇七五（六〇三）一三四四　振替〇一〇〇〇-八-一一〇三
印刷・製本　モリモト印刷株式会社

落丁・乱丁本は小社送料負担にてお取り替えいたします

http://www.jimbunshoin.co.jp/

高等魔術の教理と祭儀　教理篇　祭儀篇
エリファス・レヴィ
生田耕作訳
キリスト教世界の隠れた部分に受け継がれた魔術思想とシンボリズム――魔術の達人レヴィの不朽の名著を流麗な訳で贈る。二分冊。
各￥4000

魔術の歴史
エリファス・レヴィ
鈴木啓司訳
近代オカルティズムの最高傑作！今世紀の重要な作家に影響を与えた黒い聖典。その魔術理念のみならず人物や歴史的逸話も想像力豊かに綴る。
￥6800

大いなる神秘の鍵
エリファス・レヴィ
鈴木啓司訳
〈魔術三部作〉完結。近代オカルティズムの祖、レヴィによる巨編、本邦初訳。西洋思想史の裏面の「隠された知識」の全貌。
￥6800

魔　法
K・セリグマン
平田寛訳
魔法・呪術・秘術…全容の解明！魔術的なものは西洋の歴史の中でどのように考えられ、作用してきたか。格好の魔法案内書。
￥6000

定価は二〇一四年一一月現在（税抜）